Jelle van der Meulen

Mittendrin. Anthroposophie hier und jetzt

MITTE

ANTHROPOSOPHIE

Jelle van der Meulen

NDRIN
HIER UND JETZT

Urachhaus

Für meine Kinder Merle, Elise,
Josse Matthijs und Joachim;
meine Freunde Braño und Boris Novák
und für Barbara Steffelaar, die auf der Erde
nicht mehr weiterkonnte.

Aus dem Niederländischen
von Eva Grambow
und Marianne Holberg

Die niederländische Originalausgabe erschien 1996
unter dem Titel *Om gegronde redenen. Antroposofie hier en nu*
bei Uitgeverij Vrij Geestesleven, Zeist.

Erschienen 1997 im Verlag Urachhaus

Buchgestaltung: Vierkant Vorm BV, Henk Maas
Abbildungen im Innenteil: Foto Rietmann, 6. Januar 1919,
mit freundlicher Genehmigung des Verlags am Goetheanum,
Dornach, Schweiz
Druck: Offizin Chr. Scheufele, Stuttgart

Inhalt

Vorwort

Um die Anthroposophie sind viele Missverständnisse entstanden. So soll sie von den intellektuellen Fähigkeiten ihrer Anhänger das Äußerste fordern; um Anthroposoph zu sein, müsse man dicke Bücher lesen, Vorträge hören und philosophisch veranlagt sein. Außerdem müsse man an Reinkarnation und die Existenz von Engeln glauben. Menschen mit praktischer oder sozialer Orientierung würden keine Anthroposophen.

Auch müssen Anthroposophen einen bestimmten Lebensstil haben. Sie essen biologisch-dynamisch angebaute Kartoffeln, gehen zu einem anthroposophischen Hausarzt, schicken ihre Kinder in eine Waldorfschule, trinken keinen Alkohol und getrauen sich nicht in ein Fußballstadion. Durch solche und andere Missverständnisse wird der Blick auf das Wesen der Anthroposophie verstellt.

In einigen Jahren – im Jahre 2000 – ist es ein Jahrhundert her, dass Rudolf Steiner über Anthroposophie zu sprechen begann. Der Zeitpunkt erschien mir günstig, ein Buch zu schreiben, das nicht nur vom Wesen der Anthroposophie handelt, sondern auch von den inzwischen entstandenen Missverständnissen. Ich bin der Ansicht, dass man nach fast hundert Jahren nicht über Anthroposophie schreiben kann, ohne jene ausdrücklich miteinzubeziehen.

Als Anthroposoph habe ich in den vergangenen Jahren viele Menschen getroffen, die sich am Werk Rudolf Steiners interessiert zeigten, aber Schwierigkeiten mit der anthroposophischen Bewegung hatten. Für sie wurde dieses Buch in erster Linie geschrieben. Für mich selbst bedeutete es eine Erkundungsreise mit dem Ziel, die Essenz dessen zu finden, was Rudolf Steiner in die Kulturwelt eingebracht hat.

Jeder der drei Teile dieses Buches hat seine eigene Farbe. Im ersten Teil beschreibe ich den Weg, auf dem ich den Inhalt der Anthroposophie kennen gelernt habe, und die Fragen, die sich mir auf diesem Wege stellten. Im zweiten Teil gebe ich ein Bild der »traditionellen«

anthroposophischen Bewegung, so wie sie sich inzwischen entwickelt hat, einschließlich der Probleme, mit denen sie sich auseinandersetzt. Im zweiten Teil beschreibe ich außerdem Begegnungen mit Menschen, die mehr oder weniger außerhalb der anthroposophischen Bewegung auf eine eigene und unverwechselbare Art mit der Anthroposophie gearbeitet haben.

Diese ersten beiden Teile haben chronologischen und berichtenden Charakter: Ich folge den äußeren und inneren Ereignissen, wie sie sich auf meiner Suche ergeben haben. Im dritten Teil hingegen folge ich einer betrachtenden Arbeitsweise, wobei bestimmte spirituelle Inhalte im Mittelpunkt stehen. Hier versuche ich eine Antwort auf die Frage zu finden, was nach Rudolf Steiner selbst die spezifische Bedeutung der Anthroposophie ist.

Ich hoffe mit diesem Buch an zwei Prozesse anzuknüpfen: In der anthroposophischen Bewegung ist schon seit etwa zehn Jahren ein Prozess der Besinnung im Gange – auf ihre Vergangenheit, Gegenwart und Zukunft. Die anthroposophische Bewegung sucht offensichtlich nach einem Ausweg aus der gesellschaftlichen Isolierung, in die sie geraten ist. Das geht mit Krisen einher, was sich an der Tatsache ablesen lässt, dass renommierte anthroposophische Einrichtungen in Schwierigkeiten geraten sind oder gar schließen mussten.

Aber auch die Gesellschaft ist in Bewegung. Es gibt eine immer größere Offenheit dafür, sich drängenden Problemen wie zum Beispiel der Umwelt, den sozialen Verhältnissen, den Spannungen zwischen Bevölkerungsgruppen auf spirituellem Wege zu nähern. In zahlreichen gesellschaftlichen Strömungen arbeitet man auf der Grundlage von geistigen Inspirationen wie zum Beispiel dem Manichäismus (ein Terminus, der in diesem Buch erläutert wird). Ich bin davon überzeugt, dass die Zukunft der anthroposophischen Bewegung von der Frage abhängt, in welchem Maße eine Zusammenarbeit mit diesen spirituellen und gesellschaftlichen Strömungen entstehen kann.

Beide Entwicklungen können einander ergänzen: In dem Maße, wie die anthroposophische Bewegung immer mehr den offenen Charakter annimmt, den sie zur Zeit anstrebt, wird die Gesellschaft dem, was die Anthroposophie zu bieten hat, unbefangener gegenüberstehen können. Ich hoffe, dass dieses Buch einen Beitrag zu dieser Annäherung liefern kann.

Zur deutschen Ausgabe möchte ich noch Folgendes bemerken:

Obwohl mein Ausgangspunkt natürlich die Verhältnisse und Vorgänge in den Niederlanden sind, bin ich doch der Ansicht, dass die Phänomene und Fragen, von denen dieses Buch handelt, im Prinzip allgemeine Gültigkeit besitzen. Viele Themen, die in letzter Zeit in der öffentlichen Diskussion über die Anthroposophie bei uns in Holland eine zentrale Rolle gespielt haben wie z.B. die Rassismus-Debatte, werden momentan in Deutschland nicht weniger kontrovers und mit fast denselben Argumenten diskutiert. Ich habe ferner versucht, auf die wichtigsten aktuellen Entwicklungen in Bezug auf gewisse Aussagen der Anthroposophie und insbesondere den Wirbel um den angeblichen »Satanismus« Rudolf Steiners einzugehen.

Die deutsche Ausgabe weicht noch in einem anderen Punkt von der niederländischen ab: Um den Leser nicht mit einer Überfülle von Material und Gesichtspunkten zu belasten, werden diejenigen Kapitel, die sich mit dem Wesen einiger wichtiger esoterischer Strömungen und der Stellung Rudolf Steiners darin befassen, hier nur verkürzt wiedergegeben. Sie werden demnächst als ergänzende, selbständige Publikation erscheinen.

Amsterdam, Juli 1997. *Jelle van der Meulen*

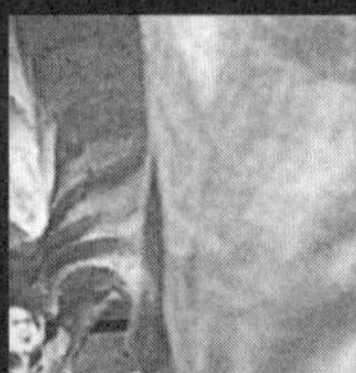

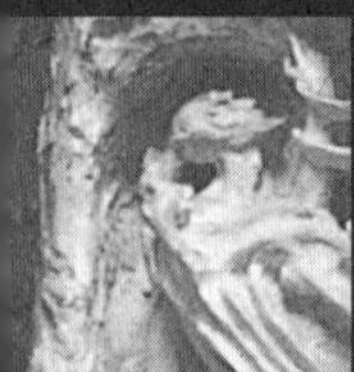

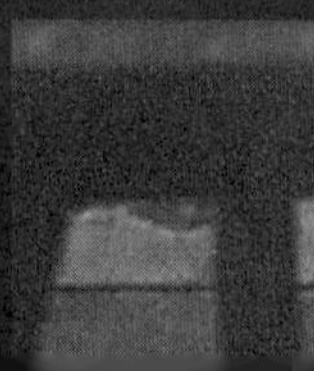

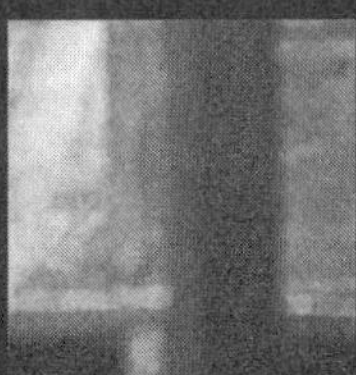

1

ERSTES KAPITEL

Die Entdeckung der Unterwelt

Die Geschichte beginnt im Jahre 1955. Ich war fünf Jahre alt, wohnte in Arnhem und wurde täglich von meiner Mutter zum Kindergarten gebracht. Eines Tages im Frühjahr war ich träumend unter einer alten Buche stehen geblieben, und als ich aus diesem Traum erwachte, sah ich zwischen den bizarren Wurzeln einen Kreis kleiner Wesen mit echten Zipfelmützen. Sie hielten einander bei den Händen und tanzten fröhlich Ringelreihen. Ich war nicht erstaunt, sie zu sehen, und weiß noch, dass ich dachte: Sie merken nicht, dass ich sie beobachte.

Aber dann geschah etwas Erschreckendes. Eines der kleinen Wesen sah mich plötzlich und schien von meinem Blick gefesselt zu sein. Der Wicht starrte mich gebannt an und rührte sich nicht mehr. Zugleich veränderte sich jedoch seine Gestalt. Er wurde langsam größer und mir immer ähnlicher, bis er einen ebensolchen dunkelblauen Dufflecoat trug wie ich. Wir waren beide äußerst verwirrt – er, weil er sich nicht von mir losreißen konnte, und ich, weil ich ein Wesen anschaute, das mir glich. Das Ganze endete damit, dass eins der anderen kleinen Wesen ihn bei der Hand ergriff und die ganze Gesellschaft der Reihe nach zwischen zwei Wurzeln verschwand.

Ich wusste, dass ich etwas Besonderes erlebt hatte. In späteren Jahren sollten ähnliche Erfahrungen folgen, doch nie mehr so intensiv. Das letzte solcher Ereignisse fand statt, als man im Alter von elf Jahren plötzlich eine Tuberkulose bei mir feststellte und ich zehn Tage lang in hohem Fieber phantasierte. Während dieser Tage hatte ich allerhand Visionen von brennenden Schiffen auf unruhiger See und von verlassenen und ausgestorbenen Landschaften, die Gruppen von Menschen schweigend durchwanderten. Beim Erwachen drang mir scharfer Lysolgeruch in die Nase, durch den alle verwirrenden Bilder verschwanden und ich mich plötzlich in einer hellen und öden Welt wiederfand.

An meinem Bett stand eine Krankenschwester, die sich in ihrem weißen Kittel vorbeugte und sagte: »So, nun bist du im Krankenhaus, und die Regeln sind hier streng.« Zugleich hörte ich das kühle Geklingel der Thermometer in ihrer Brusttasche, und in meinem Inneren erklang eine letzte Stimme aus der Fieberwelt, die sagte: »Was du hörst, ist das Läuten des Todes.«

Sieben Jahre später, 1968, lernte ich die Anthroposophie kennen. Ich wohnte inzwischen in Utrecht und genoss die plötzlich erreichten Freiheiten, nahm also an Schulbesetzungen teil, besuchte *Meetings*, bei denen *witzige* Aktionen geplant wurden, und hatte ein offenes Ohr für die Verlautbarungen der pazifistischen Gemeinderatsmitglieder. Ich war links, locker und glücklich.

Auf einmal waren Dinge erlaubt, die lange Zeit verboten gewesen waren. Es herrschte ein neues Lebensgefühl, das ich in den wunderbaren Zeilen von Bob Dylan ausgedrückt fand: »Let me die in my footsteps, before I go down under the ground«. In den Abendstunden analysierte ich Rille für Rille die Langspielplatten von Frank Zappa und Captain Beefheart, versuchte die Texte von Bob Dylan zu verstehen und zu übersetzen, führte in den Kellern an den Utrechter Grachten Gespräche über den Unterschied zwischen Magie und Mystik, las Bücher über Metaphysik, von denen ich nichts verstand, und rang mit der Frage, warum ein aufgeklärter Geist wie Karl Marx die Religion so verabscheute.

Ich war achtzehn und hatte vom (protestantisch-)reformierten Milieu, in dem ich aufgewachsen war, Abschied genommen. Das war geräuschlos vonstatten gegangen, ohne den Zorn, der in der niederländischen Nachkriegsliteratur so vielfältig beschrieben worden war. Ich hatte mich in der Welt der Predigten, der Pfefferminzpastillen und der schwarzen Kollektenbeutel nie so recht zu Hause gefühlt, also auch als Kind nicht. Ich liebte allerdings einige Psalmen und Gesänge, vor allem bestimmte Verse wie zum Beispiel: »Einmal, wenn die Stunde schlägt und dieser Körper stirbt …« Und der Prolog des Johannesevangeliums konnte mir ein Gefühl unermesslichen inneren Raumes vermitteln: »Im Anfang war das Wort, und das Wort war bei Gott, und Gott war das Wort …« Doch diese Gefühle brachte ich nicht mit der Kirche oder der kirchlichen Lehre, die mich nicht interessierten, in Zusammenhang.

Ich kann mir noch genau vergegenwärtigen, in welcher Stimmung wir sonntagmorgens zur Kirche zogen. Ich wohnte in Arnhem, und zwischen unserem Haus und der Kirche lag der prächtige Angerenstein-Park, jener Park, in dem ich die Zwerge gesehen hatte. Das Kirchgangsritual (Schuhe putzen, Sonntagsanzug anziehen, Krawatte binden, vor allem nicht ausgelassen sein) spann gleichsam einen Kokon um das Bewusstsein: Wir gingen folgsam durch Alleen und Pfade und warfen höchstens einmal einen flüchtigen Blick auf Pflanzen und Bäume, Felder und Weiher. Alles drehte sich um die Frömmigkeit, um die passive Empfänglichkeit für Gottes Gnade, die kurz darauf über uns ausgegossen werden würde. Um diese Stimmung auf dem Weg zur Kirche entstehen zu lassen, durfte man sich vor allem nicht von dem Spiel von Licht und Luft und vom Anblick der Blumen und Vögel verführen lassen. Die Natur schien eher ein Feind als ein Bundesgenosse zu sein, obwohl sie doch Gottes Schöpfung war. Ich verabscheute übrigens nicht die Frömmigkeit selbst, und viel später, mit über dreißig Jahren, sollte ich noch die Tatsache schätzen, dass ich sie in meiner Jugend so intensiv kennen gelernt hatte. Ich hatte jedoch lange das Gefühl, Frömmigkeit und Naturverbundenheit seien unvereinbar miteinander, und ich müsse zwischen ihnen entscheiden.

Der Abschied vom reformierten Glauben vollzog sich zwar allmählich, begann jedoch in einem ganz bestimmten Augenblick. Es war 1964, das Jahr, in dem Boudewijn de Groot seine erste Langspielplatte herausbrachte. Die Musik sprach mich nicht besonders an, aber die Texte von Lennaert Nijgh waren eine Offenbarung. Aus ihnen sprachen eine Offenheit und Liebe zur sinnlichen Wirklichkeit, die ich mir unmittelbar zu eigen machen wollte. Der Verfasser der Lieder war ein Mensch mit Augen und Ohren im Kopf, jemand, der die Dinge um sich herum wirklich wahrnahm, der unbequeme Wahrheiten und bezaubernde Schönheiten liebte, der sich der Wirklichkeit nicht mit einer Ideologie oder Lehre näherte, sondern sich als Person der Realität rückhaltlos hingeben wollte.

Von diesem Augenblick an begann ich, um ein Bild von Virginia Woolf zu benutzen, ›ein Zimmer für mich allein‹ einzurichten. In meiner Innenwelt machte ich einen geheimen Raum für Vorstellungen und Gefühle frei, die nicht der Welt, in der ich lebte, entstammten, sondern durch die Dinge inspiriert waren, die ich selbst sah oder erlebte.

Ich entdeckte das Wunder der bewussten Phantasie, das heißt die Fähigkeit, mit Absicht freie Vorstellungen entstehen zu lassen, über deren Inhalt man eine amüsante Geschichte schreiben könnte. Aber so sehr ich auch an den endlosen Geschichten Freude hatte, die sich in mir abzuspielen begannen und in denen ich in der Regel selbst die Hauptrolle spielte – die eigentliche Triebfeder für dieses Phantasieren lag doch woanders. Ich war gebannt durch die Tatsache, dass es so etwas wie Phantasie gab. Denn wenn etwas in dem Milieu, in dem ich aufgewachsen war, absolut nicht vorhanden war, dann war es die Phantasie.

Um Ostern herum hörten wir zu Hause jedes Jahr wieder die populärsten Teile der *Matthäus-Passion* von Johann Sebastian Bach. Ich erinnere mich nicht, mich als Kind je bewusst gefragt zu haben: Wie ist es möglich, dass ein Mensch solch eine Musik schaffen kann? Die *Matthäus-Passion* gab es einfach, ebenso wie es die Schöpfung gab, wie es die Menschen gab. Der Gedanke, es habe einmal eine Zeit ohne diese Musik gegeben und folglich müsse ein Mensch sie zu einem bestimmten Zeitpunkt geschaffen haben, kam mir einfach nicht in den Sinn.

Erst viel später habe ich den Grund begriffen. In dem Milieu, in dem ich aufwuchs, war eben jene *Idee* nicht vorhanden, die später eine so große Rolle für mich spielen sollte: die Idee des schöpferischen Menschen. Ich meine damit nicht so sehr den künstlerischen Menschen, der Bilder malt oder Gedichte schreibt, sondern den Menschen, der aus sich selbst heraus der Wirklichkeit etwas Neues hinzufügt, sei er nun Bildhauer, Bauer, Vater oder Mutter, Bankier oder Politiker. Durch das Fehlen dieser Idee mangelte es auch an Aufmerksamkeit für Kreativität. Alles, was von Menschen geschaffen oder ersonnen, getan oder unterlassen wurde, wurde unausgesprochen als Variationen von bereits bestehenden Dingen betrachtet. Die Wirklichkeit war ein äußerliches Faktum, im Prinzip vollendet, und das menschliche Handeln war immer auf etwas schon Bestehendes zurückzuführen.

Ich ging auf die Suche nach großen Phantasten in der Weltliteratur. Über dunkle Gestalten wie Edgar Allen Poe und Arthur

Machen kam ich zu den englischen romantischen Dichtern William Blake, William Wordsworth, Samuel Taylor Coleridge, Percy Bysshe Shelley und John Keats. Mein Englisch war damals noch nicht gut genug, um wirklich alles zu verstehen, was sie geschrieben hatten, aber aus den nicht ganz verständlichen Gedichten kam ein wunderbares Bild nach dem anderen zum Vorschein wie Kaninchen aus dem Zylinder.

Vor allem für Leben und Werk von Coleridge ergriff mich eine große Leidenschaft. Dieser Dichter und Philosoph, der von 1772 bis 1834 lebte, war durch eine Krankheit opiumabhängig geworden, wodurch seine poetische Schaffenskraft anfänglich stimuliert, später jedoch langsam ausgelöscht worden war. Er war eine tragische Gestalt, einer seiner Biographen nannte ihn einen »beschädigten Erzengel«.

Er war der Dichter des berühmten *The rime of the ancient mariner,*[1] einer langen Ballade über eine Seereise mit verhängnisvollem Ausgang. Nachdem sie aus Langeweile einen Albatros erlegt hat, stirbt die gesamte Mannschaft des Schiffes, das als Geisterschiff weiterfährt. Ein alter Seemann ist der einzige Lebende zwischen den verwesenden Leichen an Bord. Der tote Albatros hängt an einer Schnur um seinen Hals. Die Reise bekommt einen »übersinnlichen« Charakter, als in einem bestimmten Augenblick Wassergeister erscheinen: *Yea, slimy things did crawl with legs / Upon the slimy sea.*[2]

An den Rand schreibt Coleridge – er liebte es einfach, sein Werk zu kommentieren –, dass »unser Planet unsichtbare Bewohner kennt« und man, wolle man mehr darüber erfahren, »den gelehrten Juden Josephus und den Platonisten aus Konstantinopel Michael Psellus« zu Rate ziehen solle. Über die unsichtbaren Wesen sagt er außerdem noch, sie seien »sehr zahlreich« und »es gibt keine Wetterlage und kein Element ohne die Anwesenheit eines oder mehrerer von ihnen«[3].

Danach erscheinen auch andere Wesen: verstorbene Seelen, Engel, Dämonen und ein weibliches Wesen, das »Life-in-Death« genannt wird. Die Geschichte endet damit, dass der alte Seemann mit einem brennenden Schmerz in seinem Herzen durch die Welt ziehen muss, um seine Schuld zu sühnen.

Since then, at an uncertain hour, / That agony returns: / And till my ghastly tale is told, / This heart within me burns.[4]

Coleridge begab sich mit seiner dichterischen Phantasie in die dunklen Bereiche des Lebens. Er schrieb über die »Irrfahrten« Kains, über die Depression, über »the pains of sleep« ... Am Ende seines Lebens schrieb er das herzzerreißende Gedicht »Self-Knowledge«, dessen letzte Verse hier zitiert seien:

What hast thou, Man, that thou dar'st call thine own?/ What is there in thee, Man, that can be known? / Dark fluxion, all unfixable by thought, / A phantom dim of past and future wrought, / Vain sister of the worm – life, death, soul, clod – / Ignore thyself, and strive to know thy God? [5]

Durch zwei dramatische Ereignisse erfuhr ich mit etwa siebzehn Jahren, dass die Phantasie eine fundamentale Bedeutung für das Leben haben kann, vorausgesetzt, sie kann sich entfalten. Im Abstand von nicht einmal zwei Jahren wurden meine Brüder Mark und Martijn geboren; der erste hatte einen schweren Hirnschaden, der zweite war ›mongoloid‹, wie man gemeinhin sagt.

Sie waren die beiden jüngsten von acht Geschwistern. In unserer Familie hatte stets eine Atmosphäre des Optimismus geherrscht; mein Vater stand in einer erfolgreichen Laufbahn, die in den fünfziger Jahren in den Konservenfabriken in Doesburg begonnen und ihre Fortsetzung im Christlich-Nationalen Gewerkschaftsbund gefunden hatte. Bei Tisch wurde täglich über Politik gesprochen, oft mit erhobener Stimme, da unsere Meinungen recht unterschiedlich waren. Doch trotz der Meinungsverschiedenheiten herrschte das Gefühl, der Mensch sei fähig, wenn auch mit Gottes Hilfe, die Wirklichkeit nach seinen Vorstellungen zu formen und eine gerechte Gesellschaft zu gestalten.

Da kamen Mark und Martijn – und die harmonische Realität, in der alles stimmte, in der die Menschen gesund waren, gehen und denken konnten, erwies sich als Illusion. Ich erinnere mich noch genau an den Augenblick, da ich den älteren der beiden, Mark, zum ersten Male sah. Wie ein normales Baby lag er in einer Wiege und schlief, doch er war »missgebildet«, und ich traute buchstäblich meinen Augen nicht.

Zum ersten Mal im Leben war ich in meinen Empfindungen bewusst von etwas betroffen, das ich absolut nicht begriff. Martijn, der jüngere der beiden, wuchs im Laufe der Jahre zu einem sonnigen Menschen heran, der seinen Weg im Leben fand und anderen viel Freude schenkte. Marks Wesen jedoch blieb vollständig hinter den Unzulänglichkeiten seines Körpers verborgen. Er lernte nie laufen, sitzt immer im Rollstuhl und kann kaum sprechen.

Die tiefe Versunkenheit in seinen Körper und seine unkoordinierten spastischen Bewegungen erschienen mir »unterirdisch«. Seine Erscheinung rief eine Dunkelheit in meiner Seele hervor, die ich anfänglich als einen leise bohrenden, tief in mir verborgenen Schmerz empfand. Er wurde erst in Augenblicken spürbar, in denen mich nichts Äußeres ablenkte und ich in mich hineinhorchte, zum Beispiel auf dem Heimweg im Bus. Ich lenkte meine Aufmerksamkeit auf diesen Schmerz, da er etwas Neues war. Auch suchte ich nach Bezeichnungen dafür. Damals brachte ich damit folgende Worte und Bilder in Zusammenhang: vermodertes Holz, brennende Wunde, Raum ohne Boden. Es war eine Dunkelheit, die sich nicht von oben herabsenkte wie der Abend auf das Land, sondern die aus dem Boden aufzusteigen schien, als öffne sich die Erde und zeige ihren Abgrund.

In den ersten Jahren kam es mir nicht in den Sinn, den Begriff »Depression« damit zu verbinden, was – nachträglich betrachtet – ein glücklicher Umstand war. Ein solcher psychiatrischer Terminus erweckt ja den Eindruck von Verstehen, als sei die Frage damit geklärt – was nicht unbedingt der Fall sein muss. Ich fühlte zwar, dass etwas Bedrohliches davon ausging, etwas, das ich zu berücksichtigen hatte. Doch wenn man die Deutung des Erlebens in der Schwebe lässt, wird das Erleben selbst eine Quelle vielfältiger Phantasien und Wahrnehmungen. Ich wurde auf Erscheinungen aufmerksam, die mir zuvor kaum aufgefallen waren. Im übrigen hatte das Gefühl merkwürdigerweise auch etwas Angenehmes, etwas »Intensives«, als komme man dadurch mit einer Realität in Berührung, die bedeutungsvoller als die alltägliche ist.

Erfahrungen, die ich schon gemacht hatte und die in eine ähnliche Kategorie gehörten, betrachtete ich nun rückblickend mit anderen Augen. Auch machte es mich für neue Bereiche von Erscheinungen in der Gegenwart aufgeschlossen; mir fielen Dinge auf – in der Natur, im Umgang mit Menschen, in der Kunst –, die mir bis dahin mehr oder weniger verborgen geblieben waren. Allmählich entstand eine »zweite« Welt, die ich etwa »die Unterwelt«

oder auch »den Abgrund« nannte. Zu ihr gehörten sowohl »psychische« Erscheinungen – Schmerz, Schwermut, Angst – als auch »physische«. Vor allem diese letzteren beschäftigten mich stark, wie beispielsweise die seltsame Atmosphäre in Höhlen, das rätselhafte Leben der Fische auf dem Meeresboden und der Geruch vermodernder Blätter im Herbst. Ganz bestimmte ›äußere‹ Phänomene gehörten in diese Unterwelt, andere absolut nicht: Steinkohle ja, Kristall nicht; Ohrenkneifer ja, Schmetterlinge nicht; Gründlinge ja, Weißfische nicht; Captain Beefheart ganz sicher, Vivaldi überwiegend ganz sicher nicht; Dionysos ja, Apollo nicht; der Mond ja, die Sonne nicht.

Natürlich fragte ich mich, ob ich mir diese Welt nur einbildete oder ob sie wirklich und objektiv existierte, auch außerhalb meiner selbst. Wenn ich von dem ausging, was ich von Samuel Taylor Coleridge verstanden hatte, war das Letztere der Fall: Das Bild der Unterwelt war zu einem bestimmten Zeitpunkt »geboren worden« und »wuchs«. Ich dachte mir nichts aus, sondern die Vorstellung entstand einfach. Eine große Entdeckung war für mich Dantes Meisterwerk, die *Divina Commedia*, in der nacheinander die Hölle, der Läuterungsberg und das Paradies beschrieben werden. Vor allem der erste Teil, Dantes Reise durch die Unterwelt, vermittelte mir das Gefühl, es mit einer Realität zu tun zu haben. Auch bei Dante beginnt alles mit einer Verwirrung, einer tiefen Verständnislosigkeit: In der Mitte seines Lebens befindet er sich in einem düsteren Wald, und er weiß nicht, wohin er sich wenden soll. Kurz, auch er traut seinen Augen nicht. Danach trifft er Vergil, *den Dichter*, der sein Führer wird und ihn buchstäblich bis in die unterirdischen Regionen geleitet, wo es dunkel ist, wo Menschen leiden und die Dämonen herrschen.

Z W E I T E S   K A P I T E L
Wie erlangt man Erkenntnisse der höheren Welten?

In den sechziger Jahren kamen auch Hasch und LSD, Meskalin und Speed auf. Deren Konsum beförderte mich in eine Realität, die ich gefühlsmäßig mit der Musik und den Bildern von Zappa und Dylan, ja sogar mit dem Prolog des Johannesevangeliums in Zusammenhang brachte. Die Dürre wurde überwunden: Klänge wurden zu lebenden Wesen, Bilder in der Zeitung bekamen Tiefe, und die Menschen um mich her begannen unversehens Schönheit auszustrahlen. Man schluckte eine Pille, und die Phantasie nahm ihren Lauf, wie von selbst und mit einer Kraft, der die »normale« Realität nicht gewachsen war. Oft war es ein Spiel, jedoch nicht immer.

Ich entsinne mich des folgenden Spiels. Ich hatte LSD genommen und saß im Zimmer eines Freundes. Vor dem Fenster standen Farne, jene frischen und grasgrünen Wedel, die sich jeden Tag ein Stück weiter entrollen. In einem bestimmten Augenblick – die Farne bildeten gemeinsam eine Art sonnenbeschienenen Wald – fühlte ich mich von ihnen aufgenommen, als säße ich nicht nur auf einem Stuhl, sondern als sei ich zugleich an diesem Wachsen beteiligt. Ich nahm also zwei Perspektiven zugleich ein: Ich schaute vom Stuhl aus zu – und ich wuchs mit in der Pflanze. Ich hörte das zarte Rascheln der sich entfaltenden Blätter und fühlte den Saft nach oben steigen.

Ich dachte: Ich kann das Wachsen steuern. Wenn ich mich in jenes hängende Blatt versetze, dort links unten, und aus meinem Gefühl heraus dort das Wachstum stimuliere, wird man erleben, dass gerade dieses Blatt sich entfaltet. Und so geschah es auch: Während ich mich mit dem einen Teil meiner selbst in dem Blatt befand, sah ich mit dem anderen Teil, wie sich dieses Blatt einem grünen Teppich gleich über die Fensterbank ausbreitete.

Wie es möglich ist, so etwas zu erleben? Erst in der Anthroposophie fand ich Gesichtspunkte, die das erhellen konnten, doch darüber später mehr. Damals dachte ich nicht darüber nach, sondern erfuhr es als eine Art wunderliches Spiel. Alles andere als ein Spiel war jedoch die folgende Erfahrung; sie lehrte mich ein für allemal, dass Phantasie und Realität auf unmissverständliche Art und Weise aufeinander bezogen sein können. Auch fasste ich die Erfahrung als die erste wirkliche Botschaft aus der Unterwelt auf.

Der Trip dauerte schon ein paar Stunden, und ich ging mit zwei Freunden eine breite Straße entlang. Aus der Ferne näherte sich ein Polizeiwagen mit lauter Sirene und blauem Blinklicht; als der Streifenwagen an uns vorüberfuhr, hatte ich das Gefühl, er husche wie ein kreischender blauer Vogel dicht über mich hinweg. In diesem Augenblick erwachte die Angst. Ich ging weiter und hatte nach kurzer Zeit das Empfinden, jemand laufe neben mir her. Ich schaute zur Seite und sah mich selbst in einem braun gestreiften Anzug – genau so einem, wie ich ihn sonntags trug, als ich sechzehn war. Ich dachte: was für ein arroganter Kerl!

Kurz danach veränderte sich die Gestalt zu jener, die ich mit etwa zwölf Jahren gewesen war; ich sah einen Jungen mit Bürstenhaarschnitt und Eierkopf. Und ich dachte: was für ein unscheinbarer Junge! – Wieder etwas später war mein Gefährte zu dem Kind geworden, das ich mit etwa acht Jahren gewesen sein muss: ein verträumtes Wesen, das sich seiner Umgebung nicht bewusst war. Und ich dachte: Wer nimmt von einem solchen Kind überhaupt Notiz?

Ich schreibe hier immer: Ich dachte ... Aber so war es eigentlich nicht: Ich hätte es gedacht, wäre ich in jenem Augenblick imstande gewesen zu denken. Es waren eher Gefühle, die mich überrumpelten, Emotionen, die wie Feuer brannten. Doch durch diese Emotionen hindurch blieb die begleitende Gestalt deutlich zu sehen; ihre Gegenwart war ebenso klar und selbstverständlich wie die der beiden Freunde. Und das Erstaunliche war: Aus irgendeinem Grund fand ich es logisch, dass mein »Doppelgänger« Gestalt annahm; ich wunderte mich nicht darüber und hatte das Gefühl, in gewisser Weise sogar darauf gewartet zu haben. Darüber hinaus war ich natürlich erstaunt wegen der Ähnlichkeit dieses Ereignisses mit meiner früheren Erfahrung: Sowohl bei dem Trip als auch im Wald von Arnhem war ein Wesen erschienen, das mir glich.

In den Jahren darauf habe ich viel über diese Erfahrungen nachgedacht. Ich suchte nach vergleichbaren Beispielen in der Literatur und meinte diese in dem schon genannten Werk *The rime of the ancient mariner* von Samuel Taylor Coleridge zu finden, in dem eine Gestalt, »Death-in-Life« genannt, auftritt; oder in *Der Golem* von Gustav Meyrink, dessen Handlung im alten Prager Judenghetto spielt und in dem eine Spukgestalt den Menschen Angst einjagt. Meine wichtigsten Fragen lauteten: Woher kommen solche Bilder? Was sind das für Kräfte, die solche bedeutungsvollen und das Gefühl tief ansprechenden Vorstellungen hervorrufen können? Handelt es sich um Halluzinationen? Und wenn das so ist: Wie kommt es dann, dass Halluzinationen so konsistent sein können?

Die Theorie, derartige Bilder entstünden durch chemische Reaktionen im Gehirn, befriedigte mich nicht. Sie konnte vielleicht erklären, warum man sie einmal wahrnimmt, ein anderes Mal aber nicht; doch über ihre zusammenhängende Form und ihren emotionalen Inhalt konnte sie nichts Erhellendes aussagen. Eine Vorstellung an sich hat nun einmal keinen chemischen Charakter; man kann alles Mögliche in einem Reagenzglas entstehen lassen, aber keine Vision.

Es zeigte sich, dass in einem Menschen mehr steckte, als ich je vermutet hatte. Ich ahnte, dass diese und andere Geschehnisse mir zuriefen, ich sei etwas anderes oder könne etwas anderes sein, als ich immer gedacht hatte. Aber was das genau bedeutete, konnte ich mir nicht konkret vorstellen, und so ergriff mich eine vage Unruhe.

Es war dieser unruhige Nerv, der von einem Buch Rudolf Steiners berührt wurde, das ich von einem besorgten Lehrer bekam und dessen Titel lautete: *Wie erlangt man Erkenntnisse der höheren Welten?* Ich begriff seinen Inhalt nicht sofort. Zwischen 1968 und 1972 las ich es mehrere Male, manchmal in einem Zuge, und begann Schritt für Schritt zu verstehen, warum dieses Buch mich anzog. Das Bild, das darin vom Menschen, besser: von dem, was ein Mensch eigentlich ist, entworfen wird, wich von den mir bis dahin bekannten Menschenbildern grundlegend ab, aber es knüpfte an meine Erfahrungen an. Schon die ersten zwei Zeilen des Buches weckten tief in meinem Inneren eine Resonanz: »Es schlummern in *jedem* Menschen Fähigkeiten, durch die er sich Erkenntnisse über höhere Welten erwerben kann. Der Mystiker, der Gnostiker, der Theosoph sprachen stets von einer Seelen- und einer Geisterwelt, die für sie ebenso vorhanden sind wie diejenige, die man mit physischen Augen sehen, mit physischen Händen betasten kann.«[1] Manches von dieser Seelen- und Geistwelt meinte ich zu kennen.

Tiefe Einsichten vermittelten mir Beschreibungen wie die folgende: »Wer sich immer wieder und wieder planmäßig, mit Vorsatz, solchen Gefühlen (wie man sie hat, wenn man sich in die Natur hineinversetzt – JvdM) überlässt, dem eröffnet sich eine neue Welt. Die Seelenwelt, der sogenannte astrale Plan, beginnt vor ihm aufzudämmern. Wachsen und Vergehen bleiben für ihn nicht mehr Tatsachen, die ihm solch unbestimmte Eindrücke machen wie vorher. Sie formen sich vielmehr zu geistigen Linien und Figuren, von denen er vorher nichts ahnte. Und diese Linien und Figuren haben für die verschiedenen Erscheinungen auch verschiedene Gestalten. Eine blühende Blume zaubert vor seine Seele eine ganz bestimmte Linie, ebenso ein im Wachsen begriffenes Tier oder ein im Absterben befindlicher Baum. Die Seelenwelt (der astrale Plan) breitet sich langsam vor ihm aus.«[2] – Benutzer von LSD und Haschisch, aber auch Menschen mit einer natürlichen Fähigkeit zum hellsichtigen Schauen, werden diese Beschreibungen wiedererkennen.

Das Buch bedeutete mir viel. Zunächst zeigte sich hier jemand, der klarmachte, dass meine Erfahrungen etwas anderes als reine ›Halluzinationen‹ sein konnten. Zwar überzeugte das Werk mich nicht sofort und vollständig – ich hatte weiterhin viele Fragen. Aber es deutete eine Richtung an, in welcher die Fragen beantwortet werden konnten, während die naturwissenschaftliche Verfahrensweise, die derartige Erfahrungen als halluzinative Illusionen betrachtet, jeden Weg dazu versperrte, einfach, indem sie die Gültigkeit meiner Erfahrungen glattweg leugnete.

Weiter bot die Betrachtung Rudolf Steiners die Möglichkeit, aus eigener Kraft weiterzugehen, ohne chemische oder natürliche Mittel, die das Bewusstsein erweitern. Der Gebrauch von LSD ist, wie ich erfahren hatte, nicht risikolos. Es ging zwar bei Steiner um einen langen Weg, der gewiss viel weniger spektakulär verlaufen würde, der aber an meine Existenzweise anknüpfte. Gefährliche seelische Chirurgie – und den Gebrauch von LSD kann man nicht anders bezeichnen – war nicht mehr nötig, und ich konnte auf der Basis meines eigenen Bewusstseins und meiner eigenen (auch rationalen) Fähigkeiten vorankommen, Schritt für Schritt.

In *Wie erlangt man Erkenntnisse der höheren Welten?* kommt der Begriff Imagination nicht vor. Im Anschluss an dieses Buch schrieb Steiner in den Jahren 1905 und 1908 eine Reihe von Artikeln, die er als Fortsetzung betrachtete und die erst später, im Jahre 1931, von seiner Frau Marie Steiner-von Sivers in dem Buch *Die Stufen der höheren Erkenntnis* zusammengefasst wurden. In diesen Artikeln geht er ausführlich darauf ein, was der Begriff Imagination seiner Auffassung nach für die geistige Schulung bedeutet, die er beschrieben hatte. Damals waren diese Artikel noch nicht ins Niederländische übersetzt worden, und da ich noch nicht entdeckt hatte, dass Steiner in dem bereits übersetzten Werk *Die Geheimwissenschaft im Umriss* auch über Imagination schreibt, sah ich mich genötigt, mein erstes deutsches Buch zu lesen. Zum Glück war es nicht sehr umfangreich; zudem wollte ich so gern wissen, was darin stand, dass ich die Mühe gern auf mich nahm.

Exkurs: über die Stufen der Erkenntnis

Ich schlug also *Die Stufen der höheren Erkenntnis* auf. Im ersten Kapitel unterscheidet Steiner vier Stufen der Erkenntnis: die materielle, die imaginative, die inspirierte und die intuitive Erkenntnis. Er geht also noch zwei Schritte weiter als Coleridge, der von zwei Formen von Bewusstsein sprach: dem normalen und dem imaginativen. Die erste Stufe der Erkenntnis hat einen physisch-sinnlichen Charakter: Hier ist von einem Objekt in der Außenwelt die Rede, welches auf unsere Sinne einwirkt. Dieser Eindruck wird in unserer Seele zu einem Bild, dem Erinnerungsbild, umgeformt.

Steiner betont, dass dieses innere Bild noch keinen Begriff des

Objekts beinhaltet; dieser entsteht erst, wenn dem Bild die richtige »Idee« hinzugefügt wird. Steiner: »Die Unterscheidung von ›Bild‹ und ›Begriff‹ ist unbedingt notwendig, wenn man sich hier ganz klarwerden will. Man stelle sich einmal vor, man sehe einen Gegenstand, welcher kreisförmig ist. Dann drehe man sich um, und man behalte das *Bild* des Kreises im Gedächtnisse. Da hat man noch nicht den ›Begriff‹ des Kreises. Dieser ergibt sich erst, wenn man sich sagt: ›Ein Kreis ist eine Figur, bei der alle Punkte von einem Mittelpunkte gleich weit entfernt sind.‹ Erst wenn man sich von einer Sache einen ›Begriff‹ gemacht hat, ist man zum Verständnisse derselben gekommen.«[3]

Schließlich legt Steiner dar, dass für die materielle Erkenntnis noch ein viertes Element eine Rolle spielt, nämlich unser »Ich«. Es ist die Aktivität dieses »Ichs«, durch die Bild und Begriff zu einer Einheit werden. Auch verbindet das »Ich« nicht nur Bild und Begriff miteinander, sondern zugleich die verschiedenen Begriffe untereinander. Steiner nennt diese Aktivität das Urteilsvermögen: »Auch bezüglich der Begriffe bildet das ›Ich‹ die Einheit. Es verbindet seine Begriffe und verschafft sich auf diese Art einen Überblick, das heißt ein Verständnis der Welt.«[4]

Beim materiellen Erkennen geht es also um Vorstellung und Begriffsbildung von Wahrnehmungen in der physischen Wirklichkeit. Bei den höheren Stufen des Erkennens geht es nicht mehr um physische Realitäten, sondern um übersinnliche Wahrnehmungen, zum Beispiel von Prozessen in der ätherischen Welt oder von geistigen Wesen. »Der imaginative Mensch«, schreibt Steiner, »hat eine solche Bilderwelt, die von einer höheren Welt ihren Zufluss erhält. Es gehört eine sehr sorgfältige Schulung dazu, innerhalb dieser höheren Bilderwelt Täuschung von Wirklichkeit zu unterscheiden.«[5] Er legt dann dar, dass man im Allgemeinen geneigt sei, diese Art von Bildern, die oft aus unserem Inneren aufsteigen, als reine Einbildung, als ein Spiel unserer Vorstellungswelt abzutun. Die Ursache dieser Haltung ist in der Tatsache zu suchen, dass wir die Existenz höherer Wirklichkeiten nicht für möglich halten; in der anthroposophischen Geisteswissenschaft hingegen geht man davon aus, dass *jedem Bild eine Wirklichkeit zugrunde liegt, eine physische oder eine geistige*.

Hiermit wird nicht gesagt, dass jedes Bild auch eine genaue Abbildung der Wirklichkeit ist, durch die es erzeugt wurde: Ein wichtiger Aspekt der geistigen Schulung besteht darin zu lernen, die Bilder zu »objektivieren«. Der Unterschied zwischen einem normalen Bild (zum Beispiel dem eines Baumes) und einem Bild, das sich auf eine geistige

Wirklichkeit bezieht, ist, dass das letztere von dem Ausmaß abhängig ist, in dem der Mensch bewusst am Zustandekommen des Bildes mitarbeitet. Hier liegt für Steiner der Unterschied zwischen der Phantasie und der Imagination: Die erste ist ein mehr oder weniger unbewusster Prozess, an dem unser Bewusstsein zwar beteiligt ist, der aber so sehr in die Kräfte unserer Seele (unserer Ängste, Wünsche, Freuden) eingebettet ist, dass er dadurch stark gefärbt wird. Das imaginative Erkennen ist eine Art von Phantasie, die sich über unsere subjektiven Gefühle erhebt.

Was für die normale Erkenntnis gilt, gilt auch für die imaginative: Unser »Ich« muss damit arbeiten, um zu einem Überblick, zu einem wirklichen Begriff zu kommen. Steiner: »Die Entscheidung darüber, was auf höherem Gebiete ›wirklich‹ ist, was nur ›Illusion›, die kann nur von der *Erfahrung* kommen. Und man muss sich diese Erfahrung in einem stillen, geduldigen Innenleben aneignen.«[6]

Bei der zweiten und dritten Stufe der höheren Erkenntnis, der inspirierten und der intuitiven, werden noch weitere Schritte in die geistige Welt vollzogen. Das imaginative Erkennen hat noch eine Verbindung zur physischen Seite geistiger Wirklichkeiten: Das Bild eines Engels zum Beispiel verrät zwar etwas vom Wesen dieses Engels, ist aber doch nicht mehr als sein »Gewand«, seine geistige »Außenseite«. Beim inspirierten Erkennen verschwindet dieses Bild, und die Begegnung mit dem Engel ist direkter, wesentlicher. Es geht hier um Gefühle, die die Innenwelt des Engels zum Ausdruck bringen. Beim intuitiven Erkennen wird noch ein weiterer Schritt vollzogen: Die Seele geht jetzt gleichsam in dem Engel auf, fließt mit ihm zusammen. Steiner: »Bilder sind nicht der Gegenstand; sie *drücken* ihn bloß *aus*. Auch was die Inspiration gibt, ist nicht der Gegenstand. Sie *spricht* ihn nur aus. Das aber, was jetzt (also beim intuitiven Erkennen – JvdM) in der Seele lebt, ist wirklich der Gegenstand selbst. Das Ich hat sich ergossen über alle Wesen; es ist mit ihnen zusammengeflossen.«[7]

Unter allen Formen von höherem Erkennen konnte ich mir etwas vorstellen, wenn auch beim ersten am konkretesten. Wie ich schon beschrieben habe, kannte ich die erstaunliche Neigung der Seele, Bilder entstehen zu lassen – oder vielleicht besser ausgedrückt: sie aus ihrer Tiefe heraufsteigen zu lassen – wie das Bild der Unterwelt. Ich hatte auch bereits entdeckt, dass man an diesen Bildern »arbeiten« muss, das heißt, dass man sie wie wachsende Pflanzen hegen muss. Ich kannte das merkwürdige Paradox, dass man ein starkes *Bewusstsein* braucht, um den

Bildern den Raum zu geben, *das zu werden, was sie werden wollen.* Für die Phantasie – im Sinne Steiners – ist hingegen ein Bewusstsein geringer Stärke ausreichend, um mit den Bildern zu spielen. Die Kraft des Bewusstseins bezieht sich also nicht auf das Eingreifen in diesen Prozess, auf die eigene Formung der Bilder, sondern eben auf die Schaffung eines geeigneten Raumes, in dem die Bilder aus ihrer eigenen Art heraus entstehen können.

Neu war für mich, welche Bedeutung Steiner dem Verstehen der Bilder beimaß. Soweit ich ihm in seinen Darlegungen folgen zu können meinte, war mir deutlich geworden, dass ich einen spontanen Versuch zu diesem Verstehen gemacht hatte, indem ich meine Bilder mit denen von anderen, zum Beispiel denen von Dante, verglichen hatte. Durch die Lektüre seiner *Divina Commedia* bekam mein Bild der Unterwelt auf einmal einen Kontext, einen Platz in der Welt, eine Bestätigung. Ich verstand jetzt durch Steiner, dass dies nur ein vorläufiges Verständnis sein konnte; ein echtes Verständnis, so legte er dar, würde erst durch Erfahrung entstehen. Spirituelle Bilder verstand man seiner Ansicht nach erst wirklich, wenn man deren Gesetzmäßigkeiten aus eigener Erfahrung kennen lernte, ebenso wie ein Kind erst mit der sinnlichen Welt vertraut ist, wenn es durch Hinfallen und Wiederaufstehen die räumlichen Verhältnisse erfahren hat.

Auf die hier beschriebene Art wurde meine Vorstellung von der Unterwelt vielfältiger. Immer neue Elemente kamen hinzu, zum Beispiel dadurch, dass ich Stimmungen, die ich in der Metro von Paris erlebte, längere Zeit festzuhalten suchte und entdeckte, dass Menschen und Dinge sich dort von einer anderen Seite zeigen. Ich begann aufgrund dieser Metro-Erfahrungen Erzählungen über die Unterwelt zu schreiben und notierte zum Beispiel: »Wir sind in die Tiefen hinabgestiegen, in die Nacht hinein, und haben das Licht von oben, von der Straße mitgebracht. Wir dachten: In der Tiefe ist Raum. Doch wir übersahen die Tatsache, dass oben bei den Treppen dein Schatten strauchelt, bricht und sich im Uringeruch auflöst, fortschwebt im ununterbrochenen Zwielicht. Die Tiefe ist gefährlich. Wenn dein Geist nicht beschäftigt ist, wenn nichts über das Gestern oder Morgen, über Geld, Stunden und Tatsachen nachzudenken ist, wird dir bang, weil der Schutz dann zu zerbrechen droht zwischen dir selbst und der Angst, der großen, nach Erdklumpen riechenden Angst, die unter Paris, unter New York, London und Moskau herrscht und die ihre eigenen Maße, Längen und Breiten hat.«

Vieles von dem, was in den sechziger Jahren seinen Anfang nahm, ist inzwischen zu sentimentalem Genörgel und kühler Aggression entartet. Auf das, was damals entstehen wollte, ist so heftig reagiert worden, dass die Sicht auf seinen Ursprung verloren gegangen ist. Den Helden von damals ist es auch schlecht ergangen: Jimi Hendrix starb kurz nach seinem berühmten Auftritt in Woodstock, Brian Jones und Janis Joplin starben gleichfalls, John Lennon wurde von jemandem ermordet, der dachte, er sei John Lennon, Captain Beefheart hat sich in die Wüste zurückgezogen und will niemanden mehr sprechen, Frank Zappa starb mit fünfzig an Krebs, Paul McCartney wurde ein harmloser singender Hausvater und Mick Jagger ein joggender Yuppie.

Und der Großmeister Bob Dylan? Er ist ein mürrischer Mann geworden, der seine Geheimnisse nicht preisgibt. In seinen letzten Songtexten predigt er den Untergang der Welt: »There is a black Mercedes rolling to the combat-zone.«[8]

D R I T T E S K A P I T E L

Der Gral: irdisch und himmlisch zugleich

Um 1970 – ich war zwanzig – entdeckte ich die Existenz des Lectorium Rosicrucianum, einer »Geistesschule«, die von den Niederländern Jan van Rijckenborgh und Catharose de Petri gegründet worden war und in der ganzen Welt Niederlassungen hat. Ihre Begründer betrachteten sich als spirituelle Nachfolger Rudolf Steiners. Ihrer Meinung nach war Steiners Werk »gescheitert«, und das spirituelle Werk musste auf eine andere Art und Weise fortgesetzt werden.

Das Lectorium Rosicrucianum hat einen sogenannten »Vorhof«, eine Rosenkreuzer-Gesellschaft, die öffentliche Lesungen und spirituelle Dienste für Interessierte versieht. Ich besuchte diese Versammlungen und lernte dort die Lehre Jan van Rijckenborghs[1] kennen. Im Kern enthielt dessen Anschauung Folgendes:

Nach Jan van Rijckenborgh war es – anders also, als Steiner dargelegt hatte – nicht mehr möglich, aus eigener und individueller Kraft eine geistige Schulung zu verfolgen. Die Verbindung mit der geistigen Welt (in van Rijckenborghs Terminologie die »Welt der Statik«) könne nur dann erlangt werden, wenn man Teil einer Gruppe gleichgesinnter Seelen sei, die allesamt tatkräftig von der normalen Welt (der Welt der Dynamik) Abstand nähmen. Die normale und alltägliche Wirklichkeit sei eine schlechte Illusion, die die Menschen nur verwirre.

Es gebe nur eine einzige Gruppe solcher Seelen, nämlich die Mitglieder des Lectorium Rosicrucianum; alle anderen seien nicht rechten Glaubens. Im Lectorium lebe, so Jan van Rijckenborgh, ein starkes spirituelles »Kraftfeld«, auch »gnostischer Körper« genannt, das bei kultischen Versammlungen aktiviert werde und an das man innerlich Anschluss erhalten könne, vorausgesetzt, man strebte die richtige Lebensweise an, was unter anderem bedeutete, kein Fleisch zu essen, keinen Alkohol zu trinken, nicht zu rauchen und sich gesellschaftlich untadelig zu verhalten. Halte man sich an die Regeln, werde zu gegebener Zeit das »ewige Uratom im eigenen Herzen« erweckt, was die Geburt einer neuen und ewigen Seele bedeute. Die Erlösung bestehe also in einem strikt vertikalen Verhältnis zur Wirklichkeit: dem Abstandnehmen vom normalen Leben und der Ausrichtung auf das höhere. Der weltanschauliche Hintergrund des Lectorium war ein absoluter Dualismus: Die normale Welt war schlecht, ebenso wie die Welt der Seele; nur die ursprüngliche Welt des Geistes war gut.

Drei Jahre lang faszinierte mich das Lectorium Rosicrucianum, vor allem durch die dort zelebrierten Kulthandlungen, weniger durch die verkündete Lehre. Jede Woche wurden in einem großen »Tempel« in Haarlem oder einem kleineren Saal in Utrecht »Gottesdienste« abgehalten. Alle drei Wochen besuchten wir einen Lehrgang, der ein Wochenende lang dauerte. Auch fuhren wir zu Tagungen nach Deutschland und Frankreich. Die Gottesdienste liefen nach einem strengen Ritual ab und hatten einen ausgesprochen frommen Charakter; im Tempel sprach man kein Wort miteinander und empfand es sogar als Sakrileg, einander anzusehen. Von einem Prediger wurden mantrische Texte gesprochen, die eine starke Wirkung auf die Seele ausübten und allesamt nur das eine Ziel hatten: die Teilnehmer über die Unruhe des Alltags zu erheben.

Das gelang auch oft. Mehrmals habe ich erlebt, dass mein Gemüt (oft schlagartig, als würde ein Schalter betätigt) von völlig neuen Gefühlen erfüllt war und ich mich wie ein Schmetterling fühlte, der frei durch den Raum schwebte. Es konnte auch geschehen, dass eine lichte Atmosphäre entstand, als befände ich mich in einer Kathedrale aus Glas; und großen Eindruck machten mir Augenblicke, in denen ich mich wie ein Weiser fühlte: Ich brauchte nur an ein bestimmtes Problem zu denken und sah augenblicklich den Weg, den ich zu beschreiten hatte.

Ich wusste nicht, wie ich solche Erfahrungen beurteilen sollte, und die Versicherung von spirituell Höhergestellten – es herrschte eine strenge Hierarchie –, sie seien auf die Wirkung des »ewigen gnostischen Körpers« zurückzuführen, befriedigte mich nicht. In den Jahren zuvor, als ich noch Drogen nahm, hatte ich ja gelernt, dass das Erleben mystischer Erfahrungen an sich nichts besagte, da auch – oder vielleicht gerade – auf diesem Gebiet der

Schein nun einmal trügen kann. Ich spürte, dass ich aufmerksam geworden war darauf, wie solche Erfahrungen auf die Lebensgestaltung der Menschen einwirken, auf ihre Persönlichkeit (der Begriff »Persönlichkeit« hatte im Lectorium einen ausgesprochen negativen Charakter) und auf ihr Handeln.

Die Menschen im Lectorium erlebte ich im Allgemeinen als brave Leute, wenig autonom in ihren Urteilen, arm an sozialen Kontakten mit Menschen außerhalb des Lectoriums, weltfremd und auf eine subtile Art arrogant. Eine »warme Zuwendung« zur Welt gab es kaum, und das Einzige, was zählte, war die Schülergruppe des Lectoriums: Die Mitglieder waren für ein höheres Leben auserwählt, und der Rest der Menschheit war verloren – und niemand störte sich daran, dass man dabei von über fünf Milliarden Menschen sprach!

Ein echter Rosenkreuzer war nach der Auffassung des Lectoriums jemand, der in der Stille eine geistige Entwicklung durchlief und daneben ganz normal Buchhalter, Lehrer oder Beamter blieb. Der Rosenkreuzer ließ die Welt und die Gesellschaft unverändert, denn keine einzige Veränderung in der normalen Welt konnte eine Verbesserung sein. Ließ man sich dazu verleiten, die Gesellschaft verändern zu wollen, diente dies der Erhebung und nicht der Selbstbescheidung der eigenen Person.

Mit dieser Sichtweise konnte ich mich nicht einverstanden erklären. Dennoch hat die Zeit beim Lectorium mich einige wichtige Dinge gelehrt, die auch bedeutsam für mich blieben, als ich später die anthroposophische Bewegung kennen lernte. Zuallererst das Prinzip des Sektierertums: Um des eigenen Seelenheils willen möchte man mit dem Rest der Welt nichts zu tun haben. Diese Neigung darf nicht unterschätzt werden. In größerem oder minderem Maße lebt sie in jedem Menschen. Gerade in Sektenkreisen wird häufig über dieses Prinzip gesprochen, und in der Regel wird es dann als ein unzutreffendes und unwürdiges Etikett gesehen, das der Gruppe von der Außenwelt aufgeklebt wird. In dem Augenblick, da man als esoterische Gemeinschaft »Geheimnisse« zu kennen meint, von denen andere Menschen noch entfernt seien, entsteht ein unsoziales Klima. Denn wie man es auch dreht und wendet, man hält sich selbst für besser als andere.

Ferner lernte ich das Phänomen der »Sprache der Eingeweihten« kennen, die Sprache also, die von »uns« gesprochen wird und die sich von der »der anderen« unterscheidet. »Wir« (die Schüler des Lectoriums) sprechen von der »Welt der Statik« und »sie« (die kirchlichen Gläubigen) ganz gewöhnlich über den »Himmel«. Dieser Sprachgebrauch verhindert die Kommunikation in zweifacher Hinsicht: Die Außenwelt begreift nicht, was gemeint ist, und die Insider wissen es schon bald auch nicht mehr, weil die Begriffe zu Klischees verkommen und einen »Du-weißt-schon«-Charakter annehmen. Etwas Vergleichbares geschieht, wenn man überall die gleiche Kopie der Sixtinischen Madonna von Raphael hängen sieht: Auf die Dauer nimmt man das Bild nicht mehr wirklich wahr.

Schließlich habe ich im Lectorium die Kraft des Kults kennen gelernt, nicht nur im negativen, sondern auch im positiven Sinne. Es ist durchaus möglich, durch einen gemeinschaftlich erlebten Kult etwas Wesentliches zu bewerkstelligen. Die Frage ist jedoch, wie man dessen Ergebnis beurteilt.

Im Lectorium Rosicrucianum wurde auch oft über die Bedeutung der Legenden vom Heiligen Gral gesprochen. Das lag daran, dass sich seine Mitglieder als spirituelle Nachkommen der Katharer ansahen. Diese hatten im elften und zwölften Jahrhundert in Südfrankreich eine Glaubensgemeinschaft gebildet, die mutig die Lehre der Römischen Kirche ablehnte und dann folgerichtig durch einen grausamen Kreuzzug ausgerottet wurde. Nach Jan van Rijckenborgh und Catharose de Petri habe der Kern des Katharertums aus einer Geisteslehre bestanden, die auf die gleiche Art wie das Lectorium gewirkt hatte. Die Legenden vom Heiligen Gral, wie wir sie aus den Werken von Chrestien de Troyes, Robert de Boron, Wolfram von Eschenbach und Albrecht von Scharfenberg kennen, wurden als »durchgesickerte und in gemeinverständliche Form gebrachte Geheimnisse« aus der katharischen Geistesschule betrachtet. In diesen Romanen könne man die wirkliche Wahrheit jedoch nicht finden; diese erführe man nur im Lectorium.

Aber für mich waren die genannten Erzählungen eine Offenbarung. Ich erkannte mich vollkommen in Parzival wieder, dem reinen Toren, der unwissenden, unruhigen Seele, in Parzival, der meint, Ritter seien Götter, der zwischen dem Kampf auf dem Schlachtfeld und dem Verlangen nach seiner Geliebten Condwiramurs hin- und hergerissen wird, der guten und schlechten Rat bekommt, der unversehens die Gralsburg erreicht und dort hundert Dinge sieht, die er nicht versteht, die ihn jedoch völlig aufwühlen ... Vor allem die Texte und Bilder von Wolfram von Eschenbach berührten mich zutiefst, weil sie einen hohen ethischen Gehalt besitzen, außergewöhnlich humoristisch sind und zugleich so sinnlich gegenwärtig, dass man die Erdklumpen von den Pferdehufen förmlich wegspritzen sieht und den Duft riecht, der aus Condwiramurs' Bett aufsteigt.

Irdisch und geistig zugleich – das ist das Wunder des Grals. Dieses Motiv liegt schon im Bild des Grals selbst verborgen, der bei Wolfram bekanntlich ein Stein ist, der mit dem Vogel Phönix in Verbindung gebracht wird, der verbrennt und aus seiner eigenen Asche wieder aufsteigt. Das Erkennen des Geistes in der Materie – auf dieses Thema scheint die Legende vom Gral auf allen Ebenen Bezug zu nehmen. Auch in dem Bild des Grals als Kelch, wie bei Robert de Boron dargestellt, ist diese Bedeutung zu finden: Zunächst soll er beim Letzten Abendmahl gedient und später dann Blut und Wasser aufgefangen und bewahrt haben, das aus der Seite des gestorbenen Christus geflossen war. Diese Flüssigkeit ist geistig und irdisch zugleich: Sie enthält die göttlichen Eigenschaften Christi und hat zugleich eine physische Wirkung auf der Erde.

Faktisch stand das, was ich da las, im Gegensatz zu dem, was ich im Lectorium hörte. In der Gralsliteratur findet eine Bewegung *zur Erde hin* statt, nicht umgekehrt, von der Erde fort. Der Geist durchschreitet die Dunkelheit der Erde, die Substanz, um dort zu sterben, ja, um ihr durch dieses Sterben »Geisteskraft« zu verleihen. Wenn es etwas gab, das im Lectorium für töricht gehalten wurde, dann war es gerade dieses »Sterben« in der Erde, in der Substanz, im Abenteuer, in den Klängen der Musik, im sozialen Leben, im Streit und in der Liebe.

Stärker noch: In den Gralslegenden ging es nicht nur um die Erde, sondern auch um die Unterwelt, um die dunklen Kräfte, die gewissermaßen unter der Erde leben und bei Wolfram von Eschenbach in der Gestalt des Schwarzmagiers Klingsor verkörpert werden. Sich von Klingsor fern zu halten und zugleich eine innerliche Entwicklung zu durchleben, ist nicht möglich, meinte ich zu verstehen; um einen solchen Entwicklungsweg zu gehen, muss man auch die Kräfte aus der Unterwelt kennen lernen.

Es war genau diese Interpretation – für mich mit Fragen nach der Bedeutung von Figuren wie Kain und Judas verbunden –, die im Lectorium als »des Teufels« betrachtet wurde. Mehr noch als Dante bestärkten die Imaginationen Wolframs mich in der Überzeugung, dass die Unterwelt eine Realität ist, eine Wirklichkeit, die wir nicht sehen wollen, deren Kräfte aber umso heftiger in unserem Unbewussten wühlen. Ich begriff auch, dass das Leiden in dieser Unterwelt ein anderes ist als das Leiden auf der »oberirdischen« Welt. Kennzeichnend für das unterirdische Leiden ist, dass die Menschen keine Kenntnis davon haben und dass es – bildlich gesprochen – Dämonen sind, die es verursachen. Das lehrt auch die Imagination vom gekreuzigten Christus, der ja zunächst eines irdischen Todes stirbt, danach drei Tage lang durch die Unterwelt geht und dort die Kraft der Dämonen durch sein Erscheinen bricht. Erst danach erscheint er in seinem Auferstehungskörper.

Von den zahllosen Bildern, die bei Wolfram von Eschenbach zu finden sind, gab es drei, die mich in besonderer Weise ergriffen, und zwar aus einem Grund, den ich erst später verstand.

Das erste Bild taucht nach Parzivals erstem Abschied von der Gralsburg auf. Er sitzt auf seinem Pferd, und sein Blick wird von drei Blutstropfen im Schnee angezogen, die ihn an das Antlitz seiner Geliebten Condwiramurs denken lassen. Er steht bewegungslos da und schaut gebannt auf die Blutstropfen ... Unterdessen aber – und das ist das Wunder – befindet er sich, anscheinend ohne sich dessen bewusst zu sein, im Kampf mit einem Ritter, den er besiegt, indem er im entscheidenden Augenblick einen Lanzenstoß ausführt.

Jahre später, 1985, besuchte ich den österreichischen Schriftsteller Peter Handke, dessen Romane viele Verweise auf Wolframs Werk enthalten. Über diesen Handlungsausschnitt sagte Handke damals: »Parzival kann die Augen nicht von den Blutstropfen abwenden. In diesem Augenblick kommt ein Ritter auf ihn zu und greift ihn an. Noch immer in das Bild der Blutstropfen vertieft, stößt Parzival den Ritter fast beiläufig aus dem Sattel. Für mich ist dies eine der größten Szenen der Weltliteratur. Das Vertieftsein in eine Sache, ein Objekt, ein Bild schafft zugleich eine Wachheit, eine vollständige Gegenwart des Geistes für die Dinge um einen herum. In eine einzige Sache vertieft sein und zugleich alles sehen! Ich weiß nicht, woher das Bild kommt, aber es ist eine herrliche Öffnung zur Wirklichkeit hin. Ich nenne das eine reine Wahrnehmung.« – Soweit Peter Handke.[2]

Im Grunde geht es hier also um eine Imagination über die Imagination selbst. Es zeigt sich, dass eine Imagination, anders als eine physische Vorstellung, das Bewusstsein nicht auf einen Kernbereich beschränkt, sondern peripher sein lässt. Die Imagination beruht zwar auch auf einer Auswahl aus der Mannigfaltigkeit, die die Wirklichkeit zu bieten hat, schließt aber eine Verbindung mit jener anderen Wirklichkeit nicht aus. Die gesamte Wirklichkeit ist gewissermaßen in dem einen Bild wiederzufinden, ebenso wie die ganze Eiche sich im einzelnen Blatt wiederfindet. Das Herz erkennt dies und empfindet (poetische) Freude; das Denken braucht jedoch noch eine Reihe von Jahren, um den Inhalt der Imagination auch wirklich zu ergründen.

Dasselbe gilt für die beiden folgenden Bilder. Als Parzival zum ersten Mal in der Gralsburg angekommen ist, bekommt er die wunderbarsten Dinge zu sehen: ein Gefolge Adeliger in den prächtigsten Gewändern, einen blutigen Speer, den kranken Burgherrn Amfortas (den Parzival nicht nach der Ursache seines Leidens zu fragen wagt), die herrlichsten Speisen und schließlich auch den Gral (»Dieser Gegenstand wurde ›Gral‹ genannt und übertraf alle Vorstellungen irdischer Glückseligkeit.«) Für Parzival sind dies alles Rätsel, und da er meint, es sei unhöflich, nach ihrer Bedeutung zu fragen, schweigt er. Schließlich gehen die Anwesenden durch eine Tür wieder fort, und Wolfram berichtet dann: »Parzival blickte ihnen nach, und ehe sie die Tür schlossen, erblickte er im anschließenden Gemach auf einem Ruhelager einen Greis, wie er ihn ehrfurchtgebietender nie zuvor gesehen hatte. Ich versichere ohne Übertreibung, sein Haar war schlohweißer als der Nebel. Wer dieser Greis war, danach mögt ihr später fragen. Auch über die Person des Burgherrn, über seine Burg und sein Land werde ich zur rechten Zeit ausführlich und bereitwillig Auskunft geben.«

Anschließend legt Wolfram umständlich dar – so, als wolle er seine Zuhörer nicht brüskieren –, dass seines Erachtens niemandem vorzeitig die Identität des alten Mannes aufgedrängt werden dürfe: »Dann könnte ich meine Dichtung gleich einem Holzbock oder einem Baumstrunk vortragen.«[3]

Für den Leser Wolframs ist es wichtig, nicht nur dem Plot – der Abfolge der Ereignisse in der Zeit – zu folgen, sondern auch ein Gefühl dafür zu bekommen, wie die Bilder im Raum erscheinen. In diesem Bild ist es, als öffne sich in diesem Raum plötzlich ein Fenster und gewähre einen Blick in eine andere Welt. Und dort sehen wir dann einen wunderschönen alten Mann mit Haaren, weißer als der Nebel. Obwohl es sich offensichtlich um einen Nebenraum handelt, gewinnt man sogleich den Eindruck, der alte Mann habe mit dem tatsächlichen und bildlichen Mittelpunkt der Burg, dem Gral, zu tun. Das wird jedoch in diesem Augenblick nicht ausgesprochen.

Viel später in der Erzählung – beim aufmerksamen Lesen entstehen in einem während des Lesens viele Vermutungen – wird berichtet, der alte Mann heiße Titurel und sei der eigentliche Wächter des Grals und der Urvater des Gralsgeschlechts. Er habe die Gralsburg gebaut, um dem Gral einen Platz auf Erden zu geben. Stärker noch als zum Beispiel Amfortas, der kranke Burgherr, oder Trevrizent, der weise Mann, der Parzival später unterrichten wird, löst dieser Titurel bedeutsame Fragen aus: Wer ist das eigentlich? Und warum bekommt man ihn zu Gesicht, ohne Auskunft über seine Bedeutung zu erhalten? Offenbar will Wolfram bewirken, dass in der Seele des Lesers eine drängende Frage entsteht.

Vertieft man sich weiter in die Hintergründe der Titurel-Figur – nicht nur bei Wolfram, sondern auch in anderen Erzählungen und in esoterischen Betrachtungen, unter anderem von Steiner – erfährt man zwar mehr über diesen Gralswächter, doch es bleibt ein Schleier des Geheimnisses um ihn bestehen. Mich hat diese Figur vom ersten Blick in das kleine Nebenzimmer an beschäftigt. Im dritten Teil des Buches komme ich noch auf sie zurück.

Das dritte Bild folgt unmittelbar, nachdem Parzival sich von der Burg hat fortbegeben müssen, da er versäumte, Amfortas die entscheidende Frage zu stellen. Zu Pferd folgt er einer Spur, die immer schmaler wird und schließlich sogar ganz verschwindet. Weiter berichtet Wolfram: »Durch taufeuchtes Gras reitend, sah er vor sich auf einem Lindenstamm eine Jungfrau sitzen, der ihre Treue Schmerz gebracht hatte, denn sie hielt einen toten einbalsamierten Ritter in den Armen. Wen dies Bild nicht rührt, ist sicher keiner Treue fähig!«[4] Die trauernde Frau ist Sigune und der tote Ritter Schionatulander. Parzival fragt nach der Ursache ihres Leids (er stellt also die Frage, die er an Amfortas hätte richten sollen), und in dem folgenden Gespräch teilt Sigune ihm einige bedeutsame Dinge mit.

So gibt sie ihm einen ersten Einblick in das Gralsgeschlecht: Trevrizent und Amfortas seien Frimutels Söhne, der seinerseits Titurels Sohn sei. Aber sie teilt ihm auch seinen eigenen Namen mit – Parzival –, den er bis dahin nicht kannte. Schließlich verflucht sie Parzival: »Weh, was wollt Ihr überhaupt bei mir? Ehrloser und verfluchter Mensch! Ihr seid gefährlich wie der Zahn eines tollwütigen Wolfs. Schon in jungen Jahren hat die bittere Galle der Falschheit die Treue in Euch überwuchert! Ihr hättet Euch Eures Gastgebers, den Gott so furchtbar gestraft hat, erbarmen und nach der Ursache seiner Qualen fragen müssen! Zwar lebt Ihr, doch Euer Lebensglück ist tot!«[5]

Dieses Bild der Frau mit dem toten Ritter ist eine Vertiefung der bekannten Darstellung der Pietà, wie sie unter anderem von Michelangelo so schmerzvoll gestaltet wurde: die trauernde Maria mit dem Leichnam Christi auf dem Schoß ... Als Parzival Sigune später abermals trifft, trauert sie immer noch bei dem Leichnam ihres Geliebten Schionatulander. Dieses Trauern über den Tod, die Sterblichkeit, auch über die Unerreichbarkeit der Liebe ist ein Hauptthema in der Gralsliteratur. Man hört ein Echo anderer großer Mysterienerzählungen: von Eva, die (wie in den sogenannten Adamslegenden berichtet wird) von einem unerträglichen Kummer über Adams Tod überwältigt wird und der Melchisedek in ihrer Trauer beisteht; von Gilgamesch, der über den Tod seines Freundes Enkidu trauert und den weisen Utnapischtim aufsucht, um das Rätsel der Sterblichkeit zu verstehen; von Isis, die ihre Klage über Osiris' Tod zum Himmel richtet; von Maria schließlich, die den Leichnam Christi auf ihren Schoß nimmt und von unsäglichem Schmerz erfüllt wird.

Ich war mir damals nicht der Tatsache bewusst, dass der Gral auch in der Anthroposophie eine große Rolle spielt. Aber was für Titurel gilt, gilt auch für den Gral: Es ist nicht einfach, auch nicht in Rudolf Steiners Werk, ein eindeutiges und klares Bild von ihm zu bekommen. Dennoch weist Steiner verschiedene Male darauf hin, dass die Gralsbewegung in der Geschichte der abendländischen Esoterik mehr ist als eine fesselnde, aber überholte Episode; seiner Meinung nach nimmt der Gral darin eine zentrale Stellung ein.

Rätselhaft ist die folgende Bemerkung, die Steiner in seinem Grundlagenwerk *Die Geheimwissenschaft im Umriss* macht. Ohne ausführliche Erläuterung schreibt er dort, der Inhalt jenes Buches könne eine »Wissenschaft vom Gral« genannt werden. Die einzige Begründung ist die folgende: »Wer dieses Symbol, wie es in Erzählung und Sage gegeben ist, seiner tieferen Bedeutung nach verstehen lernt, wird nämlich finden, daß es bedeutungsvoll das Wesen dessen versinnlicht, was oben die Erkenntnis der neuen Einweihung, mit dem Christusgeheimnis in der Mitte, genannt worden ist. Die neuzeitlichen Eingeweihten können deshalb auch die ›Eingeweihten des Grales‹ genannt werden. Zu der ›Wissenschaft vom Gral‹ führt der Weg in die übersinnlichen Welten, welcher in diesem Buch in seinen ersten Stufen beschrieben worden ist.«[6]

V I E R T E S   K A P I T E L

Die Anthroposophie als Weltanschauung

Schon bald stellte sich die Frage: Was ist eigentlich Anthroposophie? Es war klar, dass das Buch *Wie erlangt man Erkenntnisse der höheren Welten?* Teil eines größeren Ganzen war. Aus dem nächsten von mir gelesenen Grundwerk Rudolf Steiners, *Die Geheimwissenschaft im Umriss*, leitete ich ab, dass die Anthroposophie als eine »Weltanschauung« aufgefasst werden konnte, das heißt als eine Art der Annäherung an die Wirklichkeit, die auf spezifischen philosophischen Ausgangspunkten basiert und die ein System zusammenhängender Gesichtspunkte zu prinzipiell allen Aspekten des Lebens bietet. Nach der anthroposophischen Weltanschauung, so meinte ich zu verstehen, ist der Mensch nicht nur ein Wesen aus Körper und Materie, wie das im herrschenden materialistischen Denken gesehen wird. Außer einem physischen Körper hat der Mensch auch eine Seele und einen Geist. Der Geist des Menschen ist unvergänglich und »inkarniert« sich immer wieder von neuem in einem physischen Körper. Die Seele wird als eine Wirklichkeit beschrieben, die durch die Spannung zwischen Geist und Materie entsteht oder – bildlich gesprochen – als Bühne, auf der der Kampf zwischen Geist und Materie geführt wird.

Mit dieser Formulierung, so schien es mir, wandte die Anthroposophie sich bewusst gegen den »Materialismus«, der ja davon ausgeht, die Materie sei das einzig Wirkliche und alles andere – das Leben, das Bewusstsein – sei aus dieser Materie hervorgegangen. Mir schien die Anthroposophie also im Gegensatz zu jener anderen Weltanschauung zu stehen, dem Materialismus, der im neunzehnten Jahrhundert das wissenschaftliche Denken zu dominieren begann.

Alle Erscheinungen, so nahm und nimmt der Materialismus an, sind aus der Materie entstanden. Ist die zugrunde liegende Struktur der Materie – das molekulare und atomare Substrat – erst einmal gefunden, so ist zugleich die Entstehung der Erscheinungen »erklärt«. Dem materialistischen Denken zufolge sei zum Beispiel das biologische Leben irgendwann aus der Materie herausgesprungen, etwa so wie ein Frosch aus dem Tümpel. Und das Bewusstsein sei danach wieder aus dem Hirn des Frosches entsprungen, etwa wie der Springteufel aus dem Kasten.

Die Lehrsätze des Materialismus sind in unserer Kultur derart verbreitet, dass nahezu niemand sich mehr klarmacht, dass es sich hierbei um eine Weltanschauung handelt. Jeder glaubt daran, selbst Anhänger von Weltanschauungen, die mit dem Materialismus nicht in Einklang zu bringen sind. Calvinisten, Katholiken, Humanisten, sie alle können an die Materie als das Alpha und Omega unserer Wirklichkeit glauben.

Steiners Werk sah ich als einen mutigen Angriff auf die Einseitigkeit des Materialismus an; er spürte dessen (oft verborgene) Dogmen auf und entkräftete sie. Außerdem entwickelte er eine Alternative, die die Sache ihrem Wesen nach umkehrte: Nicht die Materie, sondern der Geist sei der Ursprung aller Dinge. Alles sei aus dem Geist hervorgegangen – das Bewusstsein, das Leben und schließlich auch die stofflichen Substanzen der Erde.[1]

Exkurs: Das Seelenleben in anthroposophischer Sicht

Eine Weltanschauung enthält nicht nur eine Vorstellung von der Welt, der Art, wie diese entstanden ist, und den Kräften, aus denen sie besteht, sondern auch eine Vorstellung vom Menschen und seiner Stellung in dieser Welt.

Rudolf Steiner beschreibt den Menschen als ein Wesen mit einem ewigen Kern, dem Ich, das wieder und wieder auf der Erde erscheint, um neue Erfahrungen zu machen. Sein Ursprung liegt in einer geistigen Welt, die aus einem großartigen Zusammenspiel noch anderer Wesen besteht, Engeln, Erzengeln, Archai ... Vor der Geburt weilt der Mensch in dieser geistigen Welt, und nach dem Tod kehrt er wieder in sie zurück.

Nach Steiner ist der Mensch ein dreigeteiltes Wesen; er besteht aus Körper, Seele und Geist. Die Seele – die, wie sogleich deutlich werden wird, ihrerseits auch wieder drei Schichten kennt – ist in diesem Bild als ein »Zwischengebiet« zu verstehen, das aus der Spannung zwischen Körper und Geist entsteht. Während der menschliche Geist unvergänglich ist, kennzeichnet den menschlichen Körper Vergänglichkeit. Mittels des Körpers verbindet sich der Geist mit Vorgängen, die für die Erde spezifisch sind und mit Geburt und Tod, Wachsen und Verwelken, Raum und Zeit zusammenhängen. Um ein Bild aus der Pflanzenwelt zu gebrauchen: Alles im Raum und in der Zeit ist dem Prozess der stetigen *Veränderung* unterworfen – von der Keimbildung über die Blüte bis zur Samenbildung und zum Absterben. Nichts entgeht diesem Prozess: eine Fruchtfliege nicht, ein Elefant nicht, eine Kultur nicht, selbst die physische Erde als Ganzes nicht.

Verbindet sich der Geist mit diesen Prozessen, entsteht ein Drama, durchaus im klassischen Sinne des Wortes – mit Freude und Schmerz, Wut, Hoffnung und Angst, Unbewusstheit, die zu Bewusstheit wird ... Der gesamte Komplex von Erscheinungen, den wir in der abendländischen Kultur zu den Gebieten der Psychologie, der Kunst, der Medizin, der Erziehung, des sozialen Lebens usw. rechnen, ist eine Folge der Spannung zwischen Geist und Materie und führt letztlich zu nichts anderem als *Entwicklung*. Die menschliche Seele, die wir als eine »Innenwelt« voller Gedanken, Gefühle und Triebfedern kennen, ist gewissermaßen die Bühne, auf der *Entwicklung* erlebt wird.

Die Seele ist einerseits auf die physische und andererseits auf die geistige Welt hin orientiert. Die Ausrichtung auf die physische Wirklichkeit zeigt sich an der Tatsache, dass wir sinnliche Wahrnehmungen haben. Wenn wir unsere Sinne auf eine Erscheinung richten – einen Baum, einen Menschen, einen Duft, ein Musikstück – entsteht in unserem Inneren eine Empfindung. Ein Teil unserer Seele ist darauf eingerichtet, das Resultat unserer äußeren Wahrnehmungen in innere umzusetzen, die die Form von Vorstellungen, Klangbildern, Geruchserlebnissen, Geschmackswahrnehmungen usw. haben können. In der Anthroposophie wird dieser Teil der Seele die »Empfindungsseele« genannt. Diese Empfindungsseele könnte man auch als eine Ganzheit von Kräften beschreiben, die die äußere Welt gewissermaßen in unser Inneres einfügt, sie individualisiert und vergeistigt, kurz: so umformt, dass unser Ich ein bewusstes Verhältnis zu ihr bekommen kann.

Der Gegenpol der Empfindungsseele ist die in den Anmerkungen erläuterte »Bewusstseinsseele«, die auf den Geist hin orientiert ist. Diese Schicht hat sich erst seit dem fünfzehnten Jahrhundert entfaltet, ist also noch jung. Da das menschliche Bewusstsein – nicht das Unbewusste! – von der geistigen Welt abgetrennt ist, wird die Bewusstseinsseele oft als »leer« erlebt, als ein Gebiet, in dem Einsamkeit und Entfremdung herrschen. Zugleich jedoch fühlen wir uns dort am heimischsten, am nächsten »bei uns selbst«. Von diesem Bereich der Seele geht eine Sehnsucht nach Individualität aus, danach, diese Individualität als etwas erfahren zu können, was einen sinnvollen und nachvollziehbaren Platz in der übrigen Wirklichkeit hat. Der Prozess der Individualisierung, der unsere heutige Zeit kennzeichnet, ist seinem Wesen nach ein Ausdruck der Entwicklung der Bewusstseinsseele.

Wie die Empfindungsseele die physischen Wahrnehmungen in innere Empfindungen umzuformen vermag, kann die Bewusstseinsseele das bezüglich der Wahrnehmungen in der *geistigen* Welt. Es gibt jedoch einen wichtigen Unterschied: Vollzieht die Empfindungsseele dies mehr oder weniger unbewusst, also von allein, ohne dass wir aktiv daran mitarbeiten, muss die Bewusstseinsseele es erst lernen. Ohne eine bewusste innere Aktivität entsteht in der Seele kein klares Abbild geistiger Wahrnehmungen. Um eine geistige Wahrnehmung als *Empfindung* in die Seele einzufügen, muss der Mensch die Fähigkeiten der Bewusstseinsseele aktiv entwickeln. Die so entstehende Fähigkeit wird in der Anthroposophie als »imaginatives Denken« bezeichnet.

Zwischen diesen beiden gegensätzlichen Orientierungen gibt es noch ein drittes Gebiet in der Seele, von Rudolf Steiner die »Verstandes-Gemütsseele« genannt. Hier »reagiert« die Seele gewissermaßen auf die Empfindungen, die von beiden Seiten in sie eindringen. Zunächst besteht diese Reaktion in der Bildung intellektueller Begriffe; der Mensch denkt über seine Wahrnehmungen nach und bildet sich darüber ein rationales Urteil. Des Weiteren geht es auch um Empfindungen und Gemütsregungen; der Mensch empfindet Sympathie oder Antipathie hinsichtlich seiner Wahrnehmungen. Eigentlich ist es diese Verstandes-Gemütsseele, die wir im täglichen Leben als »Innenwelt« erleben und wo unsere Gedanken und Gefühle heimisch sind.

Was hier über die Seele gesagt wurde, mag abstrakt und sogar etwas langweilig erscheinen. Das stimmt durchaus: Um mehr als eine erste *begriffliche* Kenntnisnahme soll es hier auch gar nicht gehen. Es erfordert einige Zeit, um die soeben entwickelten

Begriffe tatsächlich anzuwenden, um in der Vielfalt und Farbigkeit unseres inneren Erlebens die beschriebene dreigliedrige Struktur zu erkennen. Die Einsicht, dass die Begriffe »richtig« sind, entsteht in der Regel ja nicht dadurch, dass man unmittelbar darüber nachdenkt. Das wäre auch absurd; es geht schließlich um weitreichende Behauptungen, die zudem ein Gebiet betreffen, das im allgemeinen in unserer Kultur wenig Aufmerksamkeit findet. So sehr wir auch in der Außenwelt heimisch sein mögen, so wenig kennen wir uns in der inneren Landschaft der Seele aus. Dass also einige Zeit vonnöten ist, um die Richtigkeit der geschilderten Zusammenhänge zu prüfen, ist nicht verwunderlich.

Das Leben mit solchen Begriffen kann dazu führen, dass ein Gefühl für ihre »Glaubwürdigkeit« entsteht. Auf der Basis dieses Gefühls kann dann eine Untersuchung beginnen, die jeder Mensch durchführen kann. Nach meiner Erfahrung geschieht dann Folgendes: Nach einiger Zeit entsteht eine Aufmerksamkeit für innere Erscheinungen, die zuvor im Zwielicht zwischen Bewusstsein und dem Unbewussten geblieben waren. Um ein Beispiel zu nennen: Nicht nur ein Gedanke selbst wird erfahren, sondern auch die Art und Weise, wie dieser Gedanke in uns zustande kommt. Oder ein anderes Beispiel: Nicht nur eine durch ein Straßenbild oder ein Zeitungsfoto hervorgerufene Stimmung wird erlebt, sondern es wird auch erfahren, dass diese Stimmung in verschiedenen Schichten der Seele verschiedene Gestalten annehmen kann. Anders gesagt: Erscheinungen, die zuvor losgelöst voneinander zu sein schienen, erweisen sich nun als zusammenhängend und können als Metamorphosen voneinander angesehen werden.

Die Richtigkeit der Begriffe erweist sich nach einiger Zeit aus der Tatsache, dass sie als »Navigations-Instrumente« in der Seelenlandschaft geeignet sind. Sie bringen den Suchenden auf seiner Reise ein Stück weiter und machen ihm Erscheinungen bewusst, die ihm zuvor unbewusst geblieben waren. Durch die gewonnenen Erfahrungen entsteht ein Vertrauen in die Wirksamkeit der Begriffe, ebenso wie ein Wanderer gelernt hat, auf die Richtigkeit seines Kompasses zu vertrauen.

In seinen Grundwerken hat Rudolf Steiner die wichtigsten geisteswissenschaftlichen Begriffe in Worte gefasst. An sich ist nichts dagegen einzuwenden, die Gesamtheit dieser Begriffe als Inhalt der anthroposophischen Weltanschauung zu bezeichnen. Dabei muss dann allerdings bedacht werden, dass es nicht um Erkenntnisse geht, für die man sich irgendwann eben entscheidet oder an die man »glaubt«, denn damit wäre gar nicht viel gewonnen. Die Herausforderung liegt vielmehr in der Möglichkeit, mit den Begriffen konkret zu arbeiten. Nach Rudolf Steiners Auffassung führen sie uns direkt zu dem, was man die »geistige Welt« nennt.

Der Inhalt aller dieser Beschreibungen der Welt und des Menschen ist nicht neu, und Rudolf Steiner hat das auch nicht behauptet. Wer in alten religiösen, philosophischen und mythologischen Schriften zu Hause ist, wird zahlreiche Aspekte wiedererkennen. In der ägyptischen Mythologie zum Beispiel, so wie sie in verschiedenen erhalten gebliebenen Versionen des Ägyptischen Totenbuches aufgezeichnet ist, finden sich Beschreibungen vom Aufbau des Menschen nach Geist, Seele und Körper. Auch dort wird über unterschiedliche Körper und verschiedene Funktionen der Seele gesprochen. Dasselbe gilt für das Werk von Plato und Aristoteles, für altindische Texte wie zum Beispiel das Mahabharata-Epos, für Erzählungen aus der indianischen Kultur, wie man sie in Nord- und Südamerika fand, für mythologische Vorstellungen, die bis heute bei den Maoris in Neuseeland und den Aborigines in Australien eine Rolle spielen.

Die Inhalte sind nicht neu, die Form dagegen sehr. Und um diese Form geht es bei einem großen Teil der Anthroposophie. Kleidete sich der Inhalt in alten Zeiten in die Form *mythologischer Bilder*, die mit der Empfindungsseele aufgenommen werden konnten, so schuf Steiner ein System von Bildern und Begriffen, das an das moderne *logische Denken* anknüpft. Das bedeutet, er macht die alte Mysterienweisheit dem heutigen Bewusstsein, wie es sich zunächst in Europa und dann in der ganzen Welt entwickelte, zugänglich.

Nochmals anders ausgedrückt: Steiner bestreitet die Existenz eines fundamentalen Bruches in der Entwicklung der Menschheit zwischen dem mythologischen und dem rationalen Denken. Auch hierin wendet er sich gegen die Einseitigkeit des

Materialismus, der in alten und noch existierenden Mythologien nur überholte Folklore sieht. Über diesen Bruch zwischen spirituellem Erleben und streng rationaler Annäherung an die Wirklichkeit wäre viel zu sagen; faktisch ist er die verborgene Ursache vieler Spannungen in der Welt. Er führt zum Beispiel zu der Erscheinung der »spirituellen Subkulturen«, wie sie in den Niederlanden in der surinamischen Volksgruppe im Untergrund fortbesteht. Die surinamische Winti-Kultur, basierend auf einer natürlichen Vertrautheit mit den in der Natur lebenden geistigen Kräften, spielt für viele Surinamer eine große Rolle. Im gesellschaftlichen Leben bleibt diese Kultur in gewissem Sinne jedoch »geheim«; aus Angst, als abergläubisch zu gelten, wagt man kaum darüber zu sprechen.

Auch im Weltmaßstab zeigt sich diese Spannung: In zahllosen Völkern in Asien, Afrika, Australien, der arabischen Welt und selbst in Ost-Europa schwelt eine untergründige Wut, die sich hier und dort auch entlädt. Diese Wut richtet sich gegen die arrogante Haltung des abendländischen Materialismus, der alles, was mit geistigen Erfahrungen zu tun hat, ins Reich der Fabel verweist. Studiert man die großen politischen Bruchlinien in der Welt, zum Beispiel die zwischen den fundamentalistischen islamischen Ländern und den in dieser Hinsicht ebenso fundamentalistischen westlichen Ländern, entdeckt man, dass sie mit der Kluft zwischen »alter« Spiritualität und »neuer« Rationalität übereinstimmen.

Exkurs: Reinkarnation und Karma – *in anthroposophischer Sicht*

Mehrmals wurde Rudolf Steiner gefragt, was eigentlich die Essenz seines Werkes sei, und stets gab er dieselbe Antwort darauf: Er wolle die Realität von Karma (Schicksal) und Reinkarnation (Wiederverkörperung) der *abendländischen* Vorstellungsweise zugänglich machen. Diese zwei Begriffe bilden gemeinsam die Essenz der anthroposophischen Weltanschauung.

Auch hierbei gilt, dass Steiner nicht an östliche Traditionen wie Buddhismus und Hinduismus anknüpft, in denen die Reinkarnation als Realität erlebt wird. In zahlreichen Betrachtungen zeigt er auf, dass auch in der abendländischen Tradition des Christentums die *Idee* der Reinkarnation lebt, wenn auch eher am Rande der Kultur. Es ging ihm nicht darum nachzuweisen, dass Reinkarnation ein Aspekt auch der abendländischen Kultur ist, denn das sagt an sich noch gar nichts, sondern es ging ihm um die viel wesentlichere Einsicht, dass das naturwissenschaftliche Denken die *Idee* der Reinkarnation nicht ausschließt.

In seinem frühen Grundwerk *Theosophie* findet sich ein schwieriges, aber sehr bekanntes Kapitel über »Wiederverkörperung des Geistes und Schicksal«. Bemerkenswert an diesem Kapitel ist, dass Steiner ausdrücklich *nicht* von hellseherischen Wahrnehmungen ausgeht, was er an anderen Stellen hinsichtlich bestimmter Themen sehr wohl tut. Trivial ausgedrückt: Er behauptet nicht, dass Reinkarnation existiert, weil er das hellsichtig wahrgenommen hat. Er knüpft an Begriffe und Wahrnehmungen an, die jeder kennt, und kommt dann zu dem Ergebnis, dass jeder Mensch, der vorurteilsfrei über seine Wahrnehmungen *nachdenkt*, die Wahrheit von dem allen einsehen kann. Roel Munniks formuliert es in seinem Nachwort zur niederländischen Ausgabe der *Theosophie* so: »Die Idee von Karma und Reinkarnation wird (...) entwickelt, ohne an Resultate übersinnlicher Untersuchungen zu appellieren. Steiner zeigt, dass ein unbefangenes Nachdenken über Wahrnehmungen, die jeder Mensch haben kann, genügt, um zu der Überzeugung zu kommen, dass diese Idee wahr ist.«[2]

Die Idee der Reinkarnation ist verhältnismäßig einfach zu verstehen. Sie drückt nicht mehr und nicht weniger aus, als dass der menschliche Geist, der ewig ist, Mal um Mal eine irdische Verkörperung sucht. Wie dieser zyklische Prozess von Geburt, Sterben und Wiedergeburt sich vollzieht, wird von Steiner unzählige Male eingehend beschrieben.

Die Idee des Karma ist hingegen viel komplizierter. Mehr als alle anderen anthroposophischen Begriffe stellt sie die Dinge völlig auf den Kopf, gerade dadurch, dass ihre Konsequenzen *ausschließlich praktischer Natur sind*. Es ist gerade die Idee des Karma, wie Steiner sie formuliert, durch die die Anthroposophie bis in die tägliche Praxis von Krankheit und Gesundheit, Lehre und Erziehung, Landwirtschaft und Wirtschaft hinein wirksam sein kann.

Was beinhaltet der Begriff des Karma? Er besagt, dass die Dinge, die in unserem Leben geschehen, nicht einfach vom Himmel fallen, sondern Folgen von Geschehnissen aus früheren Leben sind. Er drückt eigentlich aus, dass nicht nur unsere innere Welt unveräußerlich zu uns gehört, sondern auch viele der Ereignisse, die uns begegnen, sowohl die positiven als auch die negativen. Durch den Begriff des Karma bekommt die Wirklichkeit unseres Lebens – unser Beruf, die Wahl unseres Geliebten, die Kinder, die wir bekommen, viele der Missgeschicke, die uns treffen, die Möglichkeiten, die das Leben bietet – auf einmal eine völlig andere Bedeutung. Nichts geschieht uns zufällig, sondern in allem schlummert eine ganz spezielle und persönliche Botschaft: Indem man die Geschehnisse nicht nur als zufälliges Dekor auffasst, sondern als Folge früherer Taten, teilen sie uns mit, wer wir sind.

Seit Freud und Jung sind wir vor allem geneigt, auf unsere – wenn auch unbewussten – Gefühle und Motive zu schauen, wenn wir wissen wollen, wer wir sind. Vieles von dem, was wir sind und was wir aus der Vergangenheit mit uns herumtragen, können wir jedoch nicht aushalten, vielem nicht in die Augen sehen, einfach weil es zu schmerzlich wäre. Das »Gesetz« des Karma lehrt, dass solche schmerzhaften und unbewussten Eigenschaften von äußerlichen Geschehnissen »berührt« werden, und zwar in dem Augenblick, in dem wir es brauchen. Die geistigen Mächte arrangieren die Ereignisse in unserem Leben so, dass wir bekommen, worum wir bitten, ohne dass es uns bewusst ist.

Die Tatsache, dass wir etwas brauchen, besagt noch nicht, dass wir von uns aus einen harmonischen Umgang damit finden. Die Vermutung, eine bestimmte Krankheit habe einen karmischen Hintergrund, ändert nichts an der Tatsache, dass wir sie durchmachen müssen – mit allem damit verbundenen Kummer. Doch die Krankheit bekommt durch dieses Wissen einen anderen Charakter: Wir fühlen uns nicht von einem »Übel« getroffen, das außerhalb von uns steht und das uns ebenso gut *nicht* hätte treffen können, sondern wir erfahren es als etwas, das wesentlich zu uns gehört, und dadurch als eine Möglichkeit, etwas von uns zu verstehen, was vorher im Dunklen lag.

Interessant ist – im dritten Teil dieses Buches wird das noch ausführlich besprochen werden –, dass Rudolf Steiner eigentlich erst in den letzten Jahren seines Lebens frank und frei über Karmafragen sprechen konnte. Er musste viele Hindernisse überwinden, ehe er das Thema in der Weise darlegen konnte, wie er es wirklich wollte.

F Ü N F T E S K A P I T E L

Meine Fragen zu Rudolf Steiner

In den ersten Jahren konzentrierte ich mich – wie Steiner es selbst empfiehlt – auf dessen sogenannte Grundwerke, wie zum Beispiel *Wie erlangt man Erkenntnisse der höheren Welten?* und *Die Geheimwissenschaft im Umriss*. Vor allem das letztere stellte mich vor große Probleme. Das hing damit zusammen, dass Steiner mit großer Entschiedenheit Dinge über Realitäten behauptet, von denen ein normaler Mensch gar nichts ahnt. So spricht er über Engel, Erzengel und Archai, kurz, über geistige Wesen, die – um es trivial auszudrücken – wahrlich nicht zu unserem festen Freundeskreis gehören. Unserem normalen Bewusstsein stehen sie ferner als beispielsweise die Staatsoberhäupter von China und Chile.

Dennoch berührten diese Behauptungen mich tief. Ich kann nicht gerade sagen, dass ich sie auf Anhieb als wahr empfand, wie man das von einer Weltanschauung erwarten darf; es war mehr ihre Schönheit, die mich überzeugte. In einem wunderbaren und in sich geschlossenen Gemälde schildert Steiner in *Die Geheimwissenschaft im Umriss*, wie Engel, Erzengel, Archai und Throne (allein schon diese Namen!) wie in einer geistigen Sinfonie zusammenarbeiteten, ja miteinander wetteiferten, um das Wunder der Erde und des Menschen zu vollbringen. Mit größter Genauigkeit wird ein »kosmisches Weben« beschrieben – wie die Liebe der Seraphim sich mit der Weisheit der Cherubim verband, wie der Wille der Throne die Hierarchien durchströmte, wie die Engel (die Söhne der Finsternis) sich in den Seelen der Menschen »regten« und so weiter.

Eigentlich sah ich in dem Verfasser der *Geheimwissenschaft im Umriss* damals mehr einen Dichter, dem es gelang, seinen poetischen Bildern einen objektiven Charakter zu verleihen. Ich bewunderte vor allem seine stilistische Fähigkeit; die knappe und fast sachliche Art seiner Prosa ließen seine Beschreibungen glaubwürdig erscheinen. Ich dachte: Hier ist ein denkender Phantast am Werke, jemand, der der Phantasie Methode verleiht und sie mit einer konsistenten Logik durchdringt; Steiners Bilder konnte man auch logisch *nachvollziehen*. Kurz, für mich war er ein großer Künstler, der mit den Mitteln der Wissenschaft – beziehungsweise ein Wissenschaftler, der mit den Mitteln der Kunst – arbeitete. Seine Betrachtungen waren so »schön« und »gut«, dass mein Herz mir sagte: Sie sind »wahr«.

Doch welchen »wissenschaftlichen« Wert hat die Tatsache, dass das Herz etwas für wahr erklärt? Denn Schönheit ist ja etwas anderes als Wahrheit. Die Sache wurde noch komplizierter, als ich merkte, dass ich geneigt war, Rudolf Steiner auf sein Wort hin zu glauben. Das war unbefriedigend für mich, denn meine Reaktion auf seine Betrachtungen war widersprüchlich: Ich erwärmte mich für etwas, von dem ich keine Ahnung hatte.

Ich begann meinen Freunden begeistert von Engeln und Erzengeln zu erzählen und verstrickte mich ständig in merkwürdige Diskussionen mit ihnen.

»Woher weißt du so genau, dass es Erzengel gibt?«, fragten sie.

»Nun, ich weiß es ja nicht genau«, sagte ich darauf.

»Glaubst du es denn?«

»Nein, es ist keine Frage des Glaubens«, sagte ich mit großer Bestimmtheit.

»Aber warum beschäftigst du dich dann damit?«

»Weil ich wissen will, ob es sie gibt.«

»Warum willst du das um Himmels willen wissen? Was hast du davon? Ist das Leben selbst nicht schon kompliziert genug?«

Solche Fragen gaben Anlass zu komplizierten Darlegungen meinerseits, zum Beispiel über die Einseitigkeit des Materialismus, ein Punkt, in welchem meine Freunde übrigens sofort einig mit mir waren.

»Der Materialismus, wie du ihn beschreibst, ist zu langweilig, um richtig zu sein«, sagten meine Freunde dann. Die meisten von ihnen waren Künstler und dachten gern in Begriffen wie langweilig und spannend. »Aber deswegen muss man doch nicht gleich an Erzengel glauben!«

»Es geht auch nicht ums Glauben.«

»Das sagtest du ja schon. Worum geht es dann also?«

»Wenn der Materialismus als Weltanschauung nicht taugt«, versuchte ich es dann, »gibt es nur eine Alternative, nämlich eine spirituelle Einstellung zum Leben. Und genau das ist die Anthroposophie.«

»Willst du damit sagen, dass ein Nein zum langweiligen Materialismus automatisch ein Ja zur spannenden Anthroposophie beinhaltet und dass wir nur zu dumm sind, das einzusehen?«

»Nein, natürlich nicht«, protestierte ich.

Danach lief das Gespräch stets auf die Frage hinaus: Was sind eigentlich geistige Erfahrungen? Solange die Frage nach der Bedeutung der Anthroposophie nicht mehr zur Diskussion stand, verliefen solche Gespräche ausgezeichnet. Bewegt berichtete man über besondere Träume, Déjà-vu-Erlebnisse, Vorahnungen, Telepathie, Erfahrungen bei LSD-Trips, ja sogar über Kontakte mit Verstorbenen. Ein reicher Erfahrungsschatz trat zutage, und die meisten meiner Freunde waren bereit, diese Erfahrungen ernst zu nehmen. Aber wenn ich dann nach einer Stunde begeistert ausrief, Rudolf Steiner habe »ja genau über all diese Dinge geschrieben«, entstand eine peinliche Stille.

»Das mag schon so sein«, sagte schließlich jemand, »aber ich verstehe immer noch nicht, warum du diese komplizierten Überlegungen brauchst. Und außerdem begreife ich nicht, warum es nötig ist, alles über Archai, Throne und Cherubim zu wissen.«

Also waren wir wieder beim Ausgangspunkt angelangt.

Meine Freunde hatten Recht: Ich hatte ein Problem. Im Kern hing das mit dem Unterschied zwischen den Inhalten der beiden Werke *Wie erlangt man Erkenntnisse der höheren Welten?* und *Die Geheimwissenschaft im Umriss* zusammen. Im ersten Buch werden einige Erfahrungen beschrieben, die mir bekannt waren, und andere, die ich für möglich hielt. Ich verstand es als eine Art Reisebeschreibung eines Landes, in dem ich selbst auch schon gewesen war, wenn auch längst nicht so oft wie der Verfasser. Ich teilte die Liebe des Autors für das betreffende Land und empfand obendrein große Bewunderung für die Einsichten, die er entwickelt hatte. Dadurch, dass er seine Einsichten so klarsichtig formulierte, ermöglichte er mir, das Land weiter zu erkunden.

Das zweite Buch ist anders. Zunächst hat der Inhalt eher den Charakter einer »Offenbarung«. Steiner skizziert hier, was die »Wissenschaft des Verborgenen« über die Entstehung der Erde und der Menschheit, über die Bedeutung von Tod und Leben, Schlafen und Wachen zu sagen hat. Tritt er in *Wie erlangt man Erkenntnisse der höheren Welten?* als Vergil auf, der an der Seite Dantes eine Reise durch Hölle, Läuterungsberg und Paradies macht und dabei mit seinem Schüler über das unterwegs Gesehene spricht, erscheint er in *Die Geheimwissenschaft im Umriss* als Nietzsches Zarathustra, der, nachdem er lange Zeit einsam auf einem Berg gelebt hat, nun in die Ebene hinabsteigt, um dem Volk die Wahrheit zu verkünden. (Später sollte ich entdecken, dass dieses ein auch auf Steiner zutreffendes Bild ist: Dieser hatte jahrzehntelang völlig allein um den Inhalt des Buches gerungen, ehe er ihm die richtige Form zu geben vermochte.)

Ferner sind die beschriebenen »Wahrheiten« der *Geheimwissenschaft im Umriss* in schwierige philosophische und erkenntnistheoretische Betrachtungen von ausgesprochen defensivem Charakter eingebettet. Steiner versucht stets, allen nur möglichen Kritikastern von vornherein den Wind aus den Segeln zu nehmen, und es scheint so, als sei während seines Schreibens (vor allem der diversen Vorworte, der ersten Kapitel und der ergänzenden Bemerkungen am Schluss) sein Arbeitszimmer voller Menschen gewesen, die ihm fortwährend über die Schulter geschaut und ständig Kommentare abgegeben hätten.

Große Teile dieser philosophischen Betrachtungen verstand ich nicht wirklich, was mich ärgerte. Aber was wichtiger ist: Ich verstand auch nicht immer ihren Sinn. Um deutlich zu machen, was ich meine, zitiere ich einige charakteristische Zeilen aus dem ersten Kapitel (»Charakter der Geheimwissenschaft«): »Man kann gegenüber geheimwissenschaftlichen Ausführungen oftmals den Einwand hören: diese beweisen nicht, was sie vorbringen; sie stellen nur das eine oder das andere hin und sagen: die Geheimwissenschaft stelle dieses fest. Die folgenden Ausführungen verkennt man, wenn man glaubt, irgend etwas in ihnen sei in diesem Sinne vorgebracht. Was hier angestrebt wird, ist, das in der Seele am Naturwissen Entfaltete sich so weiter entwickeln zu lassen, wie es sich seiner eigenen Wesenheit nach entwickeln kann, und dann darauf aufmerksam zu machen, daß bei solcher Entwickelung die Seele auf übersinnliche Tatsachen stößt. Es wird dabei vorausgesetzt, daß jeder Leser, der auf das Ausgeführte einzugehen vermag, ganz notwendig auf diese Tatsachen stößt.«[1]

Hier ist ein Widerspruch in Steiners Vorgehensweise. Steiner will einen bestimmten Einwand entkräften, nämlich den, die anthroposophische Geisteswissenschaft beweise ihre Thesen nicht, sondern teile sie nur mit. Im weiteren schreibt er (teilt also auch nur mit), jeder Leser werde auf dieselben (übersinnlichen) Tatsachen stoßen, wenn er auf das, was Steiner vorbringe, einzugehen vermag.

Der Widerspruch liegt nicht im Inhalt der Behauptung, sondern darin, dass mit einer Behauptung *ein Einwand entkräftet werden soll*. Denn was gesagt wird, ist klar: Vertieft man sich erst einmal in geisteswissenschaftliche Betrachtungen, wird man feststellen, dass sie an eigene, selbst erlebte (wenn nicht gar künftige) Erfahrungen anknüpfen. Dass dies so ist, hatte ich zu meiner Freude schon beim Lesen von *Wie erlangt man Erkenntnisse der höheren Welten?* festgestellt. Das Merkwürdige der Argumentation verbirgt sich jedoch in der Tatsache, dass niemand einen Nutzen daraus ziehen kann: ich nicht, da ich die Erfahrung schon gemacht habe, ein anderer nicht, weil er die Erfahrungen noch nicht gemacht hat und folglich der Verheißung Steiners vertrauen muss, wogegen übrigens nichts einzuwenden ist. Wenn er dem Versprechen jedoch nicht vertrauen will, aus welchem Grund auch immer, hat er nichts von der Zusicherung.

Wie verhält sich ein Leser Steiners zu dessen esoterischen Offenbarungen? Meine eigene Erfahrung beim Lesen von *Wie erlangt man Erkenntnisse der höheren Welten?* war, dass es in erster Linie meine eigenen bescheidenen Erlebnisse waren, durch die ich den Inhalt wiedererkannte. Einen besseren Grund für die Bejahung der Anthroposophie konnte es meines Erachtens nicht geben.

Interessant ist jedoch Folgendes: Die eingehende Lektüre von *Wie erlangt man Erkenntnisse der höheren Welten?* zeigt, dass sich Steiners Ansichten über die Bedeutung des Buches im Laufe der Jahre – zwischen 1904 und 1914 – verändert haben. In der ersten Version – den Artikeln, die er um 1904 in der theosophischen

Zeitschrift *Lucifer-Gnosis* schrieb – behauptet er einfach, es gehe um einen Weg, den jeder Mensch beschreiten und der zu hellsichtigen Wahrnehmungen führen könne. Das Buch ist also für Menschen bestimmt, die selbst die Einweihung anstreben. Er setzt zwar immer hinzu, es sei ein langer Weg, auf dem Geduld geübt werden müsse, aber die Absicht der Artikel ist klar: Es wird ein Weg beschrieben, an dessen Ende jeder Mensch Steiners Behauptungen selbst überprüfen kann.

Im Jahre 1909 erscheinen die Artikel zum ersten Mal in Buchform. Im Vorwort zur dritten Auflage fügt Steiner wichtige Gesichtspunkte hinzu. Der erste besteht faktisch aus drei Aspekten, die an die drei Grundfähigkeiten der Seele – Denken, Fühlen und Wollen – anschließen. Er schreibt: »Doch wäre es ein Irrtum, zu glauben, dass die Mitteilungen der Geisteswissenschaft für den wertlos seien, der nicht Neigung oder Möglichkeit hat, diesen Weg selbst zu gehen. Um die Tatsachen zu *erforschen*, muss man die Fähigkeit haben, in die übersinnlichen Welten hineinzutreten. Sind sie aber erforscht und werden sie mitgeteilt, so kann auch derjenige, welcher sie nicht selber wahrnimmt, sich eine hinreichende Überzeugung von der Wahrheit der Mitteilungen verschaffen. Ein großer Teil derselben ist ohne Weiteres dadurch zu prüfen, dass man die gesunde Urteilskraft in wirklich unbefangener Weise auf sie anwendet.«[2]

Und weiter: »Ein anderer Teil der geisteswissenschaftlichen Mitteilungen wird sich allerdings mehr oder weniger dem bloßen Verstandesurteile entziehen. Aber es wird unschwer derjenige ein rechtes Verhältnis auch zu diesem Teile gewinnen können, welcher einsieht, dass nicht nur der Verstand, sondern auch das *gesunde* Gefühl ein Richter über die Wahrheit sein kann. Und wo dieses Gefühl sich nicht durch Sympathie oder Antipathie für diese oder jene Meinung treiben lässt, sondern wirklich unbefangen die Erkenntnisse der übersinnlichen Welten auf sich wirken lässt, da wird sich auch ein entsprechendes Gefühlsurteil ergeben.«[3] Und schließlich: »Ein schauender Mensch kann nicht ein jeder augenblicklich werden; eine rechte gesunde Lebensnahrung sind aber die Erkenntnisse des schauenden Menschen für jedermann. Denn anwenden im Leben kann sie jeder. Und wer es tut, wird bald einsehen, was das Leben mit ihnen auf allen Gebieten sein kann und was es entbehrt, wenn man sie ausschließt. Die Erkenntnisse der übersinnlichen Welten erweisen sich, richtig im Leben angewendet, nicht unpraktisch, sondern im höchsten Sinne praktisch.«[4]

Am Ende des Vorworts liefert er kurz und ohne große Erklärung noch einen zweiten und dritten Gesichtspunkt, die er wie folgt formuliert: »Auch solche Leser, welche den Weg, der vorgezeichnet ist, nicht zu gehen beabsichtigen, werden in der Schrift manches Brauchbare für das innere Leben finden: Lebensregeln, Hinweise, wie dies oder jenes sich aufklärt, was rätselhaft erscheint usw.« Und: »Und mancher, der durch seine Lebenserfahrung dieses oder jenes hinter sich hat, in mancher Beziehung eine Lebenseinweihung durchgemacht hat, wird eine gewisse Befriedigung finden können, wenn er im Zusammenhange geklärt findet, was ihm im Einzelnen vorgeschwebt hat; was er schon wusste, ohne vielleicht dies Wissen bis zu einer für ihn selbst hinreichenden Vorstellung gebracht zu haben.«[5]

Im Jahre 1909 hat Steiner also vier Arten von Lesern vor Augen:

- den Leser, der keine hellsichtigen Erfahrungen hat und der die Einweihung anstrebt;
- den Leser, der keine Einweihung sucht, aber doch zu einem Urteil kommen will über das, was die Geisteswissenschaft zu sagen hat;
- den Leser, der praktische Lebensregeln für sein inneres Leben sucht;
- den Leser schließlich, der eine »Lebenseinweihung« erlebt hat.

Unter dem ersten Typ konnte ich mir anfangs wenig vorstellen, einfach weil die Perspektive mir fremd war. Sie setzt eine spezifische Lebenshaltung voraus, die ich allmählich folgendermaßen zu verstehen begann: Offensichtlich gibt es Menschen, die keine übersinnlichen Erfahrungen haben, aber aufgrund logischen Denkens zu dem Schluss kommen, dass es eine geistige Welt geben müsse oder zumindest geben könne. Aufgrund von Steiners Beschreibungen können diese Menschen die Existenz der geistigen Welt als »glaubhaft« ansehen und sich mit Hilfe der vorgeschlagenen Übungen auf den Weg begeben.

Ich empfand diese Sichtweise jedoch weiterhin als abstrakt. Natürlich wusste ich, dass es Menschen gibt, die keine spirituellen Erfahrungen haben oder zu haben meinen; ich verstand jedoch nicht, wie diese Menschen einzig und allein durch Nachdenken dahin gelangen, tatsächlich einen Weg zur Einweihung hin zu beschreiten. Solchen Menschen war ich noch nie begegnet. Doch war dies die Perspektive, die Steiner als erster und über etliche Jahre auch als einziger vertrat.

Weiteres Studium lehrte mich, dass diese Perspektive ohnehin der Ausgangspunkt war, den Steiner gewählt hatte. In seinem Buch *Die Philosophie der Freiheit* (1894) – einem philosophischen Werk ohne esoterische Offenbarungen und von Steiner eindeutig als philosophische Grundlage der Anthroposophie betrachtet – legt er dar, dass sich im Denken die Möglichkeit zur Freiheit verberge. Mit »Freiheit« ist hier eine geistige Freiheit gemeint, losgelöst von den Beschränkungen der sinnlichen Welt. Sobald das Denken sich selbst zu beobachten beginne, so erklärt Steiner, finde eine wichtige Entdeckung statt, nämlich die, dass das Denken eine geistige Aktivität sei. Anders ausgedrückt: Steiner weist auf die Tatsache hin, dass jeder Mensch eine geistige *Erfahrung* haben könne, sobald er über das Denken nachzudenken beginne. Der von Steiner gemeinte Leser zeichnet sich dadurch aus, dass er keine geistigen Erfahrungen kennt. Dadurch, dass er erstens diese Tatsache erkennt, zweitens auf die Möglichkeiten des Denkens aufmerksam wird und drittens daraufhin diese Möglichkeiten praktisch *nutzt*, macht er seine erste geistige Erfahrung.

Welche Bedeutung hat nun diese Vorgehensweise für jemanden, der schon geistige Erfahrungen hat und folglich von der Existenz einer geistigen Welt nicht noch erst überzeugt werden muss? Auch für ihn oder sie bleibt die Auffassung, dass »das Denken über das Denken« eine geistige Aktivität sei, die zudem bewusst ausgeführt werden könne, von unschätzbarer Bedeutung. Gewiss, durch dieses »Denken über das Denken« wird ein wichtiges Werkzeug geschmiedet, mit dem zwischen verlässlichen und irreführenden geistigen Erfahrungen (denn auch die gibt es) unterschieden werden kann. Aber für die Kernfrage selbst, nämlich ob es geistige Erfahrungen *gibt*, ist diese Betrachtung nicht mehr von Belang.

Zweifellos ging Steiner mit der *Philosophie der Freiheit* von den Verhältnissen seiner Zeit aus. Der Materialismus stand am Ende des vorigen Jahrhunderts in seiner Hochblüte, sowohl in der Wissenschaft als auch im gesellschaftlichen Leben. Unter solchen Bedingungen kann man geistige Erfahrungen nicht voraussetzen, und Steiner musste folglich beim Nullpunkt beginnen. Um 1909 begann er jedoch zu erkennen, dass sich die Situation veränderte, wie die Tatsache beweist, dass er in seinem Vorwort zu *Wie erlangt man Erkenntnisse der höheren Welten?* jetzt noch drei andere Ausgangspunkte hinzufügt, deren dritter derjenige der *eigenen Erfahrung* ist.

Dennoch – und hierin liegt eines meiner Probleme mit Steiner – bleibt die alte Situation die entscheidende für Aufbau und Inhalt sowohl der *Geheimwissenschaft im Umriss* als auch von *Wie erlangt man Erkenntnisse der höheren Welten?* (auch wenn das letztgenannte Werk in dieser Hinsicht die geringeren Probleme bereitet): Die Perspektive der eigenen Erfahrung wird zwar genannt, aber nicht wirklich verarbeitet und schon gar nicht zum Ausgangspunkt gemacht. In der anthroposophischen Bewegung – ich greife hier den folgenden Kapiteln ein wenig voraus – hat dies meiner Ansicht nach zu unheilvollen Diskussionen geführt. Nicht die persönliche Erfahrung hat eine zentrale Stellung erhalten – nein, schlimmer noch: persönliche Erfahrungen wurden schon bald als problematisch erlebt – sondern die Annahme, jeder müsse den Weg gehen, den Steiner beschrieben hatte: erst denken, dann erleben. Gerade an dem entscheidenden Punkt der eigenen Erfahrung ist dadurch in der anthroposophischen Bewegung eine große Unsicherheit entstanden.

Am Ende dieses Buches werde ich hierauf noch ausführlich zurückkommen, wenn es nämlich um die Frage gehen wird, wie Steiner sich gut zehn Jahre später, 1923, zu diesem Problem stellt. Dabei wird sich erweisen, dass er implizit – also ohne es ausführlich zu erläutern – zu dem Ausgangspunkt gelangt ist, den er im Vorwort von 1909 noch ziemlich en passant und erst am Ende erwähnt, nämlich dem der eigenen Erfahrung bzw. der »Lebenseinweihung«, wie er es nennt.

Es bleibt die Frage: Wie verhält sich der Leser zu den geistigen Offenbarungen, die zum Beispiel in *Die Geheimwissenschaft im Umriss* vermittelt werden? Ich rang weiterhin mit dem Dilemma, dass ich von etwas, das ich nicht verstand, dennoch tief berührt war. An sich erlebte ich das nicht nur bei der Anthroposophie oder bei esoterischen Inhalten im Allgemeinen so. Vergleichbare Erfahrungen machte ich auch beim Lesen religiöser Schriften wie der Bibel und bei literarischen Werken. Ja, schließlich trat Ähnliches bei intensiven Begegnungen mit Menschen auf: Denn wenn es überhaupt etwas gibt, von dem man berührt sein kann, ohne die Ursache zu kennen, so ist es ein anderer Mensch.

Aber Steiner präsentierte die Anthroposophie als *Weltanschauung* und nicht als Kunstwerk oder als ein (menschliches) Wesen. Er betonte stets, die Anthroposophie könne *verstanden* werden, was mir anscheinend jedoch nur teilweise möglich war. Eine Antwort auf meine Frage bekam ich folglich nicht und begann nun eine Art Kunstgriff anzuwenden. Ich ergriff die folgende »Maßregel« und versuchte mich daran zu halten, was mir übrigens nicht immer leicht fiel:

Ich erstellte für mich selbst Katagorien esoterischer Aussagen. Die erste Kategorie war und ist die umfangreichste: Sie enthält die Aussagen, die mir fern sind. Diese Aussagen berührten mich zwar durchaus; ich kann sie ganz bestimmt »schön« oder »interessant« finden; etwas damit anfangen kann ich jedoch nicht, da sie entweder zu »hoch« oder zu »speziell« sind. Ich beschloss, diese Aussagen zunächst zur Kenntnis zu nehmen und dann nicht weiter (zum Beispiel mit meinen Freunden) darüber zu sprechen.

Die zweite Kategorie hat einen geringeren Umfang und ist zugleich fesselnder. Sie enthält Aussagen, die eine Ahnung wecken, als begreife ich sie fast. Sie verwurzeln sich in meinem Leben und bleiben mir als Grundgedanken verbunden, ohne dass ich etwas dafür tue. Ich bin mir dessen bewusst, dass ich sie nicht verstehe und dass ihre Wahrheit sich noch erweisen muss. Über diese Aussagen wollte ich getrost mit anderen Menschen sprechen, in der Hoffnung, andere könnten mir etwas zu ihrem besseren Verständnis mitteilen. Faktisch macht diese Kategorie mich zu dem Leser, den Steiner als jemanden beschreibt, der von der Lebenspraxis ausgeht und sich auf der Grundlage eines

»Gefühlsurteils« mit den Ergebnissen geisteswissenschaftlicher Untersuchungen zu befassen versucht. (Ich bin mir der Tatsache bewusst, dass noch nicht klar ist, was ein »Gefühlsurteil« eigentlich bedeutet.)

Die dritte Kategorie ist am kleinsten. Es geht dabei um Aussagen, die durch eigene Erfahrungen bestätigt werden.

Inzwischen war ich mehr als neugierig auf Rudolf Steiner selbst geworden. Durch die Lektüre seiner grundlegenden Werke hatte ich mir kaum ein Bild von seiner Person machen können, außer jenem, dass er ein moderner Weiser war, der klarsichtig und mit Wärme über subtile Dinge schreiben konnte. Aber wenn in den genannten Werken *ein* Gegenstand nicht behandelt wurde, dann war es Rudolf Steiners Person selbst.

Am Ende seines Lebens schrieb Steiner seine Autobiographie *Mein Lebensgang*, die jedoch wegen seines plötzlichen Todes im Jahre 1925 unvollendet blieb. Ebenso wie das Werk *Wie erlangt man Erkenntnisse der höheren Welten?* bestand *Mein Lebensgang* faktisch aus einer Reihe von Artikeln, die 1924 und 1925 in siebzig aufeinander folgenden Wochen in der anthroposophischen Zeitschrift *Das Goetheanum* erschienen waren. Seine Frau Marie Steiner-von Sivers hatte die Artikel zu achtunddreißig Kapiteln zusammengefasst und noch 1925, in Steiners Sterbejahr also, als Buch erscheinen lassen.

Das Buch gehört zu den merkwürdigsten, die ich je gelesen habe, und es stellte mich vor große Rätsel. Selten hatte ich jemanden so behutsam mit Fakten umgehen sehen, die das eigene Leben betreffen. Die ersten beiden Kapitel kann man noch eine Autobiographie im herkömmlichen Sinne nennen; Steiner berichtet, er sei in dem (damals ungarischen, heute kroatischen) Dörfchen Kraljevec geboren worden, sein Vater sei Bahnbeamter gewesen, und er selbst habe sich als Kind als zwischen zwei Welten stehend empfunden, nämlich der Welt der Natur und der Bahnhofsstation. »Ich glaube«, so schreibt er, »dass es für mein Leben bedeutsam war, in einer solchen Umgebung die Kindheit verlebt zu haben. Denn meine Interessen wurden stark in das Mechanische dieses Daseins hineingezogen. Und ich weiß, wie diese Interessen den Herzensanteil in der kindlichen Seele immer wieder verdunkeln wollten, der nach der anmutigen und zugleich großzügigen Natur hin ging, in die hinein in der Ferne diese dem Mechanismus unterworfenen Eisenbahnzüge doch jedesmal verschwanden.«[6]

Er teilt mit, nach dem Umzug nach Pottschach in der Steiermark habe er eine Schwester und einen Bruder bekommen, gibt aber dem Leser darüber dann keine weiteren Informationen. Er erzählt von den Lehrkräften seiner Schule, von einigen Ereignissen auf der Bahnstation, die ihn betrafen, von seinem Interesse für Geometrie (»... der pythagoreische Lehrsatz bezauberte mich«) und von der Schule in Neudörfl bei Wien-Neustadt, wohin er später umgezogen sei. Die Beschreibungen sind recht lebendig, und es entsteht das Bild eines empfindsamen und intelligenten Jungen, der die Dinge um sich her mit Erstaunen wahrnimmt.

Aber dann verändert sich der Tenor des Buches. Im Zentrum stehen immer die Menschen, die Steiner trifft. Seine Gefühle zu ihnen beziehen sich jedoch meistens auf ihr Denken – oder genauer gesagt: auf ihr Weltbild. Über Menschen kommt Steiner mit *Ideen* in Berührung, und es sind vor allem diese Ideen, die ihn beschäftigen. Weiterhin geschieht eigentlich wenig, zumindest äußerlich; es gibt keine Verliebtheiten oder Feindschaften, es werden keine Streiche gespielt, keine abenteuerlichen Reisen gemacht ... Wenn Steiner eine Frau heiratet, in deren Haus er untergekommen war, bleibt die Art ihrer Beziehung verborgen, und auch über die Frau selbst, Anna Eunike, erfahren wir nichts.

Ist von Konflikten oder Spannungen die Rede, so werden diese als Auseinandersetzung zwischen Ideen beschrieben. Darin liegt auch die Stärke des Buches: Die auftretenden »Gestalten« sind eigentlich Gedanken. Gedanken, das wird deutlich, sind für Steiner mehr als bloße Gedanken, nämlich wirkliche Erscheinungen, mit denen er ringt. Die Kapitel über Philosophen, Schriftsteller und Künstler wie Fichte, Kant, Marie Eugenie delle Grazie, Goethe, Eduard von Hartmann, Ernst Haeckel, Rosa Mayreder und Nietzsche enthalten mehr als philosophische Dialoge; die Ideen der Menschen erscheinen fast als Wesen, die einander begegnen.

Die Handlung liegt nicht in der Liebe oder dem Lebensabenteuer, sondern im Denken. Immer ist Steiner auf der Suche nach dem »Standpunkt« anderer, und dabei ist ›Standpunkt‹ durchaus wörtlich gemeint. »Von jedem derselben (Standpunkte) aus gesehen«, schreibt er, »nimmt sich die Welt anders aus. Es ist, wie wenn man ein Haus von verschiedenen Seiten photographiert. Die Bilder sind verschieden; das Haus ist dasselbe. Geht man um das wirkliche Haus herum, so erhält man einen Gesamteindruck. Steht man wirklich in der geistigen Welt darinnen, so lässt man das ›Richtige‹ eines Standpunktes gelten. Man sieht eine photographische Aufnahme von einem ›Standpunkte‹ aus als etwas Berechtigtes an. Man frägt dann nach der Berechtigung und Bedeutung des Standpunktes.«[7]

In den letzten Kapiteln – die wegen Steiners Erkrankung immer skizzenhafter werden – beschreibt er seine Begegnung mit der Theosophie um 1900 und den Beginn seines esoterischen Werkes. Er berichtet, seine künstlerischen und wissenschaftlichen Freunde hätten seinen Schritt hin zur Theosophischen Gesellschaft – deren deutsche Abteilung er schon bald selbst leiten sollte – als einen Bruch erlebt. Er selbst unterstreicht, es habe sich um einen logischen Übergang gehandelt, einen Schritt, der sich direkt aus dem Inhalt seiner philosophischen Werke wie dem zuvor geschriebenen Buch *Die Philosophie der Freiheit* ergeben habe. Auch verdeutlicht er, er habe vom frühesten Beginn an innerhalb dieser Theosophischen Gesellschaft einen eigenen Kurs verfolgt, der nicht mit der Auffassung der Leitung der Internationalen Theosophischen Gesellschaft übereinstimmte.

Es liegt nicht in meiner Absicht, hier eine biographische Skizze über Rudolf Steiner zu liefern; ich will nur verdeutlichen, welches Problem ich mit der Art und Weise hatte, in der Steiner über sein eigenes Leben schreibt. Das Problem liegt für mich in seiner Zurückhaltung bezüglich der Mitteilung persönlicher Erfahrungen.

Hierzu ein Beispiel. In den ersten Kapiteln schreibt Steiner über die Kluft, die er als Kind zwischen seinem inneren Erleben und der Welt um sich herum erfuhr. Ausschlaggebend für das Verständnis der Art dieser Kluft war seine Begegnung mit der »Geometrie«. Er schreibt: »Ich sagte mir: die Gegenstände und Vorgänge, welche die Sinne wahrnehmen, sind im Raume. Aber ebenso wie dieser Raum außer dem Menschen ist, so befindet sich im Innern eine Art Seelenraum, der der Schauplatz geistiger

Wesenheiten und Vorgänge ist. In den Gedanken konnte ich nicht etwas sehen wie Bilder, die sich der Mensch von den Dingen macht, sondern Offenbarungen einer geistigen Welt auf diesem Seelen-Schauplatz. Als ein Wissen, das scheinbar von dem Menschen selbst erzeugt wird, das aber trotzdem eine von ihm ganz unabhängige Bedeutung hat, erschien mir die Geometrie. Ich sagte mir als Kind natürlich nicht deutlich, aber ich fühlte: so wie Geometrie muss man das Wissen von der geistigen Welt in sich tragen. Denn die Wirklichkeit der geistigen Welt war mir so gewiss wie die der sinnlichen. Ich hatte aber eine Art Rechtfertigung dieser Annahme nötig. Ich wollte mir sagen können, das Erlebnis von der geistigen Welt ist ebenso wenig eine Täuschung wie das von der Sinnenwelt.«[8]

Abgesehen von der Tatsache, dass die Beschreibung des »Seelenraumes« mich ungeheuer begeisterte und ich auch verstand, welche Bedeutung die Geometrie für ihn hatte, begriff ich nicht, warum *die geistigen Erlebnisse selbst* unerwähnt bleiben. Welche geistigen Erfahrungen hatte Steiner in seiner Jugend? Worauf bezogen sich diese? In den betreffenden Kapiteln findet man sie nicht, was mir rätselhaft blieb. Es wird erwähnt, *dass* es sie gab, nicht aber, *was* sie konkret beinhalteten; die einzige Erfahrung, von der doch erzählt wird, nämlich die »Erfahrung der Geometrie«, dient zur Verdeutlichung, *wie* man »die Kenntnis der geistigen Welt in sich tragen (muss)«.

Erst Jahre später begann ich zu ahnen, worum es ging. Ich entdeckte einen (mitstenographierten) Vortrag, den Steiner im Februar 1913 in Berlin über sein Leben gehalten hatte. Der Anlass zu diesem Vortrag ist bemerkenswert genug: Steiner war von führenden Theosophen – unter ihnen Annie Besant – beschuldigt worden, er habe eine »jesuitische Erziehung« gehabt und sich »von diesem verhängnisvollen Einfluss nicht in ausreichendem Maße befreien ... können«. Diese völlig aus der Luft gegriffene Beschuldigung war in der Februarnummer des Jahres 1913 in *The Theosophist*, dem Lieblingsblatt der Theosophen, veröffentlicht worden. Sie war im übrigen Teil einer heftigen Kampagne gegen Steiner, die bereits zu seinem Entschluss geführt hatte, sich Menschen zuzuwenden, die einen neuen Zusammenschluss, die Anthroposophische Gesellschaft, gründen wollten. Da die

Beschuldigung jedoch auch in diesen Kreisen Verwirrung ausgelöst hatte, meinte Steiner in einem Vortrag die Tatsachen richtig stellen zu müssen.

Das Bemerkenswerte – und für mich auch Befremdende – des Vortrags ist, dass er über sich selbst in der dritten Person spricht: Er spricht von »er«, »einem Jungen«, ja sogar von »Rudolf Steiner«. Ein einziges Mal fällt er aus dieser Rolle und sagt »ich«. Auch hier findet man dieselbe Zurückhaltung. In dem Vortrag nennt er jedoch ein wunderbares Beispiel einer geistigen Erfahrung, die er in seiner Jugend gewonnen hatte und die zeigt, in welcher Richtung ich suchen musste. Ich zitiere: »Aber auch noch etwas anderes bot sich dem Knaben. Da saß er eines Tages in jenem Wartesaale ganz allein auf einer Bank. In der einen Ecke war der Ofen, an einer vom Ofen abgelegenen Wand war eine Tür; in der Ecke, von welcher aus man zur Tür und zum Ofen schauen konnte, saß der Knabe. Der war dazumal noch sehr, sehr jung. Und als er so dasaß, tat sich die Tür auf; er musste es natürlich finden, dass eine Persönlichkeit, eine Frauenpersönlichkeit, zur Türe hereintrat, die er früher nie gesehen hatte, die aber einem Familienmitgliede außerordentlich ähnlich sah. Die Frauenpersönlichkeit trat zur Türe herein, ging bis in die Mitte der Stube, machte Gebärden und sprach auch Worte, die etwa in der folgenden Weise wiedergegeben werden können: ›Versuche jetzt und später, so viel du kannst‹, so etwa sprach sie zu dem Knaben, ›für mich zu tun!‹ Dann war sie noch eine Weile anwesend unter Gebärden, die nicht mehr aus der Seele verschwinden können, wenn man sie gesehen hat, ging zum Ofen hin und verschwand in den Ofen hinein. Der Eindruck war ein sehr großer, der auf den Knaben durch dieses Ereignis gemacht worden war. Der Knabe hatte niemanden in der Familie, zu dem er von so etwas hätte sprechen können, und zwar aus dem Grunde, weil er schon dazumal die herbsten Worte über seinen dummen Aberglauben hätte hören müssen, wenn er von diesem Ereignis Mitteilung gemacht hätte.

Es stellte sich nach diesem Ereignis nun Folgendes ein. Der Vater, der sonst ein ganz heiterer Mann war, wurde nach jenem Tage recht traurig, und der Knabe konnte sehen, dass der Vater etwas nicht sagen wollte, was er wusste. Nachdem nun einige Tage vergangen waren und ein anderes Familienmitglied in der entsprechenden Weise vorbereitet worden war, stellte sich doch heraus, was geschehen war. An einem Orte, der für die Denkweise der Leute, um die es sich da handelt, recht weit von jenem Bahnhof entfernt war, hatte sich in derselben Stunde, in welcher im Wartesaale dem kleinen Knaben die Gestalt erschienen war, ein sehr nahestehendes Familienmitglied selbst den Tod gegeben. Es ist jeder Zweifel darüber ausgeschlossen, dass es sich gehandelt hat um einen Besuch des Geistes der selbstgemordeten Persönlichkeit, die an den Knaben herangetreten war, um ihm aufzuerlegen, etwas für sie in der nächsten Zeit nach dem Tode zu tun. [...] So soll hier [...] angedeutet werden, dass von jenem Ereignisse ab für den Knaben ein Leben in der Seele anfing, welchem sich durchaus diejenigen Welten offenbarten, aus denen nicht nur die äußeren Bäume, die äußeren Berge zu der Seele des Menschen sprechen, sondern auch jene Welten, die hinter diesen sind. Und der Knabe lebte etwa von jenem Zeitpunkt ab mit den Geistern der Natur, die ja in einer solchen Gegend ganz besonders zu beobachten sind, mit den schaffenden Wesenheiten hinter den Dingen, in derselben Weise, wie er die äußere Welt auf sich wirken ließ.«[9]

Soweit Rudolf Steiner. Diese Beschreibung wäre auch in *Mein Lebensgang* angebracht gewesen und hätte sogar vieles verdeutlicht. Denn solche Erfahrungen sind, erst recht für den heutigen Leser, sicher nicht außergewöhnlich, und mich erinnerten sie an die Erfahrungen, die ich selbst in meiner Jugend gemacht hatte. Es gibt viele Menschen, die solche Erlebnisse kennen, wie aus der Fülle der Literatur hervorgeht, in der über geistige Erfahrungen berichtet wird. Der Richtung, die Steiner später einschlagen sollte, liegen also Erfahrungen zugrunde, die ganz allgemein in unserer Kultur vorkommen, auch wenn dieselbe Kulur nicht genau weiß, was sie bedeuten.

Warum hat Steiner solche Erfahrungen in *Mein Lebensgang* unerwähnt gelassen? Hatte er Angst, als »abergläubisch« verunglimpft zu werden? Das kann deshalb nicht der Fall sein, weil er ja in etlichen Büchern und Vorträgen von Naturgeistern, Geistern von Verstorbenen und so weiter schreibt. Im Jahre 1924, dem Jahr, in dem Steiner mit dem Schreiben von *Mein Lebensgang* begann, gab es hierüber schon lange kein Missverständnis mehr. Nein, das Problem scheint woanders zu liegen, und zwar in der

Tatsache, dass es um *persönliche* Erfahrungen geht, Erfahrungen, die er zur Privatsphäre zählt.

Schon auf der ersten Seite von *Mein Lebensgang* erscheint dieses Problem in einer anderen Weise. Er erklärt dort, warum er begonnen habe, sein Leben zu beschreiben. Er berichtet, dass (ebenso wie 1913, als er den obengenannten Vortrag hielt) Missverständnisse über sein Leben entstanden seien und »Freunde« ihn dazu bewogen hätten, selbst etwas über seinen Lebensweg zu schreiben. »Ich muss gestehen«, fährt er dann fort, »dass dies nicht in meinen Neigungen liegt. Denn es war stets mein Bestreben, das, was ich zu sagen hatte und was ich tun zu sollen glaubte, so zu gestalten, wie es die Dinge, nicht das Persönliche, forderten. Es war zwar immer meine Meinung, dass das Persönliche auf vielen Gebieten den menschlichen Betätigungen die wertvollste Färbung gibt. Allein mir scheint, dass dies Persönliche durch die Art, wie man spricht und handelt, zur Offenbarung kommen muss, nicht durch das Hinblicken auf die eigene Persönlichkeit. Was aus diesem Hinblicken sich ergeben kann, ist eine Sache, die der Mensch mit sich selbst abzumachen hat.«[10]

Ich verstand dies nicht, und wenn ich nicht inzwischen eine große Achtung und sogar Liebe zu Rudolf Steiner empfunden hätte, wäre meine Reaktion gewesen zu denken: Dieser Mann hat etwas zu verbergen. Formulierungen wie »dass dies nicht in meinen Neigungen liegt« und »nicht durch das Hinblicken auf die eigene Persönlichkeit« empfand ich als verschwommen. Einerseits schreibt er seine Zurückhaltung seiner Natur zu, andererseits verbindet er eine objektive Meinung damit, nämlich »dass dies Persönliche durch die Art, wie man spricht und handelt, zur Offenbarung kommen muss«. Außerdem verstand ich nicht, warum Steiner sich dann doch noch entschlossen hatte, seine Autobiographie zu schreiben. Weil seine Freunde das wollten?

Die Sache wurde noch rätselhafter, als ich später erfuhr, dass er im Jahre 1923 in einem Brief an seine Frau Marie Steiner-von Sivers schrieb, er betrachte »die weiteren Mitteilungen in *Das Goetheanum* nur als Auszüge des späteren Buches«. Er wolle diesen Auszügen später »viel Spirituelles« hinzufügen.[11] In einem Vortrag vom September 1924 sagt er außerdem: »Ich konnte nur die Äußerlichkeiten dieser Dinge im ›Goetheanum‹ erzählen, und die Aufsätze werden ja als Buch erscheinen, mit Anmerkungen, in denen dann auch das Innerliche berücksichtigt werden wird.«[12]

Was also gilt? In dem Buch selbst sehen wir einen sich sträubenden Steiner, der eigentlich gar nicht über sich selbst schreiben will. In der geborgenen Sphäre des Umganges mit seiner Frau äußert er jedoch, er habe sogar noch mehr offenbaren wollen. Dasselbe gilt für den Inhalt seines Vortrages, den er in einer relativ vertrauten Umgebung hielt; er sprach dort vor Menschen, die ihn gut kannten.

Dem Leser wird aufgefallen sein, dass ein Zusammenhang besteht zwischen dem Problem des Werkes *Mein Lebensgang* und jenem zuvor in diesem Kapitel beschriebenen. In beiden Fällen geht es ja um die Frage nach der Bedeutung der persönlichen Erfahrung. Wie Steiner in *Wie erlangt man Erkenntnisse der höheren Welten?* erst in dem späteren Vorwort von 1909 die Perspektive der »Lebenseinweihung« hinzufügt, sogar ohne jede Erklärung, so stellt er 1923 als Folge von *Mein Lebensgang* etwas Vergleichbares in Aussicht. Er ist, kurz gesagt, auf dem Weg zum Persönlichen und Unmittelbaren, muss aber offenbar immer wieder Hindernisse überwinden, um dorthin zu gelangen. Diese Hindernisse liegen nicht nur in der Zeit begründet, in der er lebte, sondern auch in ihm selbst, wie seine Aussage verdeutlicht, dies liege »nicht in seinen Neigungen«.

SECHSTES KAPITEL

Unterwegs zu Zeylmans van Emmichoven

Bis etwa 1974 hatte ich für mich allein Steiners grundlegende Werke studiert und viel Freude daran erlebt. In der Hoffnung, Gesprächspartner zu finden, ging ich auf die Suche nach Anthroposophen. In meiner Heimatstadt Utrecht fand ich nur Theosophen. Anthroposophen, so wurde mir nach einer Weile klar, musste ich vor allem in der Umgebung von Zeist suchen. Dort nämlich hatten sie ein Sekretariat, eine Bibliothek, eine Organisations-Beratungsstelle, einen Verlag und ein großes Institut zur Versorgung geistig Behinderter, das sogenannte »Sonnenhaus«. Der Gründer, Direktor und Vorsitzende all dieser Einrichtungen war, wie ich erfuhr, ein gewisser Bernard Lievegoed. In der Bibliothek jedoch – damals in einer ausgebauten Garage hinter einem Zeister Privathaus untergebracht – erfuhr ich, dass ich vorläufig nicht auf ein Gespräch mit diesem Herrn hoffen konnte.

»Oh, nein«, sagte eine Dame mit weißgrauem Haar, »der Herr Professor hat viel zu viel Arbeit!« Dieser Frau Gerretsen habe ich viel zu verdanken. Sie führte mich in die komplizierte Welt der Gesamtausgabe ein, in das umfangreiche Gesamtwerk Steiners. Ich glaube, sie hielt mich für eine besorgniserregende Erscheinung: ein junger Mann von knapp zwanzig Jahren mit Haaren bis weit über die Schultern, abgerissener Kleidung, Zigarette im Mund und Sonnenbrille auf der arroganten Nase, der jedes Mal mit ungefähr fünf »Steiners« unter dem Arm davonzog. Solche Typen gab es damals nicht in der anthroposophischen Bewegung. Immer, wenn ich munter bei ihr hereinspazierte, sah ich sie förmlich denken: Oh nein, der schon wieder ...

Doch sie war klug. »In was für einem Milieu bist du aufgewachsen?«, fragte sie einmal. »Im reformierten«, sagte ich. Daraufhin drückte sie mir ein Buch mit Vorträgen von Steiner über die Evangelien in die Hand. »Aber zuerst lies mal das hier!«, fügte sie streng hinzu und verkaufte mir ein Buch mit dem Titel *Das Christentum als mystische Tatsache.* (Da sie vermutete, ich sei arm, hatte sie ein beschädigtes Exemplar aufbewahrt, das ich für wenige Gulden haben konnte.) Es war eine vernünftige Anweisung: Ohne die eher einführenden Betrachtungen Steiners über das Christentum hätte ich mich gewiss in seinen komplizierten Betrachtungen über die Evangelien verirrt. Frau Gerretsens hartnäckige Versuche, mich zur Lektüre von Steiners *Theosophie*, einem seiner grundlegenden Werke, zu bewegen, schlugen jedoch fehl. Ich empfand das Buch als zu abstrakt und sagte das auch. »Dann musst du noch denken lernen«, antwortete sie daraufhin.

Ich weiß immer noch nicht, wie es möglich war – aber außer dieser Frau Gerretsen bekam ich sieben Jahre lang kaum einen Anthroposophen zu Gesicht. Es schien, als gebe es sie nicht. Zweimal hörte ich Vorträge von wirklichen und bedeutenden Anthroposophen, Leen Mees und Bernard Lievegoed. Der Saal des Utrechter Kikker-Theaters war gerammelt voll, und es war unmöglich, sich den Vortragenden persönlich zu nähern. Leen Mees, der über Ernährung sprach, beeindruckte mich sehr. Er führte vor, wie ein Elefant geht: Mit runden, schweren Schritten stapfte er wiegend über das Podium. Seine Eitelkeit fand ich charmant. An Bernard Lievegoed habe ich kaum eine Erinnerung, außer dass er in aller Gemütsruhe die Soziologie für tot erklärte. Ich fand ihn nachlässig in seiner Argumentation und auch etwas selbstzufrieden. Alles, was er sagte, schien selbstverständlich zu sein.

Doch das Entscheidende war, dass ich nicht verstand, was die Ausführungen dieser beiden Menschen mit Steiners Büchern und Vorträgen zu tun hatten, die ich gerade las. Jetzt, da ich mich in dessen Werk etwas besser auskenne, begreife ich, welche Art Weg es war, den Frau Gerretsen mir wies. Ich las über innere Schulung, das Christentum, die Künste und die Geschichte der Erde und der Menschheit. Andere Gebiete ließ Frau Gerretsen unbeachtet, zum Beispiel Heilkunde, Landwirtschaft, Erziehung, soziales und gesellschaftliches Leben, die Entwicklung der Anthroposophie selbst, Philosophie und die späteren Vorträge über Karma und Reinkarnation. Kurz, ich beschäftigte mich mehr mit dem »mystischen« Steiner. Die sozial-gesellschaftliche Herangehensweise von Bernard Lievegoed konnte ich darum nicht einordnen.

Als Frau Gerretsen mich nach dem Milieu fragte, in dem ich aufgewachsen sei, hätte ich ebensogut sagen können: »Ich komme aus einem Gewerkschaftsnest.« Mein Vater war, wie ich schon erwähnte, Gewerkschaftsführer, und bei uns zu Hause war die Luft immer politikgeschwängert: Die Gespräche bei Tisch handelten von Arbeit und Einkommen, Streiks und sozialer Gerechtigkeit. Das waren die »wirklichen« Themen. Kunst gehörte nicht dazu. Auch das religiöse Erleben stand im Zeichen sozialer Gerechtigkeit; ich kannte vor allem den Jesus der Anti-Revolutionären Partei und des Christlich-Nationalen Gewerkschaftsbundes[1].

Die Atmosphäre im PSP-Aktionsbüro[2] an der Utrechter Oude Gracht, wich so sehr von der wohltuenden Ruhe in Frau Gerretsens Bibliothek ab, dass es mir ratsam erschien, über meine politischen Aktivitäten zu schweigen. Ich dachte, Anthroposophie und Politik seien zwei absolut verschiedene Welten. Auch in Steiners Autobiographie *Mein Lebensgang* fand ich wenige Äußerungen über Politik. Später verstand ich den Grund: Er konnte seine Autobiographie nicht vollenden und die Jahre, in denen er politisch und gesellschaftlich aktiv wurde, nicht mehr beschreiben.

Durch einen Artikel von Arnold Henny in der anthroposophischen Zeitschrift *Jonas*, die seit 1970 erschien, entdeckte ich, dass es sehr wohl Anthroposophen gab, die sich mit gesellschaftlichen Fragen beschäftigten. Ich weiß noch, dass ich die Ausführungen von Henny für »viel zu gemäßigt« hielt. Aber immerhin!

Nach einigem Suchen entdeckte ich, dass es in den Niederlanden ein Triumvirat gab, das über gesellschaftliche Themen nachdachte und auch Bücher darüber veröffentlichte: Bos, Brüll und Henny. Besonders die Beiträge von Dieter Brüll sprachen mich stark an. Über diese drei Autoren entdeckte ich den »anderen« Rudolf Steiner, der nicht nur auf die spirituellen Bedürfnisse des *Individuums* eingegangen war, sondern sich auch mit Begeisterung ins politische und gesellschaftliche Leben gestürzt hatte. Steiner als Mystiker und Steiner als Aktivist! Mit roten Ohren las ich, wie er das Verhältnis zwischen Arbeitgebern und Arbeitern als eine Form »moderner Sklaverei« beschrieb, und stellte mit Befriedigung fest, dass seine Vision von Arbeit und Einkommen viel radikaler war als diejenige, die in der Gewerkschaft Beifall fand. Ich bat also Frau Gerretsen um weitere Vorträge und Bücher über die soziale Frage.

»Ich wusste, dass es eines Tages so weit kommen würde«, seufzte sie.

Die Jahre vergingen, und mit etwa sechsundzwanzig hatte ich mir eine ganze Reihe anthroposophischer Werke einverleibt. Unterdessen hatte ich Englisch und Niederländisch am Lehrerseminar in Utrecht studiert. Kontakte mit Anthroposophen hatte ich noch immer nicht wirklich geknüpft. Ich sprach zwar über Steiner mit Rosenkreuzern – Mitgliedern des Lectorium Rosicrucianum aus Haarlem –, sie hatten jedoch besonders von der gesellschaftlichen Seite der Anthroposophie keine hohe Meinung. Auch las ich versuchsweise einmal ein Buch eines anderen Anthroposophen als Rudolf Steiner, aber viel konnte ich nicht damit anfangen. Das einzige, was mich in dieser Zeit wirklich berührte, war das Buch *Dantes Weltmission*[3] von Willem Veltman, das die Verbindung zwischen dem Werk des italienischen Dichters und den diesem zugrunde liegenden geistigen Erfahrungen auf ganz wunderbare Weise beschreibt. Sehr zu Unrecht ist dieses Buch ein wenig in Vergessenheit geraten.

Wenn die Anthroposophie wirklich etwas Bedeutendes darstellen will, so dachte ich, muss es doch außer Rudolf Steiner auch andere geben, die sich auf eine überzeugende Art damit befasst haben. Inzwischen weiß ich, dass es sie gibt.

Es war an einem Sommertag im Jahre 1976, und ich hatte in einem Antiquariat ein anthroposophisches Buch gekauft. Ich saß mit einer Tasse Kaffee auf meiner Mansardenterrasse, schlug das Buch auf, las die erste Zeile und wusste sofort: Hier spricht jemand, der genau wie Steiner wirklich weiß, worum es eigentlich geht. Ich las, als sei es eine schlichte Mitteilung: »In einer bestimmten Phase meiner Entwicklung kam ich zu der Einsicht, dass Christus die Wirklichkeit ist, in der wir leben.« Punkt.

Nächster Absatz: »Wenn ich diesen Satz niederschreibe, weiß ich, dass es kaum möglich sein wird, zum Ausdruck zu bringen, was ich damit meine.« Punkt.

Nächster Absatz: »Die Worte, mit denen seit Jahrhunderten jene Geschehnisse beschrieben werden, die sich zu Beginn unserer Zeitrechnung in Palästina abgespielt haben, sind bei vielen nicht von einem bestimmten dogmatischen Inhalt oder einem fixierten Glaubensbekenntnis zu trennen. Für andere haben sie keine tiefere Bedeutung als die Worte des täglichen Lebens. Es ist vielleicht nur einigen Mystikern, Dichtern und Philosophen gelungen, diese Geschehnisse auf eine adäquate Weise zu beschreiben.«

Der Titel des Buches lautete: *Die Wirklichkeit, in der wir leben*, verfasst von Willem Zeylmans van Emmichoven. Diesem Namen war ich in Büchern von Steiner zwar schon begegnet und wusste, dass er der erste Vorsitzende der Anthroposophischen Gesellschaft in den Niederlanden gewesen war. Steiner sah Zeylmans seinerzeit als einen wichtigen Mitarbeiter an, der zwar in Den Haag wohnte, aber dennoch stark an der Arbeit im schweizerischen Dornach beteiligt war, wo Steiner das Zentrum der anthroposophischen Bewegung gegründet hatte. Zeylmans war 1893 in Helmond geboren worden und dort auch aufgewachsen; von 1923 an führte er eine psychiatrische Praxis in Den Haag. In der Geschichte der anthroposophischen Bewegung, nicht nur in den Niederlanden, spielte er eine große Rolle. Aber das erfuhr ich erst später, im Jahre 1979, als eine Biographie über ihn erschien.

Auf allen 253 Seiten von *Die Wirklichkeit, in der wir leben* wird der erste Satz dieses Buches ausgelegt. Wie der Planet mit der längsten Umlaufzeit, Saturn, kreist Zeylmans um ein Kernthema der Anthroposophie: die Bedeutung Christi in der Entwicklung der Menschheit. Alles wird in einen klaren Zusammenhang gebracht: die vorchristlichen Kulturen, das Leben Jesu, Tod und Auferstehung auf Golgatha, die Kirchenväter und die Häretiker, das esoterische Christentum (die Kelten, Manichäismus, Gral, Rosenkreuzer, Goethe) und die Bedeutung Christi für Wissenschaften, Künste und das sozial-gesellschaftliche Leben.

Willem Zeylmans greift zwar auf Gesichtspunkte zurück, die Steiner geäußert hat, aber er prägt sie so sehr mit seiner eigenen schöpferischen Kraft, dass dadurch ein höchst persönliches und authentisches Buch entstanden ist. Es zeigt, dass das Leben mit der Anthroposophie keine unpersönliche Angelegenheit ist: Zeylmans bleibt seinen eigenen Fähigkeiten treu – in diesem Fall: Details erblühen zu lassen, indem sie in den richtigen größeren

Zusammenhang gestellt werden. Was er wahrnimmt, lässt er in seiner eigenen Seele und nicht in einer »anthroposophischen Nachahmungs-Seele« reifen (nach dem womöglich unverstandenen Beispiel Rudolf Steiners). Dadurch stößt man bei ihm auf Formulierungen, die man sonst nirgends findet, wie zum Beispiel: »Der Begriff Menschheit gehört zu den Begriffen, die sich ständig im Wandel befinden.«

Ich wollte mehr über Willem Zeylmans van Emmichoven erfahren. Diese Möglichkeit erhielt ich einige Jahre später, als sein Sohn Emanuel eine Biographie über ihn veröffentlichte[4].

Durch Emanuels Buch war mir klar geworden, dass man Zeylmans kaum als Steiner-Jünger bezeichnen kann. Steiners Bedeutung für ihn war zwar gewiss nicht nur relativ: Die Begegnung dieser beiden Männer bewirkte in jeder Hinsicht eine Wende für den letzteren. Doch dieser Umbruch beinhaltete keine Bekehrung.

Tatsächlich zeigt die Biographie, dass Zeylmans aus eigener, individueller Kraft schon ein ganzes Stück weit gekommen war. Er war seinem eigenen Weg gefolgt und tat das auch weiterhin.

Auch überraschte es mich nicht, in der Biographie zu lesen, dass Willem Zeylmans in seiner Jugend Schriftsteller werden wollte. Der Stil des Buches *Die Wirklichkeit, in der wir leben* – behutsam, präzise und doch voller Phantasie – hatte schon gezeigt, dass er literarische Qualitäten hatte.

In der Biographie wird beschrieben, wie Zeylmans in seiner Jugend schon alles geplant hatte: Er würde Schiffsarzt werden und während der weiten Reisen genug Zeit erübrigen können, um Romane zu schreiben. Es kam jedoch anders. Die Biographie beginnt mit Willem Zeylmans' eigener Darstellung seiner Jugenderinnerungen. Unter dem Titel *Aus Bender Boles Lebensbuch*[5] schildert er vor allem die innerlichen Erlebnisse seiner Kindheit: seine Phantasien, sein Verhältnis zur Natur und zu anderen Menschen, seine Ängste ... Über die äußeren Umstände wird man als Leser nur spärlich informiert.

Er schrieb die Erzählung – denn der Form nach ist es eine solche – in den ersten Jahren des Zweiten Weltkrieges, als er fast fünfzig Jahre alt und schon zwanzig Jahre lang Vorsitzender der Anthroposophischen Gesellschaft in den Niederlanden war. Aus einer in seinem Nachlass gefundenen Notiz geht hervor, dass den drei Kapiteln noch vier weitere hätten folgen sollen, deren letztes dann den aufschlussreichen Titel erhalten sollte: »Mea Victoria in Rosae Cruce«[6]. Zeylmans hatte also eine literarische Autobiographie vor Augen, in der der innere Weg zu seiner spirituellen Aufgabe beschrieben werden sollte. Für das Verständnis Zeylmans ist es wichtig, dieses Faktum festzuhalten.

Die drei Kapitel müssen also als der Beginn einer Beschreibung der geistigen Aufgabe Zeylmans', so wie er sie selbst verstand, gesehen werden. Sie vermitteln ein eindringliches Bild der Motive, die sein inneres Leben beherrschten. Zeylmans schrieb das Buch in der dritten Person und gab der Hauptfigur den Namen Bender Bole. Er berichtet, wie er in seiner Jugend in der Spannung zwischen Licht und Dunkelheit lebte: »Unzählig sind die Erinnerungen, da er sich dem Licht restlos hingeben kann. In vollem Sonnenlicht auf dem Rasen liegend, schaut er in das strahlende Blau des Himmels. Da ist eine Wolke, mächtig wie ein Gebirge, glänzend weiß, aber einige Teile noch weißer als die übrigen. Es ist ihm, als liefe er in ihr herum. Die Wolke ist weich, weicher noch als Watte, und alles um ihn her ist blendend weiß wie glitzender Schnee. Er streckt die Arme aus und greift nach allen Seiten. Seligkeit durchzuckt ihn. Überwältigt von Glück und Licht schließt er die Augen. Auf Erden zurückgekehrt, scheinen ihm alle Dinge noch schwärzer als zuvor: der mit braunem Teer angestrichene Gartenzaun, die hohen Pfähle der Schaukel, der kleine Schuppen, alles ist düster, ja drohend geworden.«[7]

Und ganz wunderbar schreibt er über den Garten hinter seinem Haus: »... alles glänzte im goldenen Lichte. Dann schien dem Knaben die Welt so, wie sie eigentlich sein sollte.« Eine Frage gab es, die ihn schon früh beschäftigte: »Warum waren die Menschen so hässlich? Im Garten war alles schön: das Gras, die Blumen, die Schmetterlinge, die Vögel. Aber die Menschen waren hässlich: ihre Kleider, ihre Gesichter und Glieder. Sie gehörten meistens zu den dunklen Dingen, zu den dunklen Stellen, die das Licht wegnahmen.«[8]

Im weiteren berichtet er, wie er mit etwa fünf Jahren die Phantasie zu Hilfe ruft, um die Spannung zwischen Licht und Dunkelheit erträglich zu machen. Er erschafft sich ein Reich, in dem er selbst der König ist. Er »ritt herum auf einem weißen Pferd in prächtigem goldbesticktem Gewande, auf dem Haupt einen silbernen Helm mit wogenden Federn. Alles war dort vollkommen, nur die Königin fehlte noch. Sie sollte aber bald gefunden werden.«[9]

Doch mit der Phantasie kommen auch die Dämonen. »Sie kamen aus allen düsteren Ecken hervor, unter dem Schrank, unter dem Bett. Es half nicht, dass er die Augen schloss – sie kamen trotzdem. Es gab winzig kleine, die Tieren ähnelten, aber trotzdem keine waren: Ratten auf zwei Beinen mit einem Vogelkopf, mit flachem breitem Schnabel ... Am schrecklichsten war der schwarze Mann mit dem verhüllten Antlitz. Er sah aus wie ein Ritter in schwarzer Rüstung mit geschlossenem Visier. Einmal würde das Visier sich öffnen, und dann würde er ein Antlitz sehen, so entsetzlich, dass niemand den Anblick ertragen konnte. In Todesangst lag er da und wartete.«[10]

Viele Jahre später – während derer er immer wieder von den Dämonen heimgesucht wird – hört der Junge eine Stimme, die ihm befiehlt: »Schau sie fest an, dann verschwinden sie!«[11] Und so geschieht es auch. Zeylmans: »Zwar kamen die Dämonen noch immer, jahrelang, vor allem, wenn er müde oder innerlich unruhig war, wie das später öfters der Fall war, aber er konnte von da an, wenn er wollte, die ganze Bande besiegen, und das beruhigte ihn.«[12]

Ein anderes wichtiges Thema ist die Liebe. Zeylmans beschreibt in zarten Worten die Liebe zu einem Mädchen, von der Bender ergriffen wird und die sich als unerfüllbar erweist. Er weiß Wärme und Kälte, Sehnsucht und Schmerz, kurz, alle starken Gefühle, die die Seele eines Kindes beherrschen können und später vom Erwachsenen entweder vergessen oder bagatellisiert werden, eindringlich heraufzubeschwören. Der Junge liebt das Mädchen, sie ihn jedoch nicht, obwohl sie die Gefühle des Jungen kennt. Die ganze Tragödie zeigt sich erst, als dem Mädchen eines Tages bewusst wird, dass sie Bender doch liebt. Im selben Augenblick jedoch spürt Bender, dass seine Liebe zu ihr vergangen ist.

»Mehr als drei Jahre hatte er den tiefsten Schmerz ihretwegen durchlitten. Er hatte diesen Schmerz nicht gemieden, er war nicht vor ihm geflohen. Er hatte versucht, den Becher bis zum letzten Tropfen zu leeren. Damit war aber alles, was ihn an sie gebunden hatte, vergangen. Es war im Leid aufgelöst, verzehrt.«[13] Und: »Es war ein unergründliches Mysterium, über das Bender viel nachsann. Wie konnte so etwas geschehen? Wie war es möglich, dass zwei Menschen nacheinander aus demselben Grund so leiden mussten?«[14]

Während ich dies las, dachte ich: Dieser Autor hat das Kind in sich immer lebendig erhalten. Hinter dem Erwachsenen zeigte sich eine verborgene kindliche Empfindsamkeit, zu der Zeylmans mit seinen fünfzig Jahren – so alt war er, als er diese Zeilen schrieb – noch Zugang hatte. Nachdem ich dieses Kind einmal gesehen hatte, begegnete ich ihm in jedem Buch von Zeylmans wieder. Es schien im Hintergrund stets mitzuwirken und seinen Beitrag zu leisten. Und zugleich vermutete ich, dass es gerade dieses Kind war, zu dem er sich im öffentlichen Leben nicht zu bekennen wagte.

Ich meinte auch zu sehen, dass sein inneres Leben durch die Polaritäten hell/dunkel, schön/hässlich, Unschuld/Schuld bestimmt wurde. Dies alles wurde nicht in erster Linie *gedacht*, sondern in der Seele *erlebt*. Hinter dem Geisteswissenschaftler, der Zeylmans später werden sollte, verbargen sich ein Kind und ein Künstler. Während ich las, stellte ich mir die Frage, was mit beiden geschehen war.

Am Schluss von *Bender Boles Lebensbuch* wird die Begegnung mit der Geliebten beschrieben, mit der Zeylmans weiter durchs Leben gehen sollte. Ihr haftet die Sphäre aller großen Lieben an: der von Tristan und Isolde, Sigune und Schionatulander, Flos und Blanchefleur; auch scheint sie ein Echo der Erzählungen im Umkreis des Gralsgeheimnisses zu sein.

Anfangs schien mir dieses Kapitel zu romantisch zu sein, doch sieht man einmal über die Neoromantik nach dem Vorbild Arthur van Schendels hinweg, erkennt man, was Zeylmans sagen wollte: dass die Liebe zwischen Menschen ein großes Geheimnis ist. Er schreibt: »Bender war es, als ob sein Leben erst jetzt begonnen hätte: alles hatte einen Sinn, einen Inhalt bekommen. In Anitas Seele sah er den tieferen Sinn von allem Sein in Erscheinung treten. Ihr Wesen erlebte er wie ein zartes, aber warmglänzendes Abbild von allem, was die große Weltenseele an Pracht und Herrlichkeit offenbart.«[15]

Mich beschäftigte die Frage, warum Zeylmans seine spirituelle Autobiographie nicht beendet hatte. Mir war aufgefallen, dass er im Kriegsjahr 1942 damit begonnen hatte, in einer Zeit, in der er gezwungenermaßen als Sprecher und Vorsitzender der Anthroposophischen Gesellschaft (die zu Beginn des Krieges formal von ihm aufgelöst worden war) weniger aktiv war. Ich gewann den Eindruck, dass er durch die erzwungene »Ruhe« in tiefere Schichten seiner Seele vorgestoßen war und dort eine Goldader erschlossen hatte. Zugleich war mir der Stil der Erzählung aufgefallen: empfindsam und unmittelbar und ohne die üblichen anthroposophischen Begriffe. Es war deutlich, dass der literarische Schriftsteller in ihm wieder aufgewacht war, der ohne Umwege seine Seele offenlegen wollte. Ich war schließlich unglaublich neugierig auf den Inhalt der *nicht* geschriebenen Kapitel, deren letztes, wie schon erwähnt, den Titel »Mea Victoria in Rosae Cruce« getragen hätte.

Eine vorläufige Antwort auf diese Frage gab mir sein Sohn Emanuel: Das Klima in der anthroposophischen Bewegung erlaubte eine so persönliche Vorgehensweise nicht. Die Anthroposophen waren daran gewöhnt, in führenden Gestalten wie Zeylmans geistige Aristokraten zu sehen, die hoch und unnahbar über der Menge standen und an deren persönlichen Angelegenheiten man einfach nicht interessiert sein *durfte*. Emanuel: »Ich habe die Erzählung 1971 schon einmal in der anthroposophischen Zeitschrift *Jonas* veröffentlicht, und es kamen nur ganz wenige Reaktionen darauf. Ich gewann den Eindruck, dass die Leute nicht viel damit anfangen konnten. Das Bild von Zeylmans – *Doktor* Zeylmans, wie er in Holland hieß – war ganz anders, als es diese Beschreibungen ausdrückten. Die Leute konnten das nicht in Einklang miteinander bringen.«

Von Willem Zeylmans war also ein Bild entstanden, das nicht mit der Realität übereinstimmte. Ebenso wie Rudolf Steiner war er auf dem Weg gewesen, eine Beschreibung seines persönlichen und inneren Lebens zu verfassen, aber es gelang ihm nicht, die Hindernisse zu überwinden, aus welchen Gründen auch immer. Wir werden diesem Thema noch einige Male begegnen.

In Zeylmans' Leben tauchen einige Themen auf, die immer noch auf ihre Bearbeitung warten. Ein gutes Beispiel dafür ist seine Bemühung um das, was er »Völkerpsychologie« nennt. In einer Zeit, in der wir versuchen, Europäer zu werden, was auch uns Niederländern nicht gerade leicht fällt, sind Zeylmans' Betrachtungen über die psychologischen Charakteristika der europäischen Völker außergewöhnlich fesselnd. Auch sein Interesse für dieses Thema rührt aus der Periode, da er die Anthroposophie noch nicht kannte. Im Ersten Weltkrieg kämpfte Zeylmans' Bruder auf der englischen Seite gegen die Deutschen. Die Familie bekam regelmäßig Briefe des jungen Mannes, in denen er die Schrecken der Front beschrieb. Diese Briefe berührten Willem Zeylmans tief, und er begann sich in die Hintergründe des Krieges zu vertiefen. Sein Sohn Emanuel: »In *Bender Boles Lebensbuch* sieht man, dass er schon als Junge tiefer als manch ein anderer über das Problem nachdachte, dass Völker gegeneinander Krieg führen, weil sie einander nicht verstehen.«

Auch an dieses Problem ging Zeylmans auf der Ebene der Seele heran. Seiner Meinung nach spielten nicht nur Ökonomie und Geopolitik für den Ausbruch von Kriegen eine Rolle; auch gegenseitiges Nicht-Verstehen des jeweiligen »Nationalcharakters« trage zur Entstehung von Feindseligkeiten bei. Dieser intuitiven Wahrnehmung gab er später einen geisteswissenschaftlichen Inhalt, indem er sich unter anderem in Steiners Vortragsreihe *Die Mission einzelner Volksseelen im Zusammenhang mit der germanisch-nordischen Mythologie* vertiefte.

Zeylmans schrieb viele Artikel über Völkerpsychologie; zu einem Buch ist es nie gekommen. Er beschreibt das Individuum als ein »Wesen«, das eine ganz bestimmte Beziehung zu verschiedenen Gruppen von Menschen – Familien, Völkern und Rassen – unterhält. Das Wesen des Individuums selbst, sein »Ich«, ist wie eine ewige Entelechie zu betrachten, die sich ständig weiter entwickelt, niemals »ist«, sondern immer »wird«. Es ist diese Entelechie, die von Inkarnation zu Inkarnation geht und in diesem fortlaufenden Zyklus immer wieder neue Erfahrungen macht. Das Ich eines jeden Menschen ist nicht an ein bestimmtes Volk oder eine Rasse gebunden, es hat einen »allgemein-menschlichen« Charakter.

Es ist dieses Ich – die kleinstmögliche menschliche »Maßeinheit« – durch das jeder Mensch an der Menschheit als Ganzes

– der größtmöglichen menschlichen Maßeinheit – teilhat. Alle »allgemein-menschlichen« Eigenschaften, wie zum Beispiel die des »autonomen Denkens, der Liebefähigkeit und des mitfühlenden Handelns«, sind über die Ebene der Völker und der Rassen erhaben. Jedes Ich trägt die Möglichkeit in sich, »die Menschheit innerlich zu verstehen, sie zu umfassen und in Liebe zu tragen«.

Dieses Ich ist in einem bestimmten Volk oder einer bestimmten Rasse inkarniert, wodurch die Seele auch Anteil an den Eigenschaften dieses Volkes oder dieser Rasse hat. Diese Eigenschaften haben, wie gesagt, nichts mit dem Ich des Menschen und nur im äußerlichen Sinne mit dessen physischem Körper zu tun. Tatsächlich geht es nach Zeylmans um geistige Kräfte, die hauptsächlich auf den ätherischen und den astralen Körper (die geistigen »Wesensglieder« des Menschen) einwirken und auf diesem Weg in der Seele bestimmte Neigungen betonen oder unterdrücken. Auf diese Weise entstehen die Eigenschaften von Völkern, die wir als charakteristisch erleben, wie zum Beispiel die »Gründlichkeit« des Deutschen, die feurige Lebhaftigkeit des Italieners und die überströmende Herzlichkeit des Slowaken.

Dieses Thema hat mich schon früher sehr beschäftigt, als ich die genannten Vorträge von Rudolf Steiner in *Die Mission einzelner Volksseelen im Zusammenhang mit der germanisch-nordischen Mythologie* gelesen hatte. Ich hatte dort mir unverständliche Aussagen über Rassen gefunden, unter anderem über die schwarze Rasse und über die Ausrottung der Indianer durch die Weißen in Amerika. Über diese Aussagen war ich schockiert und schrieb darüber einen Brief an die Leitung der Anthroposophischen Gesellschaft der Niederlande, auf den ich übrigens keine Antwort bekam. Von etwa 1985 an sollten diese Aussagen Steiners in der öffentlichen Meinung heftige Reaktionen hervorrufen, und die anthroposophische Bewegung sah sich zunehmend mit dem Vorwurf des Rassismus konfrontiert. Im sechzehnten Kapitel dieses Buches werde ich noch ausführlich auf diese Frage zurückkommen.

Ich merke, dass ich dabei bin, ein Porträt von Willem Zeylmans van Emmichoven zu schreiben, was nicht meine Absicht ist. Aber es ist nun einmal einfach schön, sich mit ihm zu befassen, gerade weil er so weniges konkret verwirklicht hat. Viele seiner größten

Pläne kamen nicht voran, wie die Schaffung eines Instituts für Völkerpsychologie in London und ein Zentrum für Freies Geistesleben in Den Haag. Das lag nicht an ihm. Er wusste immer genau, was er wollte, und hatte außerdem ein reiches Netzwerk von Kontakten, innerhalb wie außerhalb der anthroposophischen Bewegung. Nein, die Zeit war einfach noch nicht reif dafür.

Aber keiner seiner Pläne scheint definitiv überholt zu sein. Im Gegenteil: Jetzt, da wir uns in der Mitte der neunziger Jahre befinden und ein großer Bedarf an neuen Ideen besteht, erweist sich sein Werk als wahre Fundgrube.

Zeylmans dachte nicht in Kategorien der »Machbarkeit«; sein Blick ging über die kurzfristige Aktualität hinaus und sah die großen Zusammenhänge. Dass er dadurch Lösungen für Probleme anbot, die im gesellschaftlichen Gespräch noch nicht an der Reihe waren, spricht nicht gegen ihn. Bei seinen Forschungsprojekten dachte er nicht in Zeiträumen eines Jahres, nicht einmal eines Jahrzehnts. Vielen Menschen erscheint sein Vorgehen daher vielleicht etwas abstrakt und idealistisch. Tatsächlich aber enthält sein Werk dadurch Erkenntnisse, die auch heute noch gültig sind.

S I E B T E S K A P I T E L

Dornach – Nabel der Welt?

Dornach. Ich komme nicht drum herum. Das Zentrum der anthroposophischen Bewegung. Der Ort, an dem Rudolf Steiner gelebt und gearbeitet, wo er tausende von Vorträgen gehalten, tausende von Menschen spirituell »auf den Weg gebracht«, das erste Goetheanum gebaut hat, gemeinsam mit Mitarbeitern aus allen Ländern Europas ... Wo er 1923 in der Neujahrsnacht zusehen musste, wie das prächtige Gebäude durch Brandstiftung verloren ging, wo er ein knappes Jahr später die Anthroposophische Gesellschaft gegen viele Widerstände gründlich reformierte, wo er schließlich nach sieben Monaten Krankheit in seinem Atelier starb ... Wo gleich nach seinem Tod unter seinen Mitarbeitern bei der Frage, wie es ohne ihn nun weitergehen sollte, die Konflikte ausbrachen ... Wo jetzt noch immer das zweite Goetheanum steht, nicht aus Holz wie das erste, sondern aus Beton ...

Dornach bedeutet »dorniger Hügel«.

Ich suchte Dornach zu Beginn der siebziger Jahre zum ersten Mal auf, gemeinsam mit meiner Frau und einigen Freunden. Wir hatten einen ausrangierten roten Lieferwagen mit einer Schiebetür an der Seite gekauft und tuckerten damit den Hügel hinauf. Die Sonne strahlte, und alles schien in Ordnung zu sein, außer, dass mein Herz etwas schneller klopfte. Aber es ging alles schief. Der alte Bus, der knatternde Geräusche von sich gab und in jeder Hinsicht einen hinfälligen Eindruck machte, gehörte nicht auf den Hügel neben das riesig große Gebäude. Eigentlich spürten wir das selber auch schon, als wir uns dem Bauwerk näherten, doch eine Frau machte es uns unmissverständlich klar, als sie mit spitzem Finger hinunter zum Tal wies. Wir mussten zurück, das stand fest.

Mit den Kindern auf dem Arm stiegen wir kurz darauf erneut nach oben. Je näher wir dem Gebäude kamen, desto mehr beschlich uns das Gefühl, auch so sei es nicht gemeint; Kinder schienen wirklich nicht dorthin zu gehören. Das bestätigte sich auch sogleich, als eines von ihnen die Hosen voll hatte. Eine Freundin ging mit ihrem Kind zur Toilette, um es sauber zu machen. Das Kind lag ohne Windel auf dem kalten Fußboden und krähte, während unsere Freundin einen Waschlappen unter den Wasserhahn hielt – da machte eine andere Frau ein ebenso unmissverständliches Zeichen, diesmal zum Ausgang. Also verschwanden wir wieder und beratschlagten: Einige von uns würden mit den Kindern wieder hinunter gehen, die anderen würden sehen, ob es eine Führung gab.

Es gab eine. Ein schlanker älterer Mann mit einer Baskenmütze auf dem unbeschreiblich freundlichen, doch aristokratischen Haupt führte uns. Er wies auf geschlossene Türen und sprach von »blauen«, »rosafarbenen« und »gelben« Sälen, die dahinter lagen. Was sich in diesen Sälen abspielte, wurde nicht recht klar, wir verstanden aber, dass dort viele Vorträge gehalten wurden. Tief beeindruckt waren wir von einem dämmerigen Gang mit schweren Türen auf beiden Seiten. Wir selbst durften diesen Gang nicht betreten, doch in fast vertraulichem Ton wurde uns mitgeteilt, dass hinter diesen Türen der »Vorstand verblieb«. Der Ausdruck hat mir später noch viel Spaß bereitet, und das Bild eines »verbleibenden« Vorstandes hinter schweren Türen ist mir nie mehr ganz aus dem Sinn gegangen.

Viel bekamen wir von unserem Führer über Steiner nicht zu hören, mehr eigentlich über Goethe. Die »organische« Architektur des Gebäudes, das ja »Goetheanum« hieß, hing mit Goethes »Urpflanze« zusammen, wie er erklärte. Die Gebäudeform sei ein Ausdruck geistiger Prinzipien oder Kräfte, so wie alle Pflanzen ein Ausdruck des »Wesens« Pflanze seien. Eine Vorstellung dieses Wesens, das von Goethe also die Urpflanze genannt worden war, konnte ich mir nicht machen, doch entnahm ich den Ausführungen, es sei wichtig zu verstehen, dass Goethe sich die Urpflanze nicht *vorgestellt*, sondern dass er sie *wahrgenommen* habe.

Goethe interessierte mich nicht besonders, und ich konnte auch Steiners Orientierung auf diese Größe der deutschen Literatur – natürlich hatte ich in *Mein Lebensgang* gelesen, dass er sich intensiv in Goethes Werk, vor allem auch in dessen naturwissenschaftliche Arbeiten vertieft hatte – nicht nachempfinden. Für mich war Goethe ein olympischer Polterer, der hoch über dem

Pöbel stand, eine Art Minister in Sachen Dichtkunst, zu dem man nur schwer Zugang findet. Und meine Vorbehalte gegen ihn wurden noch größer, als ich irgendwo las, dass Goethe Novalis' Werk, das ich sehr liebte, nicht schätzte: Goethe fand Novalis zu »blutig« und zu »emotional«.

Durch den Führer wurde mir jedoch klar, dass es nur einen Weg zur wirklichen Spiritualität gab: als erstes Goethes Werke, dann Steiners Werke über Goethe und schließlich wieder Goethes Werke zu studieren. Habe man das einmal bewältigt, könne man mit der wirklichen esoterischen Arbeit, der Anthroposophie, beginnen.

Das schien mir ein langer Weg zu sein. Und zu allem Unglück fügte unser Führer etwas später noch hinzu, man müsse sowohl Goethe als auch Steiner »natürlich« in der Originalsprache, nicht in der Übersetzung lesen, sonst würden einem die »Feinheiten, um die sich bei spirituellen Fragen ja immer alles dreht, entgehen«. Als ich fragte, ob er es für möglich halte, dass ein einfacher Holländer je in der Lage wäre, die Feinheiten der deutschen Sprache in ausreichendem Maße zu beherrschen, entging ihm die Ironie, und er sah mich nachdenklich an.

»Einfach ist es natürlich nicht für einen Holländer«, sagte er dann.

»Man muss also eigentlich Deutscher sein, um Anthroposoph werden zu können?«, fragte ich.

Der Mann sagte, er finde diese Frage schwierig und er »ringe sehr« damit. Doch ergänzte er noch, es sei »natürlich kein Zufall gewesen, dass Rudolf Steiner sich gerade im deutschen Sprachgebiet inkarniert habe«.

Kurz darauf kamen wir in einen Raum, in dem eine große, neun Meter hohe Holzplastik aufgestellt war. Diese hatte ich schon oft auf Fotos gesehen und auch Steiners Erläuterung dazu gelesen. Ich wusste, dass sie »Der Menschheitsrepräsentant« hieß und Christus darstellte, der zwischen den beiden bösen Mächten, Luzifer und Ahriman, dahinschritt. Die Figur, die Steiner gemeinsam mit der englischen Bildhauerin Edith Maryon geschaffen hatte, war für das erste Goetheanum bestimmt gewesen. Sie war in der Silvesternacht 1922 nicht mit diesem in Flammen aufgegangen, da sie damals noch nicht in dem großen Saal dieses Gebäudes aufgestellt worden war, sondern in der Schreinerei stand. Die Figur machte einen tiefen Eindruck auf mich, der mich nie ganz losgelassen hat. Das Interessante an wichtigen Eindrücken ist, dass man sie in Worte fasst, die einem in jenem Augenblick einfallen. Man versucht künstlerische oder andere Erlebnishöhepunkte in den Erfahrungszusammenhang einzuordnen, der einem in diesem besonderen Augenblick zur Verfügung steht. Trivial ausgedrückt: Man benutzt dafür jene Worte, die einem momentan treffend erscheinen.

Ich werde versuchen, zu jenem Augenblick zurückzukehren und in meiner Beschreibung die damaligen Begriffe benutzen. Diese Beschreibung mag zum heutigen Zeitpunkt etwas wunderlich klingen, aber ich will damit andeuten, dass jede Zeit ihre eigene Sprache und ihre eigenen Werte hat und dass die Kraft eines großen Kunstwerkes gerade darin besteht, sich in das Gewand einer jeden Zeit hüllen zu können.

Ich sah eine große Figur, in der ich sofort Christus wieder erkannte, die jedoch in doppelter Hinsicht von dem bekannten Bild abwich. Zunächst einmal war dieser Christus nicht nur ein Gott, sondern vor allem auch ein Mensch. Was ich da sah, war ein göttliches Wesen, das sich vollständig mit dem Menschsein identifiziert hatte: Dieses Wesen ließ sich nicht von einem Vatergott leiten, sondern von seinen eigenen Gedanken, Gefühlen und Willensimpulsen. Ich sah dieser Gestalt an, dass sie selbstständig dachte und ohne Rücksprache mit höheren Instanzen autonom Entscheidungen fällte. Ich konnte darum gut nachvollziehen, dass Steiner diese Figur den »Menschheitsrepräsentanten« genannt hatte: Sie repräsentierte das Menschsein als solches, im überpersönlichen Sinne, doch ohne das Persönliche dabei zu vernachlässigen.

Ferner war dies kein leidender, kein in sich versunkener, kein ruhmreich auferstandener, sondern ein handelnder Christus. In der Gestalt verbarg sich eine ungeheure *Power*, eine beherrschte, doch darum nicht weniger explosive Kraft, mit der etwas gewollt wurde. Dieser Christus war ein Faktor, um den man nicht herum kam und der in gewissem Sinne den Mittelpunkt der Wirklichkeit bildete. Aber trotz der Willenskraft, die von der Figur ausging, ja sogar der Macht, die sie ausstrahlte, brauchte man keine Angst vor ihr zu haben.

Warum das so war, verstand ich in diesem Augenblick nicht. (Erst viel später wurde mir klar: Ließ man die Gestalt bis ins eigene Herz hinein wirken, wurde etwas derselben Art in einem selbst geweckt. Das äußerlich sichtbare Bild des »Menschheitsrepräsentanten« rief etwas wach, was in mir selbst schon schlummernd vorhanden gewesen war und was ich als der »machtfreien« Macht, die ich in dieser Gestalt sah, verwandt wieder erkannte. Etwas in mir *war* diese Gestalt.)

Und dann die bösen Mächte! Sowohl Luzifer als auch Ahriman sind zweimal dargestellt: ein aufsteigender und ein niederstürzender Luzifer und ein eingekerkerter und ein sich aufrichtender Ahriman. Zwischen diesen vier Gestalten steht Christus, der die steigende und die fallende, die sich aufrichtende und die sich in sich verkrampfende Dynamik des Bösen im Gleichgewicht hält. Luzifer ist in all seinem Stolz und Feuer so dargestellt, dass ich Bewunderung für ihn empfand, zugleich jedoch auch Mitleid. Sein tragischer Fall wirkt nicht wie ein Sieg Christi, sondern wie eine Selbstopferung. Meiner Ansicht nach konnte man an dem niederstürzenden Luzifer sehen, dass er im Augenblick des Falls – und genau dieser Moment wird von Rudolf Steiner und Edith Maryon im oberen rechten Teil der Plastik dargestellt – zu der Einsicht kommt: Ich habe immer gedacht, dieser Moment sei eine Niederlage, doch jetzt begreife ich: Er ist ein Opfer und damit ein Sieg!

Für Ahrimans Lage fand ich eigentlich keine Worte. Einerseits ist da das Gift, das aus seinem hocherhobenen Spitzbart – eher der Stachel eines Skorpions – hervorschießt, andererseits die Machtlosigkeit eines verkrampften Körpers ... Einerseits die überwältigende Bösartigkeit, die sich in seiner zusammengeballten Faust ausdrückt, andererseits das Unvermögen, auf eigenen Beinen zu stehen ... Einerseits die ausgedörrte Seele, andererseits die Macht des Zynismus ...

Beide Formen des Bösen sind hier sowohl realistisch als auch liebevoll ausgestaltet. Luzifer und Ahriman müssen nicht wie böse Buben in der Ecke stehen, sondern werden beide in ihrer Größe und Kleinheit gezeigt. Und die Zentralgestalt der Plastik, der »Menschheitsrepräsentant«, verurteilt nicht, sondern weist den bösen Mächten ihren Platz zu, indem er freiwillig die Achse einer äußerst widersprüchlichen Dynamik bildet.

Doch außer zweimal Luzifer, zweimal Ahriman und einmal Christus ist noch ein weiteres Wesen dargestellt: ganz links oben, fast von dem aufsteigenden Luzifer verdrängt und wie zufällig anwesend, sich sozusagen dafür entschuldigend, Zeuge der Szene zu sein. Ich sah dort einen schwebenden Engel mit zwei großen Flügeln, einem tief mitfühlenden Blick in den Augen und einem unergründlichen Lächeln auf den Lippen. Diese Figur, die fortwährend am Fels emporzusteigen scheint, bringt den Humor in das Schauspiel. Sie – ich glaube, es ist ein weibliches Wesen – vertritt in meinen Augen das Unaussprechliche, das Unbegreifliche, die Erkenntnis, dass die Wirklichkeit ein Rätsel bleibt, selbst wenn alles gesagt, alles gezeigt ist ... Sie ist der Scherz, der das Drama erträglich sein lässt und buchstäblich in Leichtigkeit hält. Es mag vielleicht etwas sonderbar klingen, aber durch diese relativierende Gestalt bekam ich definitiv das Gefühl, Steiner sei vertrauenswürdig. Jemand, der den Mut hat, alles, was in Bezug auf gut und böse möglich ist, darzustellen – und mit dieser Holzplastik hat Steiner das getan – und dann noch diese humorvolle Randfigur hineinbringen möchte, der versteht, dass alle wahren Erkenntnisse letztendlich eine Tatsache nicht auslöschen können: dass die Wirklichkeit ein Mysterium ist.

Als wir wieder draußen in der Sonne standen, merkten wir, dass Verwirrung uns überwältigt hatte. Was hatten wir gesehen? Waren wir an einer »Mysterienstätte« gewesen? Hatten wir das Herz der Anthroposopie klopfen gefühlt?

Die Verwirrung wurde noch verstärkt durch den Spaziergang, den wir dann über das Gelände machten. Von außen kam uns das Gebäude wie eine Festung vor: Die hohen Betonmauern und die Wölbungen des Daches schienen etwas schützen zu müssen. Aber was? Den »Menschheitsrepräsentanten«? Die Anthroposophie? Das Rätsel des Humors? Den »verbleibenden Vorstand«? Auch schien das gesamte Gebäude ausdrücken zu wollen, dass das, was dort in den roten, gelben und blauen Sälen geschah, etwas ganz anderes sei als das, was sich draußen in der »normalen Welt« täglich von neuem abspielt.

Zugleich war es jedoch zweifelsohne ein Gebäude, das nur im zwanzigsten Jahrhundert hatte entstehen können; schon die Verwendung des Betons zeigte das. Im »Speisehaus«, ein paar hundert Meter vom Goetheanum entfernt, trafen wir kurz darauf nach einem fürstlichen Dessert einen Mann, der bereit war, unsere aufgeregten Fragen anzuhören. Er verstand augenscheinlich unsere Verwirrung und berichtete, uns mehr oder weniger beruhigend, Steiner habe dieses Gebäude nur als Erinnerung an das erste, abgebrannte Gebäude angesehen.

Dieses frühere Gebäude, das erste Goetheanum also, war nach Aussage dieses Mannes noch im Vertrauen darauf gebaut worden, die Öffentlichkeit werde der Anthroposophie bereitwillig und unbefangen begegnen. Als sich jedoch herausstellte, dass ihr viel Feindschaft entgegenschlug, was die Vernichtung des ersten Goetheanums zur Folge hatte, beschloss Steiner, »ein realistischeres« Gebäude zu errichten, ein weniger verwundbares also, das Rücksicht auf die Tatsache nahm, dass die öffentliche Kultur »ihren Standpunkt der Anthroposophie gegenüber bezogen hatte«. Kurz, dieses zweite Gebäude war das Ergebnis einer bitteren Erfahrung, einer Lehre also, die Steiner sich zu Herzen genommen hatte.

Die Lehre enthielt auch folgendes: Nach Steiner, so berichtete uns der Mann, war das erste Gebäude zwar in Flammen aufgegangen, bestand jedoch im spirituellen Sinne und auf einer höheren Ebene – in der ätherischen Welt – weiter. Es hatte sich in den Flammen geopfert und damit eine Verwandlung durchgemacht. »Das erste Goetheanum«, sagte der Mann, »lebt fort, überall in der Welt, wo Menschen im Geiste der Anthroposophie arbeiten. Eigentlich ist die Anthroposophie in jenem Augenblick peripher geworden; Dornach bildet nur noch dem Anschein nach das Zentrum der anthroposophischen Bewegung. Das wirkliche Zentrum ist überall da, wo im Sinne der Anthroposophie gehandelt wird.«

Das minderte jedoch nach Meinung des Mannes nicht die Notwendigkeit eines »physischen« Zentrums für die anthroposophische Bewegung, eines Ortes, an dem Menschen einander treffen können. Dieses Zentrum war jedoch nicht das Gebäude, sondern das Institut, dessen Leitung von 1923 an in jenem

Gebäude untergekommen war: die Freie Hochschule für Geisteswissenschaft. Das Gebäude selbst war »eine Erinnerung« an die Tatsache, dass die Anthroposophie selber überall in der Welt zu finden war.

In den folgenden Jahren sollte ich noch häufig ins Goetheanum kommen, meistens im Rahmen der Freien Hochschule für Geisteswissenschaft. Ich besuchte dort Tagungen, Besprechungen und Bühnenaufführungen. Aber ganz heimisch habe ich mich dort nie gefühlt. Ich empfand mich immer als Besucher, als Fremder, den man niemals etwas fragte und der eigentlich auch nichts zu sagen hatte. Nach einem Tag im Goetheanum hatte ich immer das Bedürfnis, hinunter, in die Cafés von Dornach und Arlesheim, zu gehen. Da fühlte ich mich eigentlich eher zu Hause. Inzwischen weiß ich, dass sich auch in diesen Cafés in den Abendstunden die Anthroposophen intensiv mit der Anthroposophie befassen.

Was blieb, war das Bewusstsein, dass Rudolf Steiner dort oben gearbeitet, gekämpft, geschwiegen, in seinem Krankenbett gelegen hatte und gestorben war ... Aber es schien mir, dass er genau wie das erste Goetheanum peripher geworden war und überall in der Welt seine Wirkung entfaltete. Auch sprach der »Menschheitsrepräsentant« weiter zu mir, und im Laufe der Jahre habe ich der Figur eine Menge Fragen über Christus, das Böse und den Humor gestellt.

2

A C H T E S K A P I T E L

Karikaturen, Gespenster und Doppelgänger

Ein Jahr vor dem Gespräch mit Emanuel Zeylmans hatte ich für die schon erwähnte Zeitschrift *Jonas* einen Artikel über Poesie geschrieben. Ich hatte ihn in der Annahme eingesandt, dass er nicht genommen werden würde, weil mir das anthroposophische Niveau meiner Darstellung nicht hoch genug zu sein schien.

Nach einem halben Jahr bekam ich einen sehr kurzen Brief; in zwei Zeilen wurde mir mitgeteilt, ich hätte einen schönen Artikel geschrieben, und ich möchte bitte eine gewisse Ineke van der Duijn Schouten anrufen. Weiter nichts. Der Brief war von Jan Frans Roetemeijer unterschrieben. Ich rief die genannte Mitarbeiterin an, die mich munter fragte, warum ich zweimal Rudolf Steiner zitiert hätte.

»Aber das muss doch sein«, reagierte ich fassungslos, »in einer anthroposophischen Zeitschrift.« Ich erzählte ihr, dass ich die Zitate von Rudolf Steiner erst nachträglich eingefügt hatte, gerade weil ich meinte, dass eine anthroposophische Redaktion wohl Wert darauf legen würde.

»Ach nein«, sagte Ineke, »das sehen wir hier ganz anders. In *Jonas* wird so viel wie möglich auf der Grundlage der eigenen Erfahrung geschrieben. Meiner Meinung nach ist es gar nicht nötig, dass du dich auf Rudolf Steiner beziehst.« Das Telefongespräch gefiel mir außergewöhnlich gut, und wir verabredeten, dass ich nach Haarlem kommen sollte, wo die Mitarbeiterin zusammen mit Jan Frans Roetemeijer wohnte.

In jenem ersten Gespräch – es sollten noch viele folgen – tönte die Glocke des Schicksals vernehmlich. Roetemeijer war damals die Achse, um die sich alles bei *Jonas* drehte, aber er durfte nicht Chefredakteur genannt werden, weil die demokratische Gesinnung der damaligen Zeit das nicht erlaubt hätte. Offenherzig berichtete er von den Problemen in seiner Redaktion. Teils waren sie persönlicher Art, teils hingen sie mit den unterschiedlichen

Ansichten innerhalb der Redaktion über den Kurs zusammen, den man einschlagen sollte.

Jan Frans Roetemeijer erzählte, dass *Jonas* 1970 von Emanuel Zeylmans van Emmichoven gegründet worden war, den ich selber schon bald darauf kennenlernen sollte. Das Ziel dieser Gründung war es gewesen, eine Verbindung zwischen der anthroposophischen Bewegung und der gesellschaftlichen und kulturellen Revolution herzustellen, die in den sechziger Jahren ihren Anfang genommen hatte. In der ersten Nummer von *Jonas* hatte ein Artikel von Emanuel über die berüchtigte Aktion der niederländischen Militärpolizei gestanden, die aus eigener Machtvollkommenheit das »langhaarige und arbeitsscheue Gesindel« vom »Dam« in Amsterdam gefegt hatte.

Jonas wollte mit einer ganzen Reihe hartnäckig sich haltender Traditionen in der anthroposophischen Bewegung brechen. Keine langen esoterischen Betrachtungen, denn davon gab es schon genug, sondern Artikel von einer Länge, die man braucht, um eine Zigarette zu rauchen. In kürzester Zeit jedoch hatte die anthroposophische Bewegung zu verstehen gegeben, dass sie auf ein solches Blatt keinen Wert legte; und Emanuel Zeylmans, der als Priester der Christengemeinschaft tätig war, hatte die Redaktion verlassen müssen. Jan Frans Roetemeijer wurde sein Nachfolger; und er war, wenn auch ungern, auf die Wünsche der Anthroposophen eingegangen.

Jan Frans konnte hübsche Dinge sagen. »Wenn du in der anthroposophischen Bewegung Erfolg haben willst«, sagte er zum Beispiel, »mußt du Artikel schreiben, die man nicht versteht. Dann organisieren die Anthroposophen einen Leseabend darüber.« Oder: »Ein guter Redakteur hat eine fast erotische Beziehung zu seinen Autoren. Wenn dir auf einer Veranstaltung ein potentieller Autor über den Weg läuft, schaust du ihm tief in die Augen und fragst ihn in vertraulichem Ton, womit er sich gerade innerlich beschäftigt. Und du wirst sehen: Die Artikel werden dir von da an wie Blumensträuße zugeschickt werden.«

Ein Jahr lang zauberte er mit diesem Charme einen Artikel nach dem anderen aus meiner Schreibmaschine. Ich wollte für Jan Frans Roetemeijer schreiben, wie ein Liebender Gedichte für seine Geliebte macht. Und alle Artikel wurden gedruckt, auch wenn man sie eigentlich nicht durchgehen lassen konnte. Denn Roetemeijer publizierte keine Artikel, sondern Autoren.

Schon bald fragt er mich, ob ich fester Mitarbeiter bei *Jonas* werden wollte, und ohne lange nachzudenken sagte ich ja. Seine Frage und meine Antwort bedeuteten de facto eine Verschwörung: Er suchte Verstärkung in seinem Kampf gegen das, was er in der anthroposophischen Bewegung als zu »soft«, zu bürgerlich und »zu anthroposophisch« empfand.

Ich freute mich außerordentlich auf die Zusammenarbeit mit ihm. Und doch haben wir keinen einzigen Tag im Redaktionszimmer zusammengearbeitet, weil er, kurz bevor ich anfing, schwer erkrankte. Nach einer Herzoperation wurde eine Krankheit des Bindegewebes festgestellt, die zu einer fatalen Schwächung der Aorta führte. Arbeiten konnte Jan Frans Roetemeijer nicht mehr.

Da saß ich also. Das Komplott war auseinandergefallen: die eine Hälfte lag krank im Bett, die andere Hälfte saß ohne jede Erfahrung am Redaktionstisch. Denn ich kannte die Verhältnisse in der anthroposophischen Bewegung noch kaum, was kein geringes Problem darstellte.

Ich besuchte Jan Frans regelmäßig und sprach dann mit ihm über die neu entstandene Situation und die laufenden Angelegenheiten. Je mehr die Zeit und auch seine Krankheit voranschritten, desto milder wurde er und half mir, die in meinen Augen bisweilen grotesken Zustände in der anthroposophischen Bewegung mit Humor zu betrachten.

Jan Frans Roetemeijer starb am 4. November 1984 im Alter von 39 Jahren.

1980 wurde ich also Redakteur von *Jonas,* und dadurch lernte ich in kurzer Zeit die anthroposophische Bewegung kennen. Ich werde in diesem Kapitel Eindrücke aus meinem ersten Jahr beschreiben, die mich vor Rätsel stellten. Aus einem Grund, den ich am Ende dieses Kapitels nennen werde, gebe ich dem Bedürfnis nach, den Schilderungen hier und da eine karikaturistische Note zu geben.

Die Redaktionsssitzungen der ersten Jahre bei *Jonas* stehen noch lebendig vor mir. Wir saßen mit sechs Redakteuren um eine Kanne Kaffe herum und blickten zur Decke.

»In letzter Zeit wird soviel über die Umwelt geredet«, bemerkte jemand, »wird es nicht Zeit, etwas über die biologisch-dynamische Landwirtschaft als Alternative zu schreiben?« Denn alle, mich selbst eingeschlossen, waren sich darüber einig, dass es nur eine einzige Lösung des Umweltproblems gab: die biologisch-dynamische Landwirtschaft. Darüber brauchte nicht diskutiert zu werden.

»Aber wer soll das machen?« fragte ein anderer gelassen

»Willy Schilthuis«, antworteten zwei Redakteure fast gleichzeitig. Willy Schilthuis war die Vorsitzende dessen, was wir unter uns »die Gesellschaft mit dem langen Namen« nannten, also die »Vereniging ter bevordering van de biologisch-dynamische landbouwmethode in Nederland« (Verein zur Förderung der biologisch-dynamischen Landwirtschaftsmethode in den Niederlanden). Ein beträchtlicher Teil der Artikel in *Jonas* über Landwirtschaft wurde von ihr geschrieben.

»Willy hat zuviel zu tun«, sagte jemand kopfschüttelnd. »Das schafft sie nie bis Mittwoch nächster Woche.« Die anthroposophische Bewegung war klein, und die Anthroposophen waren recht gut über die gegenseitigen Terminkalender orientiert. Also kein Artikel über Landwirtschaft.

»Wie sieht es mit Lex Bos aus? Arbeitet der noch an irgend etwas?« Auch Lex Bos war ein fester Autor. Er gehörte dem NPI an, einer Organistions-Beratungsfirma anthroposophischen Ursprungs, und war als »gesellschaftlich orientierter Anthroposoph« bekannt, das heißt, er war jemand, der sich für gesellschaftliche, soziale Probleme interessierte. Viele Beiträge in *Jonas* entstanden auf die Art: Mit der Frage, womit sie sich »gerade beschäftigten«, ging man die Reihe der anthroposophischen Autoren durch. Die Redaktion selbst »beschäftigte sich« eigentlich nur mit dem Beschaffen von Manuskripten.

»Lex Bos«, sagte jemand, »hat vorige Woche einen Vortrag gehalten. Ich glaube, er sprach über die Entwicklungen in der Gesundheitsfürsorge oder etwas ähnliches ... wäre das nichts?«

»Lex ist nächste Woche in der Schweiz«, stellte ein anderer nüchtern fest. »Außerdem hat er in der vorigen Ausgabe schon etwas geschrieben, und wir dürfen kein Bos-Blättchen werden.«

»Dieter Brüll vielleicht?«

»Brüll-Blättchen«, ulkte jemand, aber es wurde nicht gelacht. Dieter Brüll war damals noch Professor für Steuerrecht in Amsterdam und ein gefürchteter Autor. Er beschäftigte sich mit dem, was die »soziale Dreigliederung« Rudolf Steiners genannt wurde, worauf ich später noch eingehen werde. Seine Feder war spitz, vor allem, wenn es um die sozialen Zustände in anthroposophischen Einrichtungen ging. Nach seiner Einschätzung – und meiner Meinung nach hatte er darin recht; ich war in kurzer Zeit ein Fan von Brüll geworden – nahmen anthroposophische Einrichtungen die Ideen Steiners bezüglich Arbeit und Einkommen nicht ernst genug.

»Dieter hält nächste Woche einen Kurs über soziale Dreigliederung«, wurde bemerkt.

Also schauten wir wieder zur Zimmerdecke.

»Ate Koopmans ...« wurde vorgeschlagen. Ate Koopmans war damals Vorsitzender der Anthroposophischen Gesellschaft in den Niederlanden und galt als »nicht sozial-gesellschaftlich orientierter« Anthroposoph. Er beschäftigte sich mit mehr esoterischen und seelischen Problemen wie der meditativen Schulung. Er war eine äußerst geschätzte Persönlichkeit, aber:

»Ate? Der arbeitet Monate an einem Artikel!« So ist das in einer Redaktion: Menschen werden nach ihrer Fähigkeit beurteilt, in kurzer Zeit publizierbare Texte zu produzieren.

»Und Cees Zwart?« Ebenso wie Dieter Brüll war Zwart eine recht widersprüchliche Gestalt. Er war Nachfolger von Bernard Lievegoed an der Vrije Hogeschool in Driebergen geworden und bekleidete einen Lehrstuhl an der Universität Rotterdam. Ihm wurde von diesem und jenen vorgeworfen, er sei »nicht anthroposophisch genug« und identifiziere sich zu sehr mit der akademischen Wissenschaft. Es hieß, er habe in einem Buch über die gesellschaftlichen Probleme den Namen Rudolf Steiners zu wenig genannt. Ein Mitglied der Anthroposophischen Gesellschaft zischte mir in jenen Jahren zu: »Zwart? Der wirft die Anthroposophie vor die Hunde.« Und einer, der sein Herz an die Dreigliederung verloren hatte (um jeden Irrtum auszuschließen: es war nicht Dieter Brüll): »Zwart? Der versteht überhaupt nichts davon. Er will sich bei Unternehmern und Wissenschaftlern lieb Kind machen und gießt darum viel zuviel Wasser in den Wein. Er kehrt die Anthroposophie unter den Teppich.«

Ein Redaktionsmitglied von *Jonas*: »Die Texte von Cees Zwart sind immer so akademisch. Er bekommt die Dinge nicht wirklich auf den Boden.« Auf den Boden. Das war ein häufig verwendetes Wort bei *Jonas*. Die Anthroposophie musste von Hausfrauen verstanden werden. Dass Hausfrauen nicht nur Hausfrauen, sondern auch Konsumenten, Literaturliebhaber und Wähler politischer Parteien waren, war kein populärer Gedanke.

So ließ man während der Redaktionssitzungen eine ganze Reihe von Namen Revue passieren. Vor allem verblüffte mich, was alles für und gegen diesen und jenen vorgebracht wurde und was über die jeweiligen »ideologischen« Unterschiede berichtet wurde. Ich war noch naiv genug anzunehmen, dass Anthroposophen sich untereinander im Großen und Ganzen einig waren. Waren sie nicht alle um derselben Sache willen zusammengekommen? Ging es denn nicht allen um dasselbe, nämlich das Werk Rudolf Steiners? Und die Erkenntnisse und Intentionen Rudolf Steiners waren doch klar und eindeutig? Wie war es in Gottes Namen möglich, dass seine »Jünger« einerseits genau über die gegenseitigen Terminkalender orientiert waren, sich andererseits aber fortwährend in ihren Absichten zu bekämpfen schienen?

Anthroposophen können wunderliche Urteile übereinander fällen: »Bei A herrscht die Astralität vor. Sein Astralleib fließt ihm aus dem physischen Leib heraus.« Und: »Ach was, B ist überhaupt nicht hellsehend. Das habe ich von seiner Frau gehört.« Und: »Steiner sagt, dass Menschen mit kurzen Beinen nur kurze Zeit in der geistigen Welt gewesen seien, bevor sie wieder geboren wurden. C hat sehr kurze Beine ...« Oder: »Man sagt, dass D eine Reinkarnation von Steiner sei.«

Als ich Redakteur bei *Jonas* wurde, war ich erst kurz zuvor Mitglied der Anthroposophischen Gesellschaft geworden. Ich hatte – aus verschiedenen Gründen – über sieben Jahre damit gewartet. Einer davon ist, dass ich niemandem über den Weg gelaufen bin, der mir etwas über diese Gesellschaft sagen konnte. Aus Texten Rudolf Steiners und anderer Autoren hatte ich zwar begriffen, dass es eine Gesellschaft gab, und auch Mevrouw Gerretsen in der Bibliothek in Zeist hatte schon einmal Andeutungen gemacht, wenn auch nur vorsichtig. Ich glaube, dass sie unschlüssig war, ob ich als potentielles Mitglied angesehen werden könne.

Direkter Anlaß zu meiner Anmeldung waren zwei Bücher. Das erste hieß *Die Weihnachtstagung zur Begründung der Allgemeinen Anthroposophischen Gesellschaft* 1923/24 und enthält den Bericht einer Zusammenkunft in den Weihnachtstagen 1923 in Dornach, Schweiz. Während dieser Zusammenkunft wurde die damals bestehende Anthroposophische Gesellschaft vollständig erneuert. Rudolf Steiner, der bis 1923 nicht einmal Mitglied dieser Gesellschaft gewesen war, sondern sich als Berater betrachtet hatte, wurde Vorsitzender der neuen Vereinigung.

In diesem Buch war nachzulesen, wie unter der Leitung Rudolf Steiners über die ersten Statuten beraten wurde und wie sie beschlossen wurden. Sowohl die Organisation als auch die Art, wie die Beschlußfassung stattfand, interessierten mich gewaltig. Aus allem wurde mir deutlich, dass Rudolf Steiner, der von Anfang bis zum Schluß die Leitung hatte, bis in die verwaltungsmäßige und soziale Formgebung der Vereinigung hinein zwei Extreme zusammenbringen wollte, das Exoterische und das Esoterische. Auf der einen Seite sollte die Gesellschaft eine öffentliche und pluralistische Organisation sein, in der keine Geheimnistuerei herrschen dürfe; auf der anderen Seite sollten im Herzen der Organisation wirkliche esoterische Schulung und Forschung möglich sein.

Das war etwas Neues. Bis dahin hatten esoterische Bewegungen und Gesellschaften immer einen abgeschlossenen und geheimen Charakter gehabt, das galt seit uralten Zeiten bis zu relativ modernen Bewegungen wie Freimaurerei und Theosophie. Solche Bewegungen wurden stark hierarchisch gelenkt, und die Mitglieder hatten die Pflicht zur Geheimhaltung dessen, was sich in geschlossener Gesellschaft abspielte. Die Antroposophische Gesellschaft, die 1923 das Licht der Welt erblickte, war die erste, die mit dieser Tradition brach und sich ganz ins öffentliche Leben stellte. Mitglied *dieser* Gesellschaft wollte ich gern werden.

Durch dasselbe Buch lernte ich auch Rudolf Steiner als Dichter kennen. Rudolf Steiner sprach während dieser Zusammenkunft ein langes und schwieriges Gedicht, das er als den »Grundstein« der neuen Bewegung betrachtete, der »in die Herzen der *aufbauwilligen* Anwesenden« gelegt wurde. Sowohl der Inhalt als auch die Form dieses fortan so genannten »Grundsteinspruches« sollte mich später noch sehr beschäftigen.

Das zweite Buch war eine Art Antiklimax. Wie es damals in meine Hände geriet, weiß ich nicht mehr. Ein dickes Buch mit dem Titel: *Eugen Kolisko. Ein Lebensbild*. Lili Kolisko, eine enge Mitarbeiterin Rudolf Steiners, hat es geschrieben. Das Besondere an dem Buch ist, dass nur ein kleiner Teil von ihrem Ehepartner Eugen Kolisko handelt; der größte Teil behandelt die Konflikte, die nach dem Tode Rudolf Steiners in der Anthroposophischen Gesellschaft entstanden waren.

Lili Kolisko hatte in den dreißiger Jahren in einer ganzen Reihe schwieriger Sitzungen als Protokollantin fungiert, und in ihrem Buch gibt sie einen ungeschminkten Bericht der Streitgespräche zwischen ehemaligen Vertrauten Rudolf Steiners. Im Prinzip ging der Streit darum, was nun anthroposophisch sei und was nicht. Oder, um es genauer zu formulieren: was Steiner mit diesem und mit jenem eigentlich gemeint hatte. In diesen Gesprächen blieb nichts verschont: es wurde heftig geschimpft, entrüstet wurden Vorwürfe geäußert ... kurz, die Menschen, die 1923 von Rudolf Steiner zu esoterischer und exoterischer Zusammenarbeit aufgefordert worden waren, bekämpften einander aufs Heftigste.

Anfangs war ich schockiert. In der schönsten Vereinigung, die ich mir vorstellen konnte, herrschten Haß und Neid. Allmählich jedoch überwand ich bis zu einem gewissen Grade das Erstaunen, und ich machte mir klar, dass die Konflikte eigentlich nur konsequent waren. Rudolf Steiner hatte nämlich große Ideale formuliert und hohe Erwartungen geweckt, wobei er sich zugleich mit völlig unterschiedlichen Menschen umgeben hatte. Zu Lebzeiten hatte er als bindender Faktor auftreten können, was er auch mit aller Kraft getan hatte. Nach seinem Tode blieb die anthroposophische Arbeit völlig der Zusammenarbeit der Mitglieder der Anthroposophischen Gesellschaft überlassen, und das führte dazu, dass alle möglichen Gegensätze an die Oberfläche kamen.

Die Gegensätze waren interessant. Eine der Schlüsselfiguren habe ich schon im sechsten Kapitel genannt: Willem Zeylmans van Emmichoven. Außerdem waren da noch der Schweizer Dichter Albert Steffen, der Steiner 1925 als Vorsitzender der Anthroposophischen Gesellschaft nachfolgte, und Marie Steiner-von Sivers, Ita Wegman, Günther Wachsmuth, Elisabeth Vreede (allesamt Mitglieder des Vorstandes, der 1923 eingesetzt worden war),

Walter Johannes Stein, Eugen Kolisko, Daniel Dunlop und andere. Eine vielgestaltigere Runde ist kaum vorstellbar.

Albert Steffen beispielsweise war Dichter mit einer stark ästhetischen Orientierung, der hoch über dem Gewühle der Alltäglichkeiten stand, der großen Wert auf inneres Gleichgewicht und auf ein meditatives Leben legte. Ita Wegman dagegen, eine Ärztin aus den Niederlanden, war eine tatkräftige, intuitive Persönlichkeit, die gerade mit der Anthroposophie in die Welt hineinwirken wollte, die Institute gründen wollte und großes Interesse für gesellschaftliche Entwicklungen hatte. Für Rudolf Steiner war sie vor allem in den letzten Jahren seines Lebens von großer Bedeutung gewesen. Marie Steiner, die Ehefrau Rudolf Steiners, war eine strenge, aber temperamentvolle Frau mit zielsicherem Blick für die Möglichkeiten, vor allem aber auch die Unmöglichkeiten von Menschen. Ihr Urteil über eine Angelegenheit fiel oft mit dem Urteil über die Menschen zusammen, die diese Angelegenheit realisieren wollten. Sie hatte die Entwicklung der Anthroposophie seit den ersten Anfängen mitgemacht; in den späteren Jahren beschäftigte sie sich vor allem mit der Eurythmie und der Sprachgestaltung.

Mein ganz besonderes Interesse galt Walter Johannes Stein, der, obwohl von Geburt Österreicher, 1923 Vorstandsmitglied der Anthroposophischen Gesellschaft in Deutschland geworden war. Ich erinnere mich noch gut daran, dass ich schon beim Hören des Namens eine gewisse innere Erregung verspürte. Es war irgendetwas Besonderes mit diesem Mann, und ich wollte wissen, was dies war. Er war ein persönlicher Schüler Rudolf Steiners gewesen und war bekannt für seine – in den Augen anderer geradezu krankhafte – Fragerei: ganze Listen mit Fragen legte er Rudolf Steiner vor, nach einem Vortrag, auf dem Wege zum Auto, während der vielen persönlichen Gespräche ... Die Antworten, die er übrigens immer zu erhalten schien, trug er in Notizbücher ein. Er war eine feurige Persönlichkeit und berüchtigt als Redner; wenn ich den Anekdoten glauben durfte, donnerte er seine Vorträge in den Saal hinein.

Stein konnte so sehr auf der Jagd nach Wahrheit sein, dass er die menschlichen Verhältnisse leicht aus den Augen verlor. Nachsicht, so schien mir, war ihm fremd, was dazu führte, dass er in einer ganzen Anzahl von Konflikten eine Hauptrolle spielte. Schreiben konnte er nicht, was mir klar wurde, als ich sein Buch *Weltgeschichte im Lichte des Heiligen Gral. Das neunte Jahrhundert* las, in dem er historisch-esoterische Hintergründe der Gralsströmung erforscht. In den schier unlesbaren Texten glänzte dennoch das Gold der Erkenntnis auf. Walter Johannes Stein war fähig, die Geschichte so zu »lesen«, dass man zweierlei entdeckte, dass nämlich die Geschichte wahrlich nicht vergangen ist und dass sich unter der Oberfläche der Tatsachen eine esoterische Wirklichkeit verbirgt, die man durchaus erkennen kann. Mit seiner feurigen Natur arbeitete er sich durch die Oberfläche Tausender von Fakten hindurch, um die Wahrheit zu offenbaren, merkwürdig genug jedoch in einer Sprache, von der man Kopfschmerzen bekommt. *Weltgeschichte im Lichte des Gral. Das neunte Jahrhundert* wurde eins meiner Lieblingsbücher.

Die Konflikte in der Anthroposophischen Gesellschaft führten dazu, dass 1935 eine große Gruppe Mitglieder aus der Gesellschaft ausgeschlossen wurde, unter ihnen Willem Zeylmans van Emmichoven, Walter Johannes Stein und Ita Wegman. Durch das Buch von Lili Kolisko wurde mein Interesse daran geweckt, welche spirituellen Perspektiven hinter den verschiedenen streitbar vertretenen Haltungen stehen mochten, wie es möglich war, dass Menschen, die alle ihr Leben unter dem Zeichen der Anthroposophie führen wollten, sich gegenseitig nur mit Mühe als Mitstreiter anerkennen konnten. Ich sah die Anthroposophische Gesellschaft jetzt als ein Podium an, das die Möglichkeit zur spirituellen Konfrontation, zum *Diskurs,* bot. Und ich wollte Mitglied auch *dieser* Gesellschaft werden, trotz aller Konflikte.

Ich wohnte zu der Zeit in Zutphen, einem Provinzstädtchen im Osten der Niederlande und kam mit der örtlichen Mitgliedergruppe in Kontakt. Die Anthroposophische Gesellschaft der Niederlande hatte damals etwa 3000 Mitglieder und war folgendermaßen organisiert: Es gab eine zentrale Leitung in Zeist, die sich mit landesweiten Aktivitäten befaßte, und an vielen Orten gab es Gruppen von Mitgliedern, die regelmäßig zusammenkamen. Für die meisten Mitglieder bedeutete die Mitgliedschaft praktisch, dass sie die örtlichen Zusammenkünfte besuchten; nur ein kleiner

Teil nahm an den überregionalen Zusammenkünften teil, wie der jährlichen Allgemeinen Mitgliederversammlung, die seit eh und je zu Pfingsten abgehalten wurde. (Seit noch nicht so langer Zeit sind andere Formen entstanden, wie überregionale und regionale Mitgliedergruppen, die sich mit einem bestimmten Thema beschäftigen: mit Menschenrechten, Politik, Genmanipulation, Drogenabhängigkeit und so weiter.)

An den Mitgliederabenden in Zutphen wurde an Büchern von Rudolf Steiner gearbeitet. Das ging folgendermaßen vor sich: Eines der Mitglieder hatte ein bestimmtes Kapitel – oft handelte es sich um einen Vortrag – gut vorbereitet und gab den Inhalt wieder. Danach entstand ein Gespräch, bei dem Abstecher zu anderen Vorträgen Rudolf Steiners mit demselben oder einem ähnlichen Thema gemacht wurden. Es wurde also »ergänzt« oder »esoterische Strickarbeit geleistet«, wie es von einigen jüngeren Teilnehmern etwas ironisch formuliert wurde. Nur einige wenige der Älteren, die sich im Werk Rudolf Steiners auskannten, ergriffen das Wort. Der Rest stellte Fragen und hörte sich die Antworten an.

Man focht keine Kämpfe aus, und Diskussionen waren tabu. Ich selbst hatte dem Verfahren gegenüber gemischte Gefühle. Einerseits bewunderte ich die Kenntnisse des Werkes von Rudolf Steiner, die einige der Anwesenden hatten, und auch, mit welcher Ruhe und Abgewogenheit sie diese formulierten; andererseits bedrückte es mich, dass ich meine eigenen Fragen nicht loswerden konnte. Wenn ich beispielsweise Fragen über das Buch von Lili Kolisko stellte, bekam ich zur Antwort, dass solche Bücher nicht »positiv« wären. Und als ich zu verstehen gab, dass ich Fragen beispielsweise zum Buch *Mein Lebensgang* von Rudolf Steiner hatte, bekam ich das Gefühl, die Ordnung zu durchbrechen. Außerdem fühlte ich mich nicht wohl. In meiner Seele herrschte eine Unruhe, die nicht zu der Gelassenheit in der Gruppe passte.

Meine Rettung hieß Toon van Alphen de Veer. Er war ein Mann Mitte sechzig und noch gelassener als alle anderen. Er spielte eine große Rolle im Leben der Anthroposophischen Gesellschaft Zutphen, allerdings im Hintergrund. Er starb 1990. Er war klein von Gestalt, sah unordentlich aus und hatte ein hängendes Augenlid. Vor allem letzteres beeindruckte mich, es war, als blicke er einen durch eine halb geöffnete Luke an. Ich habe nie erlebt, dass er eingegriffen hätte, nicht während der Abende, aber auch nicht hinter den Kulissen der »Kerngruppe«, der er angehörte und wo die Abende vorbereitet wurden. Seine Kraft bestand in jener Verbindung von Nachsicht und Erkenntnis, die wir gemeinhin Toleranz nennen. Ich hatte immer das Gefühl, dass er mehr wusste, als er sagte, mehr erlebt hatte, als er zugeben wollte. Viele Jahre später erfuhr ich, dass er in einem japanischen Konzentrationslager gesessen und dort Vorträge über Anthroposophie gehalten hatte. Nach dem Krieg arbeitete er für kurze Zeit im Außenministerium, verzichtete dort aber auf eine Laufbahn, um innerhalb der anthroposophischen Heilpädagogik die Betreuung einer Gruppe Behinderter zu übernehmen. Er blieb für den Rest seines Lebens Heilpädagoge, zuerst in Zeist und später in Brummen bei Zutphen.

Dieser Toon van Alphen nahm mich nach einer Zeit vorsichtigen Abtastens unter seine Obhut. Er kannte die Geschichte der Anthroposophischen Gesellschaft durch und durch, hatte außerdem ein unglaublich gutes Gedächtnis und war bereit, sich jede Frage anzuhören. In Wirklichkeit war er mein erster richtiger Gesprächspartner, der nicht mit den mir inzwischen bekannten Wahrheiten aufwartete, sondern von seiner eigenen Erfahrungen, seinen eigenen Zweifeln, seinem eigenen Ringen sprach.

Alles, was er sagte, war von Großmut durchzogen. Als ich mich über die Mitgliederabende beschwerte, sagte er ernst: »Es hat so viel Streit in der Anthroposophischen Gesellschaft gegeben, dass eine begreifliche Angst davor besteht, auch nur seine Stimme vernehmlich zu erheben.« Als ich meine Begeisterung über die Weihnachtstagung 1923 ausdrückte, sagte er: »Damals wurde von Rudolf Steiner ein hohes Ideal formuliert, mit dem wir noch jahrhundertelang auskommen.« Und als ich ungeduldig wurde und sagte: »Es geht aber doch darum, diese Ideale zu realisieren«, lächelte er mich an und antwortete: »Ja, aber nicht sofort. Vielleicht müssen wir erst einmal versuchen, diese Ideale zu verstehen.«

Ich erzählte ihm von meiner inneren Unruhe. Davon, dass es mir nicht gelang, die innerliche Ruhe zu erreichen, von der Rudolf Steiner in seinem Buch *Wie erlangt man Erkenntnisse der höheren Welten?* schrieb. Von den LSD-Erfahrungen. Von meinem Besuch bei

Emanuel Zeylmans van Emmichoven und von meiner Begeisterung für den verborgenen Schriftsteller in Willem Zeylmans. Von der Tatsache schließlich, dass ich mich in der anthroposophischen Bewegung als ein Fremdling fühlte und dass ich mich anders gab als ich war, einfach aus Angst davor, nicht akzeptiert zu werden.

Es mag wunderlich klingen, aber später habe ich oft das Gefühl gehabt, dass Toon van Alphen de Veer der erste war, der mich dazu ermutigte, die Anthroposophie persönlich aufzugreifen und sie bis ins konkrete Leben hinein ernstzunehmen. Ich erinnere mich zum Beispiel an folgendes kurzes Gespräch, das ich nach einem Mitgliederabend mit ihm hatte. Wir liefen draußen durch das dämmerige Zutphen zu seinem Auto. Ich erzählte ihm von den Ferien, die ich mit meiner Frau in Südfrankreich verbracht hatte und die unter dem Zeichen der Katherer gestanden hatten. Wir hatten die berühmten Burgen besucht, Quéribus, Montségur und Puivert, und wir waren in den Höhlen von Ussat-les-Bains gewesen, in denen sich nach der Überlieferung die letzten Katherer vor der Inquisition verborgen gehalten hatten.

Bedächtig hörte er mich an und sagte dann: »Ich stelle mir vor, dass du in jeder willkürlichen Mitgliedergruppe der Anthroposophischen Gesellschaft auf Menschen treffen könntest, die sich in einem vorigen Leben mit Feuer und Schwert bekämpft haben. Vielleicht hat Frau X dich in einem vorigen Leben auf den Scheiterhaufen gebracht. Stell dir einmal vor, was für karmische Spannungen sich daraus ergeben!«

»Meinen Sie, dass ich ein Katharer gewesen bin?« fragte ich entsetzt.

»Du kannst auch ein Dominikaner gewesen sein«, lachte er. »Ich will damit nur sagen, dass Karma eine konkrete Angelegenheit ist, und dass die Spannungen, über die du dich ärgerst, eine viel tiefere Ursache haben, als du denkst.«

»Aber warum sprechen wir dann niemals *darüber* ?«

»Weil wir noch nicht soweit sind.«

Exkurs: Über den Begriff des »Doppelgängers«

Im Titel dieses Kapitels ist die Rede von Karikaturen und Doppelgängern. Diese beiden Begriffe beziehen sich auf dasselbe Phänomen. Der erste ist ein exoterischer Begriff und bezeichnet eine ganz bestimmte Art von *Vorstellung*. Es wird jemand (oder etwas) so dargestellt, dass eine spezielle Eigenschaft in den Vordergrund tritt und andere zurückgedrängt werden. In der Regel ist es eine Eigenschaft, die von anderen leicht erkannt werden kann und als besonders unangenehm oder gerade als besonders positiv erlebt wird. Charakteristisch für eine gute Karikatur ist, dass die mehr oder minder zwingende Suggestion von ihr ausgeht, diese spezielle Eigenschaft mache das *Wesen* der abgebildeten Person aus. Dadurch aber, dass wir zugleich wissen, dass dies nicht wahr ist und also eine fühlbare Spannung zwischen Wesen und Erscheinung entsteht, erleben wir die Karikatur als humoristisch. Denn Humor heißt ja gerade, etwas Unwesentliches als etwas Wesentliches darstellen und umgekehrt.

Im sozialen Leben können Karikaturen – gleichgültig, ob sie in Form einer Zeichnung in der Morgenzeitung stehen oder als Scherz in der Kaffeepause formuliert werden – eine besonders nützliche Funktion haben. Damit können nämlich Dinge ausgedrückt werden, die auf andere Weise kaum an die Öffentlichkeit zu bringen sind. Solange Humor im Spiel ist, mag er auch grimmig sein, haben Karikaturen einen befreienden Charakter; das Lachen zeigt an, dass die dargestellte Eigenschaft gleichermaßen kritisch erkannt und akzeptiert wird. Sobald der Humor jedoch verschwindet – und damit der »Als-ob-Charakter« – können Karikaturen eine fatale Wirkung haben. Sie sind dann eine fürchterliche Waffe, mit der Rufmord begangen werden kann.

Unser Vorstellungsleben quillt über von Karikaturen. Zu jeder willkürlichen Zeit – bei der Arbeit, zu Hause oder im Zug – schießen sie uns durch den Kopf. Dann denken wir beispielsweise: Das war mal wieder typisch Marie mit ihrem übertriebenen Ordnungsbedürfnis. Oder: Hans musste deutlich machen, dass er alle Texte für die Konferenz gründlich durchgearbeitet hatte. Oder: Typisch Wendela, von Gustav Mahler anzufangen, wenn wir uns gerade so wunderbar über Ajax Amsterdam unterhalten. Oder: Ach, komm, Jaap, du bist zwar Arzt, aber darum sind nicht alle Probleme medizinisch. Auch meine Beschreibung der Redaktionskonferenz der Zeitschrift *Jonas* ist, so gesehen, eine Karikatur.

Der esoterische Begriff des Doppelgängers beinhaltet eine Vertie-

fung des Begriffs der Karikatur. Sobald ich ihn wirklich zur Kenntnis genommen hatte, fing ich an, die LSD-Erfahrungen, die ich im zweiten Kapitel beschrieben habe, mit anderen Augen zu betrachten. Auch diese Erfahrung hatte etwas von einer Karikatur an sich: In ihnen sah ich mich selber so, wie ich fürchtete, dass andere mich sehen würden. Jedoch hatte die Vorstellung den Charakter einer Gestalt bekommen, die ich außerhalb meiner selbst sah und die wie ein Gefährte an meiner Seite ging.
Die Vorstellung wurde nicht mehr von mir »gedacht«, sondern hatte sich zu einer selbständigen Erscheinung verdichtet, die nicht mehr von meinem Vorstellungsleben abhing.

Die Anthroposophie macht verständlich, wie so etwas geschehen kann. Für das esoterische Bewusstsein bekommen alle Erscheinungen, äußere wie innere, einen wesenhaften Charakter. Sie werden Ausdruck von Wesenheiten. Durch die äußere Form beispielsweise eines Baumes hindurch kommt das esoterische Bewusstsein in eine Wirklichkeit, in der die geistigen Wesenheiten leben, die mit diesem Baum verbunden sind. Das normale Bewusstsein erlebt diese Wirklichkeit unbewusst als Stimmung, als Gefühl. Der Unterschied in der Stimmung, die beispielsweise von einer Eiche und einer Birke ausgeht, hängt für das esoterische Bewusstsein mit dieser Art von Wesen zusammen, die sich ganz oder zu einem Teil in diesem Baum inkarniert haben. Der »Hellsichtige« ist in der Lage, die unbewusste Stimmung zu einer bewussten Wahrnehmung umzubilden, die sich dann in einem imaginativen Bild ausdrücken kann.

Beim Doppelgänger handelt es sich um ein ganz eigentümliches Wesen. In jedem Menschen leben unbewusst die unverarbeiteten – und in gewissem Sinne verdrängten – Folgen der negativen Taten aus der Vergangenheit. In unserem Ätherleib befinden sich »Gespinste« (man könnte sie auch »Staubnester« nennen), welche durch diese Taten geschaffen worden sind. Hohe und weniger hohe geistige Wesen sind aus unterschiedlichen Gründen außerordentlich an diesen unverarbeiteten Taten interessiert. So gibt es Engel, die diese schmerzlichen Erfahrungen behüten und dafür sorgen, dass ein schützender Schleier zwischen uns und unserer Vergangenheit liegt. Ohne diesen Schleier würden wir nicht existieren können; wir würden mit Schrecknissen konfrontiert werden, die wir nicht ertragen könnten.

Es gibt jedoch auch Wesen, die sich in diese »Nester«, diese »Gespinste« unseres Ätherleibs, einnisten. Sie sind bestrebt, diese möglichst herauszuzulösen und ihnen eine selbständige Gestalt zu verleihen. Auf die Weise bilden diese Wesen für sich selber einen Körper, mit dem sie in der ätherischen Welt leben können. Da die Substanz dieser Gestalten sehr viel mit uns zu tun hat, ähneln sie uns. Sie sind unser »Doppelgänger« und spiegeln uns gleichsam die Eigenschaften wider, denen wir zukünftig ins Auge sehen müssen. Aus diesem Grund ruft die Erscheinung eines Doppelgängers daher auch oft Angst hervor.

Kurz, was für das exoterische Bewusstsein eine Karikatur ist, ist für das esoterische Bewußtsein ein Wesen. Diese Wesen befinden sich in dem Teil der geistigen Welt – der ätherischen oder elementarischen Welt –, die unmittelbar an die physische Welt angrenzt. Die Werke etwa des mittelalterlichen Malers Hieronymus Bosch oder des modernen Malers Francis Bacon geben ein gutes Bild von dem, was sich in der Wirklichkeit abspielt.

Im sozialen Leben spielen diese Doppelgänger eine außerordentlich große Rolle. Fortwährend erscheinen sie an der Grenze unseres Bewusstseins und beeinflussen unsere Wahrnehmungen von den Menschen, mit denen wir etwas zu tun haben. Die Suggestion, die von ihnen ausgeht, ist deshalb so verwirrend, weil sie immer *wahr* ist. Jedoch ist es eine beschränkte Wahrheit; es ist die Wahrheit, die mit unseren weniger schönen Eigenschaften zusammenhängt, derer wir uns aber, wie ausgeführt, noch nicht bewusst sind. (Diese Tatsache erklärt, warum man über eine Karikatur immer verstohlen lächeln muss, während der Betroffene selbst fast immer in Verlegenheit gerät.)

Konflikte zwischen Menschen drohen häufig zu heroischen, aber fruchtlosen Kämpfen zwischen Doppelgängern auszuarten. In vielen Ehen, Organisationen und Betrieben nehmen Menschen nicht mehr das gesamte Bild voneinander wahr, sondern betrachten sich als Feinde. Alle festlegenden und einseitigen Äußerungen über andere Menschen weisen auf die Nähe des Doppelgängers.

Es könnte noch viel über die esoterische Bedeutung des Doppelgängers gesagt werden. Interessant ist es, dass ein Mensch wie Dostojewski, der als einer der ersten die »Kellertreppe ins Unbewusste« hinabgestiegen ist, kurz vor seinem Tod gesagt hat: »Das Hauptthema in allen meinen Romanen ist der Doppelgänger.« Aus seinem Werk können wir lernen, dass der Doppelgänger eine positive Wirkung ausüben kann, sobald er erkannt und akzeptiert wird. Dostojewski beschreibt ihn als den Schatten, der an unserer Seite mit uns mitreist und uns, falls wir ihm ins Auge sehen, viel darüber sagen kann, wer und was wir *auch* sind. Akzeptieren wir unseren Schatten jedoch nicht und stellen uns besser dar als wir sind, lassen wir ihn gleichsam los und zwingen ihn, wie den Golem in Gustav

Meyrinks Roman *Das grüne Gesicht* sein Werk in den Hinterhöfen und Gossen des sozialen Lebens zu verrichten.

Besonders in spirituellen Kreisen können Doppelgänger außer gewöhnlich machtvoll tätig sein, weil dort besonders hohen Idealen nachgestrebt wird und man vielleicht davon ausgeht, man sei als Mensch mit einer spirituellen Orientierung »besser« als normale Menschen. In Wirklichkeit verlangt das Leben mit hohen Idealen uns aber gerade ein realistisches Bild von uns selbst ab. Wenn dieses von uns nicht aus dem Bewusstsein heraus geschaffen wird, d.h. wenn also nur ungenügende Selbsterkenntnis vorhanden ist, entsteht ein Vakuum, in dem die Doppelgänger ihre Tätigkeit entfalten können. Sie tragen von außen her die Dinge an uns heran, die wir von innen her nicht angehen wollen. In diesem Sinne sind sie Helfer.

NEUNTES KAPITEL

Der gesellschaftliche Auftrag der Anthroposophie

Als ich um 1980 herum die Anthroposophische Bewegung näher kennen lernte, bestand sie aus vier großen Arbeitsgebieten: der biologisch-dynamischen Landwirtschaft, der anthroposophischen Medizin, den Freien Waldorfschulen und der Heilpädagogik. Daneben gab es eine Reihe kleinerer Organisationen, wie Verlage und wissenschaftliche Forschungsinstitute. Die Redaktion von *Jonas* machte es sich zur Aufgabe, die Entwicklung auf diesen Arbeitsgebieten journalistisch zu verfolgen.

In dieser Beziehung kann man *Jonas* mit der deutschen Zeitschrift *Info 3* vergleichen, die ja keine der herkömmlichen anthroposophischen Zeitschriften sein will, die nur aus Essays bestehen, sondern ihre Ehre dareinsetzt, eine *journalistische* Zeitschrift zu sein. Eigentlich sind *Info 3* und *Jonas* Brüder und machen dieselben Erfahrungen mit der Einführung des Journalismus in die anthroposophische Bewegung.

Jonas hatte sich keine leichte Aufgabe gestellt. Zunächst einmal waren die Mittel der Redaktion begrenzt. Auf der Basis von 4500 Abonnenten kann man nun einmal kein vollwertiges journalistisches Erzeugnis zustandebringen. Es blieb also notgedrungen bei einem »Ereignis-Journalismus«: Man berichtete nur über Höhepunkte und Tiefpunkte.

Doch es war mehr als nur das. In der anthroposophischen Bewegung entstand ein handfester Widerstand weniger gegen das Prinzip als gegen die Praxis der freien Informationsbeschaffung. Die Redaktion von *Jonas* wurde als »unsere« Redaktion betrachtet, das heißt als ein Club, der mehr oder weniger automatisch die Standpunkte beispielsweise des Bundes der Freien Waldorfschulen oder der niederländischen Vereinigung anthroposophischer Ärzte zu übernehmen hatte.

Sehr prekär wurde das Verhältnis zwischen der anthroposophischen Bewegung und *Jonas*, als man hier beschloss, auch

»Außenstehende« nach ihrer Meinung zu fragen. Die damalige Redaktion suchte Leiter politischer Parteien auf, etwa den Landwirtschaftsminister und den Erziehungs- und Unterrichtsminister, um ihnen Fragen vorzulegen, die den biologisch-dynamischen Landbau respektive die Freien Waldorfschulen betrafen.

Es soll dabei nicht geleugnet werden, dass sich die Redaktion dabei gelegentlich wie ein Elefant im Porzellanladen aufführte. Dieser »Porzellanladen« bestand aus einem überaus nützlichen Netzwerk persönlicher Beziehungen zwischen wohlwollenden Beamten (die beispielsweise ihre Kinder in die Waldorfschule schickten) und Vertretern der anthroposophischen Bewegung. Oft jedoch entstanden Spannungen zwischen dem, was gesetzlich ermöglicht wurde, und dem – um uns zunächst auf den Unterrichtsbereich zu beschränken –, was die Freien Waldorfschulen wollten. So gab es Fächer, die nicht anerkannt wurden (Eurythmie), und sogar ganze Klassenstufen, die es gesetzlich eigentlich gar nicht geben konnte. Die der Schule wohlgesonnenen Beamten waren über diese Spannungen informiert und beurteilten von Fall zu Fall, wie weit sie gehen konnten. Die Behauptung, das Überleben der Freien Waldorfschulen sei in hohem Grade von derartigen persönlichen Beziehungen abhängig gewesen, ist sicher nicht übertrieben.

Im Prinzip ist nichts dagegen einzuwenden, denn letzten Endes geht alles seinen Weg über Menschen. Zum Problem wird es jedoch, wenn die Freien Waldorfschulen sich nicht mehr öffentlich zu den Dingen äußern können, die sie wirklich tun und anstreben. In dem Moment steht das Verhältnis zu den Behörden einer unbefangenen Beteiligung am öffentlichen Diskurs im Wege. Und damit wird die gesellschaftliche Basis dieser Institutionen de facto untergraben. Im Grunde genommen lief das Dilemma – das vor allem in den achtziger Jahren auftauchte, aber auch jetzt noch besteht – auf einen Konflikt zwischen den Interessen der anthroposophischen Einrichtungen im Einzelnen und dem anthroposophischen Impuls im Allgemeinen hinaus.

Für die Freien Waldorfschulen war 1982 ein denkwürdiges Jahr. Ein Gespenst ging um im Erziehungsland, es hieß *Wet op het Basisonderwijs* (Grundschulgesetz). Dieses Gesetz war schon lang und breit sowohl von der Ersten als auch von der Zweiten Kammer diskutiert worden. In keiner der beiden Kammern war der Grundgedanke dieses Gesetzes auf ernsthafte Bedenken gestoßen. Der Politiker Jan Vis, ein Anthroposoph, legte damals als einziger Wert darauf, dass man seine Meinung als Gegenstimme zu Protokoll nahm. Ein parlamentarisches Kinkerlitzchen scheinbar, dieses Gesetz.

Das Gesetz legte damals die *kleuterschool* (entsprechend etwa den Vorschulkindergärten in Deutschland) und die *lagere school* (Grundschule, die heutige deutsche Primarstufe), die bis dahin jede für sich existierten, zu einer *basisschool* zusammen. Die Freien Waldorfschulen waren massiv dagegen. Der damalige Vorsitzende des Bundes der Freien Waldorfschulen in den Niederlanden, Jac Moens, faßte die Bedenken folgendermaßen zusammen: »Wenn es wirklich so ist, dass künftig Vorschulkinder und Grundschulkinder in einem gemeinsamen Gebäude untergebracht werden, fürchten wir, dass von der Grundschule Druck auf den Vorschulkindergarten ausgeübt werden wird. Und damit ist der spielerische Charakter der Vorschulerziehung in Gefahr.«

Der verantwortliche Staatssekretär Ad Hermes war fassungslos, als Vertreter der Freien Waldorfschulen es schafften, eine breite Widerstandsfront, darunter auch Nicht-Anthroposophen, zu mobilisieren, während das Gesetz schon auf dem Weg der Umsetzung war. Mindestens 800 Lehrkräfte, Ärzte, Pädagogen und Vorstände unterzeichneten eine Petition, in welcher der Standpunkt vertreten wurde, dass »die Vorschulerziehung in den Niederlanden ihren Charakter zu verlieren drohe«. Am 8. Mai wurde die Petition der Zweiten Kammer überreicht; zugleich tagte ein Kongress, der von der »Vereniging voor Vrije Opvoedkunst«, d.h. der Vereinigung für Freie Erziehungskunst, organisiert worden war.

Vierzehn Tage vor diesem Kongress sprach ich den sichtlich verärgerten Staatssekretär Hermes. Auf meine Frage, ob die verspäteten Proteste vielleicht ein Hinweis darauf seien, dass nicht ausführlich genug über das Gesetz beraten worden sei, antwortete er in erregtem Ton: »Keineswegs. Hundertprozentig: Nein. Schärfer kann ich es nicht ausdrücken. Wenn etwas ausführlich besprochen worden ist, dann war es diese Angelegenheit. Zwölf Jahre lang haben wir darüber gesprochen ...« Und dann nannte er die Aktion der Freien Waldorfschulen einen »Witz«. Und etwas später entfuhr es ihm: »Ich muss sagen: viele Dinge werden wissenschaftlich untersucht. Wenn ich jemals etwas untersuchen lassen möchte, dann ist es die Frage, wie diese Geschichte zustande gekommen ist. Ich verstehe es einfach nicht.«

Ich konnte dem Staatssekretär nur zustimmen. Auch heute noch wäre es sinnvoll, nach den Ursachen für diese späte Reaktion zu forschen, vor allem für die Freien Waldorfschulen selbst. Die inhaltliche pädagogische Diskussion ist dabei die eine, die Art, wie diese Diskussion geführt wurde, die andere Seite. Aus diesem Beispiel ist ersichtlich, dass die Freien Waldorfschulen – aus welchen Gründen auch immer – außerhalb des öffentlich geführten Dialogs über die Zukunft von Schule und Unterricht in den Niederlanden stehen. Es ist interessant, dass Ad Hermes gerade darüber sein Bedauern aussprach: »Ich habe in den vergangenen Wochen bis zur Verzweiflung alles gelesen, was dazu von Seiten der Freien Waldorfschulen geschrieben worden ist. Aber es hat mich ganz unglücklich gemacht. Ich muss gestehen: Nachdem ich es genau angesehen und darüber nachgedacht habe, ist meine Schlussfolgerung die, dass ich mit all diesen Bedenken nichts anfangen kann. Die ganze Angelegenheit ist mir wahrhaftig nicht angenehm! Und ich mache mir durchaus einige Sorgen darüber, denn es lässt sich nicht leugnen, dass es Menschen gibt, die diese Angelegenheit mit einem Fragezeichen versehen.«

Kurz, ich traf einen fassungslosen Staatssekretär an, der nicht nur gründlich über die inhaltlichen Bedenken orientiert war, sondern außerdem durchaus bereit war, sie ernstzunehmen. Nur: Er befand sich in einer Situation, in der das einfach nicht mehr möglich war. Das Interview, in dem auch noch andere gepfefferte Äußerungen standen, erschien gut eine Woche vor dem Kongress, und ich weiß es noch wie gestern, in welcher Art man in der Waldorfschulbewegung darauf reagierte. Ad Hermes »hat überhaupt nichts davon verstanden«; Ad Hermes sei »ein Feind des Kindes«; Ad Hermes trete »die gesetzlich gesicherte Freiheit des Unterrichts mit Füßen«, und so weiter. Es gelang mir nicht, die Vertreter der Waldorfschulbewegung von dem guten Willen des Staatssekretärs zu überzeugen. Natürlich war es deutlich, dass er – und das ist doch erlaubt? – anderer Meinung war. Sogar als er sich dazu bereit erklärte, auf dem Kongress zu erscheinen, wurde das nicht als ein Akt von *honesty* aufgefaßt; man mutmaßte, er hätte »klein beigegeben«.

Wir sind inzwischen bei dem wichtigen Thema von der »großen bösen Außenwelt« angekommen. Es ist wirklich so: In der anthroposophischen Bewegung leben merkwürdige Vorstellungen über »normale« Menschen, seien das nun Politiker, Beamte, Journalisten, Wissenschaftler, Kaufleute oder Künstler. Nach diesen Vorstellungen kann man mit normalen Menschen eigentlich gar nicht wirklich reden, weil sie über die Erkenntnisse, die Rudolf Steiner gebracht hat, eine eigene Meinung haben bzw. sie gar nicht zur Kenntnis genommen haben. Für solche Menschen ist die Anthroposophie – wie man meint – zu schwierig, und eine eigene Meinung beruht daher automatisch auf Unverständnis.

Aber auch das Umgekehrte ist der Fall. Viele Anthroposophen kommen nicht gern in die Situation, dass sie, um ein Beispiel zu nennen, auf einer Geburtstagsfeier gefragt werden: »Sag mal, du bist doch ein Anthro-po ... was für ein behämmertes Wort ... Was bedeutet das eigentlich?« Aus dem Gestotter, das dann folgt (»Naja, äh, das kann man in ein paar Worten auf so einer Feier nicht erklären«), ist ersichtlich, dass viele Anthroposophen ebenfalls die Anthroposophie relativ schwierig finden, jedenfalls zu schwierig für eine Geburtstagsfeier. Und dabei könnte ein spontanes, von Herzen kommendes Wort (»Anthroposophie? Das ist das Schönste, was es gibt!«) Wunder bewirken und der Auftakt zu einem Gespräch sein. Ein Freund von mir, Roel van Duijn, der sich eine Zeitlang intensiv mit der Anthroposophie beschäftigt hat, sagte einmal zu mir: »Ihr Anthroposophen tragt die Anthroposophie nicht in eurem Herzen, sie liegt euch im Magen.«

Ein Mann, der nicht unter Gestotter leidet, ist Wim Veltman. Er war damals – und ist es auch heute noch – Vorsitzender der *Vereniging voor Vrije Opvoedkunst* (der Vereinigung für Freie Erziehungskunst), die es sich zur Aufgabe gemacht hat, die pädagogischen Impulse Rudolf Steiners zu fördern. Daneben ist er

Autor einer langen Reihe von Büchern und außerdem ein beliebter Redner. Wim Veltman gehört zweifellos seit Jahrzehnten zu den tonangebenden Anthroposophen in den Niederlanden.

Es ist oft etwas geradezu Paradoxes mit tonangebenden Anthroposophen, so auch mit Wim Veltman. Einerseits kann man sie ohne weiteres als »Meinungsbildner« innerhalb der anthroposophischen Bewegung bezeichnen: man hört auf sie. Andererseits sind sie fast immer auch eine Art Außenseiter, nicht nur nach der Einschätzung anderer, sondern auch nach ihrer eigenen.

Für Wim Veltman gilt, dass er eigentlich zu daseinsfreudig für die anthroposophische Bewegung in den Niederlanden ist. Er ist ein Mann, der allen Dingen, so auch der Anthroposophie, den angenehmen Geschmack des Lebens verleiht. Während er mit einem spricht, legt er einem – typisch niederländisch ist das beileibe nicht – manchmal die Hand aufs Knie. Er liebt köstliche Formulierungen, glaubt an die Wirksamkeit großer Ideale und macht buchstäblich und im übertragenen Sinne große Gebärden. Außerdem ist er immer sehr direkt und persönlich: Wim Veltman als »Funktionär« existiert nicht. Alle seine Bücher, ob sie nun von Dante, Shakespeare, Rudolf Steiner, der Kathedrale von Chartres, den Templern oder dem Waldorfunterricht handeln, sind an erster Stelle Ausdruck persönlicher und liebevoller Verbundenheit. Kritik an Personen und Institutionen übt er nicht en passant, sondern spricht sie öffentlich aus –, auch das ist ungewöhnlich in der anthroposophischen Bewegung.

Man weiß also immer, woran man bei ihm ist. Das wurde auch in einem Interview deutlich, das ich zwei Jahre nach den Protestaktionen, über die Ad Hermes so verblüfft war, mit ihm führte. Wir sprachen über die Ursachen der getrübten Beziehung zwischen den Freien Waldorfschulen und der Öffentlichkeit. Wim Veltmans Ansicht dazu, die er auch ein Jahr zuvor in Vorträgen vertreten hatte, lief darauf hinaus, dass die Freien Waldorfschulen ihrer eigentlichen Aufgabe nicht mehr gerecht wurden. Seiner Meinung nach waren die Freien Waldorfschulen »entwurzelt« und ihrer ursprünglichen Aufgabe entfremdet. Da diese Ansicht mir auch jetzt noch, mehr als zehn Jahre später, in Bezug auf die Krise der Freien Waldorfschulen den Kern der Sache zu treffen scheint, lasse ich Wim Veltman noch einmal zu Wort kommen.

1984 sagte er: »Man verliert oft die deutliche Beziehung zwischen der Entstehung der Freien Waldorfschulen und den sozialen Problemen, die nach dem ersten Weltkrieg das öffentliche Leben beherrschten, aus den Augen. Im Jahre 1919 bat Emil Molt, Direktor der Waldorf-Astoria-Zigarettenfabrik, Rudolf Steiner, eine Schule für die Kinder der Arbeiter seiner Fabrik einzurichten. Steiner war der Meinung, dass das Proletariat aus dem kulturellen Leben ausgeschlossen war, und betrachtete dies als eine der Ursachen der großen sozialen Probleme, wie zum Beispiel der Arbeitslosigkeit. Molt hatte schon vorher in der Fabrik Kurse innerhalb der Arbeitszeit eingerichtet, eine in der damaligen Zeit unerhörte Tatsache. Danach wollte er auch etwas für die Kinder tun, und zwar eine Schule gründen, die nicht vom Staat bestimmt war. Aus dieser Bitte Emil Molts an Rudolf Steiner ist die Waldorfpädagogik entstanden.«

»Und dieses soziale Element ist allmählich daraus verschwunden?« Veltman: »Wenn man sich ansieht, was die meisten Menschen wollen, die jetzt eine Freie Waldorfschule gründen, dann ist das eine Art alternativer Unterricht. Nur selten hört man sie sagen: ›Wir wollen die Gesellschaft verändern!‹ [...] Jeder will bis zum Umfallen arbeiten, um für sein Kind eine gute Schule zu gründen. Doch dass man aus der Erkenntnis heraus tätig ist, dass die menschliche Gesellschaft verändert werden muß, das sieht man nicht so häufig. Darum ist die Luft auch so dünn in den Freien Waldorfschulen. Man möchte sagen: Es muss eine Volksbewegung werden. Wenn Außenstehende sagen, wir seien elitär, haben sie eigentlich recht.«

Wie diese Volksbewegung noch zustandekommen könnte, sah Veltman jedoch auch nicht. »Aber es scheint mir sehr wichtig, dass etwas Derartiges entsteht, weil die Freien Waldorfschulen sich nicht endgültig von ihren Wurzeln lösen dürfen. Wenn das aber passiert, bleibt eine Waldorfschulbewegung übrig, die nicht mehr ist als eine alternative Methode. Eine hübsche Schule. Ich fürchte, dass die Schulen dann an den eigentlichen Zielen, um derentwillen sie überhaupt existieren, vorbeilaufen.« Soweit Wim Veltman.

Auch in Veltmans Analyse spielt die fehlende gesellschaftliche Kommunikation über das, was man eigentlich will, eine

Rolle. Unter Anthroposophen gehört es zum guten Ton, zu behaupten: Wenn man sagt, was man als Anthroposoph wirklich denkt oder will, wollen die Leute nichts mehr von einem wissen. Oder, wie ein Beamter es einmal sehr treffend formulierte: Was Anthroposophen tun, ist ausgezeichnet, aber was sie denken und wollen, ist absurd. Im sozialen Umgang führt dies stets zu einem Dilemma.

Das wurde auch in einem anderen Arbeitsgebiet der anthroposophischen Bewegung klar, in der biologisch-dynamischen Landwirtschaft, die seit Anfang der achtziger Jahre einen heldenhaften Überlebenskampf führt. Um das Dilemma zu verstehen, müssen wir zuerst ins Jahr 1924 zurückgehen. Das war das Jahr, in dem Rudolf Steiner den sogenannten »Landwirtschaftlichen Kurs«[1] hielt. In dieser Zeit fing man mit der Einführung von Kunstdünger an. Bauern, die dem zweifelnd gegenüberstanden, fragten Rudolf Steiner, ob eine Alternative möglich sei. Dieser sagte damals – im Landwirtschaftlichen Kurs kann man es nachlesen –, dass die Entwicklung einer alternativen Vorgehensweise erforderte, den naturwissenschaftlichen Ansatz der konservativen Landwirtschaft kritisch zu betrachten. Nach seiner Einschätzung würden die materialistischen Grundlagen, die damals allgemein üblich waren, zu einer Katastrophe führen.

In dieser Hinsicht war Rudolf Steiner seiner Zeit voraus. Dem einseitigen naturwissenschaftlichen Denken stellte er das geisteswissenschaftliche gegenüber, und so glaubte er die übliche Landwirtschaft durch eine anthroposophische Geisteswissenschaft erneuern zu können. In dem Kurs geht es aber nicht nur um die »theoretischen« Hintergründe. Rudolf Steiner macht auch konkrete Vorschläge bezüglich der Einrichtung landwirtschaftlicher Betriebe, des Züchtens von Pflanzen und der Anwendung von ihm entwickelter Präparate. In dem Kurs wird deutlich, dass er nicht meinte, fix und fertige Antworten geben zu können, sondern dass er Richtungen wies, die eingeschlagen werden konnten. In der niederländischen Ausgabe des Landwirtschaftlichen Kurses gibt Albert de Vries in seinem Nachwort ein erhellendes Bild dieser Hintergründe.

In den frühen dreißiger Jahren, also nach dem Tod Rudolf Steiners, beschlossen einige Land- und Volkswirte, dem

Landbauimpuls Rudolf Steiners einen eigenen Namen zu geben: biologisch-dynamische Landwirtschaft. Rudolf Steiner selbst hatte ausschließlich von »der« Landwirtschaft gesprochen und ausgeführt, dass ihr durch die Geisteswissenschaft ein Schritt weitergeholfen werden könne; die Worte *biologisch-dynamisch* hat er nie verwendet. Durch den speziellen Namen und durch die Gründung einer Vereinigung, die bezweckte, die biologisch-dynamische Landwirtschaft zu repräsentieren, wurde der Impuls zu einer Bewegung gemacht.

Also entstand eine biologisch-dynamische Bewegung mit allem, was dazugehört: einer eigenen Verkaufsorganisation, eigenen Produktmarken, eigenen Regeln (welche Auflagen man als Bauer zu erfüllen hatte, um anerkannt zu werden), eigenen Vereinen, eigenen Zeitschriften und so weiter. Das war auch nicht anders möglich: Dadurch, dass die übliche Landwirtschaft kaum ein Organ für die Vorgehensweise Rudolf Steiners hatte, konnte die weitere Entwicklung nur in einer Form von Subkultur stattfinden. Die Betroffenen haben das in den dreißiger Jahren auch als eine Tragödie erlebt, und es wäre ihnen lieber gewesen, wenn eine fruchtbare Verbindung mit der konventionellen, üblichen Landwirtschaft entstanden wäre.

Ein nächster Akt der Tragödie begann sich abzuspielen, als die von Rudolf Steiner vorhergesagten Probleme in der Landwirtschaft so groß wurden, dass allgemein das gesellschaftliche Bedürfnis nach Alternativen spürbar wurde. Das geschah in den achtziger Jahren, und in der biologisch-dynamischen Bewegung herrschte das Gefühl, als sei die Stunde X endlich angebrochen: Dies war die Chance, jetzt würde die Gesellschaft die Wendung zum biologisch-dynamischen Ansatz vollziehen.

Das Gegenteil war der Fall. Denn wie sah die Praxis aus? Da war es so, dass die Interessen der biologisch-dynamischen Einrichtungen (der Läden, der kleineren Bauern, Handelsorganisationen) auf gespanntem Fuß mit den Interessen der Landwirtschaft im Allgemeinen standen. Eine Umstellung der üblichen Landwirtschaft auf alternative Verfahren lag überhaupt nicht im Interesse dieser Unternehmen.

Wer aber umstellen wollte, musste erst einmal eine juristische Hürde nehmen: der Verein »mit dem langen Namen«

entschied, welcher Bauer seinen Betrieb biologisch-dynamisch nennen durfte. Der Gedanke, dass jeder Bauer Mitglied der Vereinigung werden solle, war nicht nur absurd, sondern auch unmöglich. Die verwendeten Kriterien hatten keinen Bezug – um nur ein Beispiel zu nennen – zu einer intensiven Schweinezucht in Brabant. Die biologisch-dynamische Bewegung hätte einem solchen Bauern im Prinzip nur einen Rat geben können: das Unternehmen aufzulösen.

Die Vorschläge und Ideale, die von Rudolf Steiner 1924 formuliert worden waren, bildeten die Grundlage für ein System von Regeln, denen ein biologisch-dynamischer Bauer entsprechen musste. Hiermit wurde – nochmals: es war nicht anders möglich – das biologisch-dynamische Entwicklungsprinzip in ein statisches Beurteilungsprinzip umgesetzt. Und an diese Beurteilung waren anschließend Lizenzen und Produktmarken gekoppelt. Die gesellschaftliche Isolierung, die im Grunde auf mangelndem Interesse seitens der normalen Landwirtschaft beruhte, hatte damit eine juristische Komponente bekommen. Die Kluft zwischen der konventionellen und der biologisch-dynamischen Landwirtschaft wurde dadurch formalisiert.

Die Gesellschaft sah die biologisch-dynamische Bewegung nicht als eine Gruppe von Menschen an, die kreativ an den Problemen in der Landwirtschaft mitdenken wollte, sondern als eine eigene Strömung mit eigenen Interessen, eigenen Codes und so weiter. Ich erinnere mich noch gut eines Interviews mit dem damaligen Landwirtschaftsminister Gerrit Braks im Jahre 1984, der sogar soweit ging, dass er fand, die alternative Landwirtschaft könne nur dank des Wohlwollens der regulären Landwirtschaft existieren. »Wenn man«, behauptete er, »von der Anwendung umweltfreundlicher und organischer Substanzen ausgeht, dann ist das nur möglich, wenn es eine marginale Erscheinung bleibt.«

Inhaltlich und landwirtschaftstechnisch war dies wahrscheinlich Unsinn, aber gesellschaftlich gesehen hatte er recht. Der eben erwähnte Schweinezüchter *kann* seinen Betrieb nicht auf eine biologisch-dynamische Methode umstellen, auch wenn er es noch so gern wollte; die gesellschaftliche und finanzielle Wirklichkeit erlaubt ihm das nicht. Das wirkliche Resultat dieser Situation war (und ist), dass die Vorschläge von Rudolf Steiner für die Gesamtheit der Landwirtschaft nicht mehr wirksam sein können. Dass dies eine Bewegung, die gerade das von ihrem Ursprung her angestrebt hat, in eine Krise führt, braucht keine Verwunderung mehr hervorzurufen.

Wir stoßen also auch hier auf eine gesellschaftliche Aufgabe. Sowohl für die Bewegung der Freien Waldorfschulen als auch für die biologisch-dynamische Bewegung gilt, dass ihr eine Zielvorstellung zugrunde liegt, die nicht nur durch inhaltlich-pädagogische bzw. landwirtschaftstechnische Fragestellungen bestimmt wird, sondern auch eine gesellschaftliche Komponente hat. Anders ausgedrückt: Nur wenn sich die gesellschaftlichen Verhältnisse ändern, ist es möglich, die Vorschläge Rudolf Steiners für die Landwirtschaft *als Ganzes* fruchtbar zu machen. Rudolf Steiner selber war sich dessen in aller Schärfe bewusst. Die biologisch-dynamische Bewegung hat sich jedoch dafür entschieden – aus sehr verständlichen Gründen übrigens –, einen so schwierigen Auftrag nicht allzu nachdrücklich publik zu machen.

Diese düstere Realität tat übrigens meiner Begeisterung, mit der ich in *Jonas* davon berichten konnte, welche Arbeit in den anthroposophischen Einrichtungen geleistet wurde, keinen Abbruch. Ich besuchte biologisch-dynamische Bauern, Freie Waldorfschulen, heilpädagogische Einrichtungen, anthroposophische Ärzte; und immer wieder war ich angenehm berührt von der Originalität und Energie, mit der »vor Ort« gearbeitet wurde.

Um das Jahr 1983 herum stellte sich mir die Sache so dar: Seit 1968 hatte ich mich in das Werk Rudolf Steiners vertieft, ohne vielen Anthroposophen zu begegnen oder anthroposophische Einrichtungen von innen zu kennen. Ab 1980 hatte ich als Redakteur von *Jonas* auf einmal mehr als genug Gelegenheit dazu, die Realität der anthroposophischen Bewegung, sowohl in den Niederlanden als auch im benachbarten Ausland, kennen zu lernen. Mit meinen »Mitstreitern« in der Redaktion, wie Jan Frans Roetemeijer, Jenny Crum, Willemijn Otte, Petra Weeda, Thomas Steiner und Annemiek de Haan und einigen festen Autoren wie Mark Mastenbroek, Ernst Fuld, Toon Schmeink, Edithe Boeke, Maarten Ploeger, Ineke van der Duijn Schouten und Hugo Verbrugh wurden fortlaufend Gespräche über das geführt, was wir in der anthroposophischen Bewegung antrafen.

Ich gehörte zur Fraktion, die fand, dass man einmal ordentlich loslegen sollte, auch wenn nicht immer gleich klar war, was darunter zu verstehen war. Das Ziel war deutlich: Die Anthroposophie musste aus ihrer Isolierung herausgeholt werden, und, angeregt von einem kleinen Buch von Lex Bos, nannten wir uns gelegentlich ironisch »die Drachentöter des Sektenwesens«. Und da wir als Autoren und Journalisten nun einmal auf öffentliche Kommunikation hin orientiert waren und außerdem eine Zeitschrift als Instrument zur Verfügung hatten, entschieden wir uns dafür, die schmutzige Wäsche draußen aufzuhängen. Wir gingen davon aus, und wie sich später zeigte, nicht ganz zu Unrecht, dass die Kluft zwischen der anthroposophischen Bewegung und der Öffentlichkeit auch durch Ehrlichkeit überbrückt werden konnte. Es funktionierte einfach nicht, immer nur auf das Schlechte in der Gesellschaft aufmerksam zu machen und sich selber als rettenden Engel hinzustellen. Also fingen wir an, die Probleme innerhalb der anthroposophischen Bewegung darzustellen. Unser Gedanke war: Vertrauen in die anthroposophische Bewegung kann nur dann entstehen, wenn sie gesellschaftlich transparent gemacht wird.

Diese Entscheidung führte zu Höhe- und Tiefpunkten. So veröffentlichten wir einen Artikel über biologisch-dynamische Kindernahrung, die aus anderen Ingredienzen bestand, als das Etikett auswies; wir stürzten uns in das Problem der Spuren von Insektenvertilgungsmittel, die auch in biologisch-dynamischen Produkten vorhanden waren; wir berichteten von dem erbitterten Kampf unter den diversen biologischen und biologisch-dynamischen Großhändlern, die nach außen hin idealistische Reden führten, aber in Wirklichkeit knallharte Konkurrenz betrieben; wir beurteilten Übersetzungen von Vorträgen Rudolf Steiners kritisch; wir veröffentlichten negative Rezensionen von Büchern anerkannter Anthroposophen und so weiter.

Jonas beschwor damals das Bild wehender Kreuzfahrerfahnen, blinkender Schwerter und Trompetenschall zu einer allzu frühen Stunde am Morgen. In der Rubrik »Leserbriefe« fiel regelmäßig der Ausdruck »Gossenjournalismus«, was von unserem festen Kolumnisten Sorghdrager im Auftrage der Redaktion mit der Bemerkung pariert wurde: »Ich habe nie verstanden, was dagegen einzuwenden ist, wenn man beschreibt, was sich im Abwassersystem abspielt.«

Die ältere Generation betrachtete unsere Aktivitäten mit gewisser Sorge. Es gab jedoch auch einige Menschen, die uns durch Dick und Dünn folgten, wie Arnold Henny, der von Anfang an politische Kommentare für *Jonas* schrieb. Ihn liebten wir alle, obwohl wir in seinen Artikeln selten streitbaren Gesichtspunkten begegneten. Er äußerte sich nie zu konkreten Artikeln, die wir brachten, und ließ höchstens milde Bemerkungen über die »jungen Hunde« fallen. Aber immer wieder breitete er den Schirm seiner Vornehmheit über unseren Köpfen aus, um zu verhindern, dass wir wirklich nass wurden. Ich erinnere mich noch daran, dass er auf einer Konferenz im *Jonas*-Büro in seinem aufreizend vornehmen Haager Zungenschlag sagte: »Man wartet nur auf den Moment, wo einer von euch einen Artikel mit der Behauptung schreibt, dass Rudolf Steiner sich in einer Sache gründlich getäuscht habe.« Als ich ihn später einmal fragte, warum er diesen Artikel nicht selber schriebe, sagte er lächelnd: »Ach, ich bin nur ein einfacher pensionierter Lehrer vom Haager Christelijk Lyceum.«

Arnold Henny war ein Lehrmeister der Toleranz. In den Redaktionsräumen von *Jonas* konnte er mit großer Nachsicht über die extremsten Antagonisten, beispielsweise Bernard Lievegoed und Dieter Brüll, sprechen. Er schätzte beide, sah, wonach beide strebten und verstand sogar, warum sie sich nur schwer gegenseitig ertragen konnten. Obwohl einer der beiden eine pragmatische Lebenseinstellung hatte (Lievegoed) und der andere die Tendenz, alles anhand moralischer Prinzipien zu beurteilen (Brüll), rief Arnold Henny immer voller Überzeugung aus: Beide Gesichtspunkte haben ihre Gültigkeit.

ZEHNTES KAPITEL
Der Kurs des Bernard Lievegoed

Bernard Lievegoed begegnete ich 1980. Ich hatte schon viel über ihn gehört und merkte auch sonst sehr deutlich, dass es ihn gab. Er spielte eine zentrale Rolle in der anthroposophischen Bewegung und wurde gelegentlich auch als »der Pate« bezeichnet. Er war lange Zeit hindurch Vorsitzender der Anthroposophischen Gesellschaft gewesen, hatte (bis zum Jahr 1980) sieben Bücher publiziert, die innerhalb und außerhalb der anthroposophischen Bewegung viel gelesen wurden, und eine beeindruckende Anzahl von Institutionen gegründet; zu ihnen zählten das heilpädagogische Institut »Zonnehuis«, das Büro für Organisationsentwicklung »NPI« und die sogenannte »Vrije Hogeschool« (Freie Hochschule), eine vor-universitäre Einrichtung für Jugendliche und Erwachsene. Mir war klar geworden, dass nach dem Zweiten Weltkrieg niemand die anthroposophische Bewegung in den Niederlanden in so hohem Grade geprägt hatte wie er.

Ich hatte wenig von ihm gelesen, und eigentlich konnte mich nur der schmale Band *Dem 21. Jahrhundert entgegen*[1] wirklich interessieren. Er enthielt Vorträge, die er in den sechziger Jahren in den Vereinigten Staaten gehalten hatte. In diesen Vorträgen beschreibt Lievegoed, welche Aufgaben die anthroposophische Bewegung seiner Meinung nach hat. Ich fand seine Vorstellungen anregend, allerdings recht locker fundiert. Ich erinnere mich daran, dass ich sie mit Zuckerwatte verglich: Sie verführten dazu, in sie hineinzubeißen, zergingen auf der Zunge und hinterließen einen süßen Geschmack. Aber es war Zuckerwatte von Rang; wer sie nicht aß, hatte wirklich etwas versäumt.

Eigentlich konnte ich das, was ich von ihm las, nicht mit dem zusammenreimen, was ich über ihn gehört hatte. Erst später habe ich verstanden, woher das kam. Bernard Lievegoed war kein Schriftsteller, und die Kraft seiner Persönlichkeit kam daher auch nicht in seinen Büchern zum Ausdruck. Um Bernard Lievegoed kennenzulernen, musste man mit ihm sprechen oder, besser noch, mit ihm zusammenarbeiten.

Er hatte viele Freunde, aber auch viele Feinde. Letztere behaupteten, es gebe einen »Lievegoed-Clan«, eine Gruppe Vertrauter und Familienangehöriger, die mehr oder weniger hinter den Kulissen den Ton angaben in der anthroposophischen Bewegung. Von diesem Clan hieß es, er habe eine Abneigung gegenüber zwei – übrigens völlig unterschiedlichen – Gruppen: die Haager Anthroposophen und die sogenannten »Dreigliederer«. Zu diesem Clan sollten angeblich außer den Mitgliedern der Familie Lievegoed selbst in jedem Fall Cees Zwart, Ate Koopmans und Joop van Dam gehören; der erste war Lievegoeds Nachfolger als Rektor der Vrije Hogeschool, die beiden anderen folgten ihm als Vorsitzende der Anthroposophischen Gesellschaft nach.

Auch in meinem eigenen Freundeskreis gab es eine Reihe notorischer Feinde Lievegoeds, und so war ich denn auch nicht ganz unbefangen, als ich im August 1980 zum ersten Mal in seinem Arbeitszimmer saß, um ihn zu interviewen. Ich war also etwas voreingenommen, und so verlief das Gespräch nicht ohne Missverständnisse. Eines jedoch gefiel mir sogleich außerordentlich gut: die Einrichtung seines Arbeitszimmers. Man spürte nichts von den in anthroposophischen Kreisen üblichen verschwommenen Farben, überflüssigen schiefen Ecken und verblassten Reproduktionen der Sixtinischen Madonna von Raphael. Auf einem kleinen Tisch in meiner Nähe standen einige Porträtfotos, von denen ich zwei erkannte: Willem Zeylmans van Emmichoven und Ita Wegman. Das Arbeitszimmer zeichnete sich durch nüchterne Einfachheit, ein klein wenig Bürgerlichkeit und eine angenehme Unordnung aus.

Zu einer wirklichen Begegnung kam es noch nicht. Bernard Lievegoed hielt sich an seinen eigenen Gesprächsablauf und ließ sich kaum zur Beantwortung der Fragen verleiten, die ich für das Interview vorbereitet hatte. Dennoch konnte sich das Resultat sehen lassen; vor allem war ich von der Leichtigkeit und Entschiedenheit beeindruckt, mit der er weitreichende Behauptungen aufstellte. Ich hatte mich als Journalist allmählich schon an die Zurückhaltung der Anthroposophen gewöhnt, die oft nur schwer dazu zu bewegen waren, deutliche Statements abzugeben;

allzuoft war eine Sache »schwierig«, »sensibel« oder »noch nicht ausgereift« ... Aber genau wie Wim Veltman sprach Bernard Lievegoed einfach aus, was er dachte.

Er sah die Dinge unter großen Perspektiven. Der wichtigste Teil des Interviews handelte von der Weltpolitik. Ich fand seine Sicht spannend, war aber von ihrer Richtigkeit nicht ganz überzeugt. Außerdem war es mir nicht ganz deutlich, was diese Sicht konkret für die anthroposophische Bewegung bedeutete. Hier folgen einige ausführliche Zitate aus dem Interview.[2]

»Rudolf Steiner wies in einem Gespräch einmal darauf hin, dass die eigentlichen Spannungen in der Weltpolitik zwischen China und Amerika lägen. Er sah eine Auseinandersetzung zwischen diesen beiden Ländern voraus, wobei er offen ließ, ob diese sich über Europa hinweg oder über dem Ozean abspielen würde. Wir können nur hoffen, dass letzteres der Fall sein wird, obgleich Rudolf Steiner mehrmals auch von einem verwüsteten Europa zwischen 1950 und 2050 gesprochen hat.

Mao Tse Tung hat beim Wiedererstarken und in der Zentralisierung Chinas natürlich eine bedeutende Rolle gespielt. Die Volksrepublik China, die 1949 begründet wurde und deren erster Vorsitzender er wurde, verdankt ihm ihre Gestalt. Nun muss man wissen, dass Mao sich seine Inspiration während einer großen Reise in den Norden, in die äußere Mongolei, geholt hat, dort also, wo heute die Mongolische Volksrepublik liegt.

Das ist eine ganz besondere Erdgegend, wo die Einwirkung der Marskräfte sehr stark ist. Diese Kräfte werden, der altchinesischen Tradition zufolge, alle 800 Jahre aktiv. Die Chinesische Mauer wurde errichtet, um diese Mongolenstürme abzuwehren. Die dämonischen Marskräfte, die in diesem Gebiet wirksam sind, ergreifen von gewissen Menschen Besitz und impulsieren sie sodann mit gewaltsamem Eroberungsdrang. Es lassen sich einige Momente in der Geschichte nennen, in denen zuerst China, später aber auch Europa von solchen Angriffen aus dem Osten überrollt zu werden drohte. Oft hat dabei auf eine für die äußerliche Betrachtung unbegreifliche Weise etwas eingegriffen und alles zum Guten gewendet.

Als Attila nach der Schlacht auf den Katalaunischen Feldern bei Troyes im Jahre 450 zurückgeworfen wurde, lag Europa schutzlos vor ihm. Er zog ungehindert nach Italien, um die verteidigungsunfähige Stadt Rom zu plündern. Die Legende berichtet, dass ihm Papst Leo der Große entgegenzieht und Attila über dem Haupt des Papstes ein großes Pferd erschaut, auf dem der Erzengel Michael sitzt. Attila entsetzt sich darüber dermaßen, dass er sich überstürzt nach Ungarn zurückzieht, wo er kurze Zeit danach stirbt. Binnen eines Jahres war kein einziger Mongole mehr in Europa. Die dämonischen Marskräfte können nicht durch Waffen, sondern nur durch das Licht eines christlichen Eingeweihten besiegt werden. In dem Moment, da die dämonischen Einflüsse Attila verlassen haben, fragt dieser sich: Was habe ich hier eigentlich zu suchen? Im Nu ist der Eroberungsdrang erloschen und er flieht.

Dasselbe wiederholt sich 800 Jahre später. Bei Breslau fallen die Mongolen in Europa ein und besiegen die schlesischen Ritter in der Schlacht von Liegnitz. Das Tor nach Europa steht ihnen offen. Am Tage nach der Schlacht zieht sich das Mongolenheer jedoch in Panik zurück und drei Monate später war ganz Russland frei von der mongolischen Herrschaft. Ein historisches Rätsel. Auch hier war es eine Eingeweihte, die den dämonischen Kräften entgegentrat: die heilige Hedwig.

Auch in unserer Zeit wird folglich wieder eine Mars-Inspiration vom Gebiet der Mongolei ausgehen. [...] Auf diese Gefahren müssen wir vorbereitet sein. Die dämonischen Marskräfte besiegt man nicht mit Waffengewalt. Es muss eine ›christliche Subkultur‹ in Europa entstehen, um Kräfte zu entwickeln, die gegen die Dämonen eine Chance haben. Es müssen Kulturinseln entstehen, wo Menschen leben, denen es wirklich ernst ist mit dem, was sie tun; Menschen, die mit dem Herzen bei der Sache sind; wo nicht auf der Grundlage eines Systems gearbeitet wird, weil man damit Kindern so schön Lesen und Schreiben beibringen kann; Stätten, wo Menschlichkeit herrscht, wo Gegensätze nicht verwischt werden, sondern wo Menschen wirklich aufeinander eingehen. Wenn der Moment gekommen ist, dass ein großer Eingeweihter auftritt, so wird er ohne eine ›Subkultur des Herzens‹ nicht wirken können.«

Soweit Bernard Lievegoed im Jahre 1980.

An diesen Äußerungen hatte ich jahrelang zu kauen. Wie gesagt war ich von der Entschiedenheit, mit der sie geäußert wurden, überrascht. Hier sprach ein General, der in strategischen Kategorien dachte, der nicht nur von Marskräften sprach, sondern offenkundig auch selber viel davon besaß. Außerdem stellte Lievegoed einen Zusammenhang zwischen diesem Kampf und der Aufgabe der anthroposophischen Bewegung her, in welcher nach seiner Auffassung offenbar auch »Gegensätze verwischt wurden«. Auch beschäftigte mich natürlich die Frage, wie ernst die Erkenntnis Steiners – offenbar seinerzeit im Gespräch geäußert – genommen werden musste, dass die wirkliche Spannung im Rahmen der globalen Verhältnisse die zwischen Amerika und China sein würde.

Auch wenn ich die Konsequenzen nicht übersah, wurde mir klar, dass Bernard Lievegoed einen wirklichen Überblick über die Aufgaben der Anthroposophie besaß. Er beschwerte sich nicht über »leider falsch verstandene Erkenntnisse«, sondern stellte die Anthroposophie in einen weltweiten Zusammenhang. In meinem *Willen* spürte ich eine Resonanz auf diese Sichtweise, in meinem *Denken* jedoch tauchten hundert weitere Fragen auf.

Um auf diese Fragen eine Antwort zu erhalten, fing ich an, mich intensiver mit Lievegoed zu beschäftigen. Ich las seine Bücher und sprach mit Mitarbeitern der Institute, die er gegründet hatte. 1983 – in der Zwischenzeit hatte ich mehrere Male mit ihm gesprochen – interviewte ich ihn zum zweiten Mal. Im Anschluss daran fand ein weiteres Gespräch statt, diesmal jedoch *off the record*, also inoffiziell gewissermaßen. Bevor ich das Interview wiedergebe, zunächst etwas zu diesem Nachgespräch.

Ich erzählte Lievegoed, dass ich mich für die Konflikte innerhalb der Anthroposophischen Gesellschaft in den dreißiger Jahren interessierte, für alles, was irgendwie mit den »Pionieren« zu tun hatte, die daran beteiligt waren, und besonders für Walter Johannes Stein. Inzwischen war ich darüber informiert, dass Lievegoed mit vielen jener Pioniere befreundet gewesen war oder jedenfalls mit ihnen zusammengearbeitet hatte. Lievegoed erzählte, dass er Walter Johannes Stein in den fünfziger Jahren – er wohnte damals in London, wo er 1957 starb – einige Male besucht hatte. Nach den eskalierenden Konflikten der dreißiger Jahre hatte Stein sich mehr oder weniger zurückgezogen und war seinen eigenen Weg gegangen. So hatte er sich mit der anthroposophischen Medizin und der Homöopathie beschäftigt und führte eine kleine Praxis, ohne indes Arzt zu sein. Lievegoed beschrieb Stein als eine »tragische Gestalt«, als einen Menschen, der vor allem auch auf politischem Gebiet reiche Fähigkeiten besaß, aber durch das Drama der anthroposophischen Bewegung zutiefst verletzt worden war und dadurch aus der Bahn geworfen wurde. Lievegoed zufolge wusste Stein das auch selbst: Ironisch habe er sich selbst als einen »heruntergekommenen Quacksalber« bezeichnet.

Aber was war denn dieses Drama der anthroposophischen Bewegung? Davon hatte Bernard Lievegoed eine genaue Vorstellung, die er jedoch erst nach einigem Zögern und nicht ohne Ärger formulierte. Seiner Meinung nach wurde die anthroposophische Bewegung nach dem Tod Steiners 1925 von einer heillosen Diskussion darüber, was nun »wahre« Anthroposophie sei und was nicht, zerrissen. »Man ging von der Voraussetzung aus, es gäbe so etwas wie die ›richtige Methode‹, die richtige anthroposophische Arbeitsweise, und die Aufgabe der Anthroposophischen Gesellschaft sei es, diese zu bewachen«, so Lievegoed. Damit jedoch sei etwas Wichtiges übersehen worden. »In spiritueller Hinsicht können Menschen sehr verschiedene Hintergründe und karmische Verbindungen haben, wodurch ihre Intentionen und die Art ihres Vorgehens stark differieren. Es ist nicht nur naiv, sondern vor allem auch nicht spirituell, zu denken, dass Anthroposophen alle einer Meinung wären und dasselbe wollen oder wollen müssten. Als Rudolf Steiner noch lebte, konnte er als zentrale Sonne gleichsam alle diese Spannungen überstrahlen und die Menschen zu gegenseitigem Respekt und sogar zur Zusammenarbeit bringen.«

In der Diskussion um die »einzige wahre« Anthroposophie konzentrierte man sich, so Lievegoed, zu sehr auf das frühe Werk Rudolf Steiners, das vor und in seiner theosophischen Zeit entstanden war und das zu dem gehört, was man seine »weltanschauliche Phase« nennen könnte. Damals beschäftigte Steiner sich zunächst mit der erkenntnistheoretischen Fundierung der Anthroposophie und erst später mit der Standortbestimmung der Anthroposophie hinsichtlich der esoterischen Tradition. In Werken wie *Wahrheit und Wissenschaft* und *Die Philosophie der Freiheit* ging es um die philosophische Verankerung der Geisteswissenschaft im westlichen Denken als solchem; in den Büchern *Wie erlangt man Erkenntnisse der höheren Welten?* und *Die Geheimwissenschaft im Umriss* wurde dann die Geisteswissenschaft mit westlichen »unterschwelligen Strömungen«, wie sie in der Gralsbewegung und in der Bewegung der Rosenkreuzer zum Ausdruck kamen, in Verbindung gebracht.

Rudolf Steiner bekam es Lievegoed zufolge im Laufe seines Lebens mit einem »neuen Menschentyp« zu tun. Für die Zuhörer zu Beginn dieses Jahrhunderts war es bezeichnend, dass sie kaum eigene geistige Erfahrungen hatten und außerdem nicht gewillt waren, sich gesellschaftlich zu engagieren. Das änderte sich nach dem Ersten Weltkrieg; Steiner merkte, dass seine Zuhörer mehr und mehr auf Grund eigener Erfahrungen konkret tätig werden wollten, sei es als Arzt, Pädagoge oder Wissenschaftler. Durch diese Tatsache kam die Anthroposophie langsam und fast unbemerkt in eine nächste Phase, wobei man einerseits direkter an die eigenen Erfahrungen anknüpfte und andererseits nachdrücklicher nach praktischen Anwendungen suchte.

Der »neue Menschentyp« legte nicht so großen Wert auf erkenntnistheoretische Fundierung, und zwar einfach deshalb, weil eigene Erfahrungen vorhanden waren; die innere Verarbeitung der Anthroposophie bestand weniger aus meditativen Übungen, wie sie in dem Buch *Wie erlangt man Erkenntnisse der höheren Welten?* beschrieben werden, sondern mehr, indem man sie an der täglichen Wirklichkeit prüfte. Bernard Lievegoed: »In der anthroposophischen Bewegung gilt es als Tabu, beispielsweise über die Bedeutung des Buches *Wie erlangt man Erkenntnisse der höheren Welten?* zu sprechen. Die besondere Bedeutung des Buches aber ist darin zu sehen, dass viele Menschen hier eigene Erfahrungen wiedererkennen, die auf systematische und einsichtige Art beschrieben worden sind. Ich kenne jedoch wenige Anthroposophen, die wirklich die Übungen so vornehmen, wie Rudolf Steiner sie darin beschrieben hat. Ich selber habe es beispielsweise nie geschafft. Lange Zeit hindurch habe ich gedacht, es käme dadurch, weil ich ungeeignet für eine spirituelle Entwicklung sei; inzwischen weiß ich es besser: Meine spirituelle Ausgangslage war anders als Steiner sie in dem Buch beschreibt. Ich habe nie aufgrund der Erkenntnisse gehandelt, die ich durch meine Meditationen entwickelte, sondern aufgrund von Intuitionen, die ich im täglichen Leben hatte. Meine Meditationen bestanden immer darin, dass ich *hinterher* verstand, was ich getan hatte.«

Lievegoed zufolge wurde dies von 1919 ab im Ansatz Steiners immer wichtiger: Zuerst das intuitive Handeln und danach das inspirative Durchfühlen und imaginative Begreifen der Bedeutung unseres Handelns. Die Anthroposophie bekam in Wirklichkeit eine neue Dimension, die nach Lievegoeds Ansicht unmittelbar zum zwanzigsten Jahrhundert gehörte: »Das zwanzigste Jahrhundert ist das Jahrhundert des Handelns. In der Gegenwart geht es darum, die neuen Mysterien des Willens zu entdecken.«

Mir erschien diese Ansicht Lievegoeds plausibel. Schon öfter war mir, wie ich im dritten Teil des Buches beschreiben werde, aufgefallen, dass das spätere Werk Rudolf Steiners einen anderen Charakter hatte. Ob es sich dabei um ein »ergänzendes« Vorgehen oder ein wirklich anderes handelte, blieb für mich noch offen.

Rudolf Steiner hat nur ein paar Jahre lang an der Entwicklung dieser Mysterien des Willens arbeiten können; er war von 1922 an zielstrebig damit beschäftigt. Er tat dies im Sinne des neuen Weges selbst: Er sprach nicht ausführlich *darüber*, sondern *tat* es, beispielsweise indem er Vorträge über die konkreten Wirkungen von Karma oder über die Anwendung neuer »Präparate« in der Landwirtschaft hielt. Wie wir schon früher bemerkten, äußerte er sich nur sporadisch darüber, in welchem Verhältnis der neue Weg zu dem vorangegangenen Werk stand.

Die Folge davon war, dass nach seinem Tode 1925 große Uneinigkeit über die Frage entstand, was denn nun »richtige« Anthroposophie sei und was nicht. Um uns auf zwei seiner nächsten Mitarbeiter zu beschränken: Ein Mensch wie Ita Wegman war ein feuriger Exponent des Willensweges, und ihr Arbeitsgebiet lag daher auch zu einem wesentlichen Teil im sozial-gesellschaftlichen Leben, während beispielsweise Albert Steffen ein mehr »verinnerlichter« Anthroposoph war, der Gedichte und Theaterstücke schrieb und daher mehr auf dem Gebiet der Vorstellungen tätig war. Die jeweils spezifischen Arbeitsgebiete wurden wechselseitig nicht anerkannt und das führte dazu, dass die Zusammenarbeit schnell abgebrochen wurde.

Das hatte für die weitere Entwicklung der anthroposophischen Bewegung allgemein und für zahlreiche individuelle Lebensläufe im besonderen dramatische Folgen. So geriet ein Mensch wie Walter Johannes Stein, dessen Leben reich an Möglichkeiten und Kontakten war, in die Isolierung. Es braucht nur wenig Phantasie, um zu sehen, wohin sein Leben hätte führen können, wenn zumindest die Zusammenarbeit mit beispielsweise der kritischen Marie Steiner und dem tiefsinnigen Albert Steffen bestehen geblieben wäre. Er würde die richtigen Ratgeber gehabt haben, als er – um nur ein Beispiel zu nennen – in Kontakt mit König Leopold von Belgien kam, der Stein darum bat, ihm auf Grund seiner Erkenntnisse Perspektiven für den Wiederaufbau Europas nach dem Zweiten Weltkrieg zu vermitteln. Auch würde er die richtige Hilfe bei der Fertigstellung des Buches gehabt haben, das der *Weltgeschichte im Lichte des Heiligen Gral* hätte folgen sollen, und zwar nicht nur von Marie Steiner und Albert Steffen, sondern auch von manchem anderen. (Von diesem Buchprojekt zirkulieren innerhalb der anthroposophischen Welt Kopien von nicht mehr als ein paar Seiten, die jedoch bereits vielversprechend und bedeutungsvoll sind.) Auch sein erstes Buch hat er nicht ohne die Hilfe anderer geschrieben; vor allem Rudolf Steiner hatte ihn dazu inspiriert.

Nach Lievegoeds Meinung machte sich der Spaltungsmechanismus innerhalb der anthroposophischen Bewegung noch immer bemerkbar. So fühlte er selbst sich von dem ausgeschlossen, was er verkürzt »Dornach« nannte, also von den leitenden Funktionären der Allgemeinen Anthroposophischen Gesellschaft. Verdrießlich konnte er sagen: »Sie finden mich da nicht wissenschaftlich genug und zu ahrimanisch. Sie haben es innerlich nie akzeptiert, dass ich nach dem Krieg mit Industriellen arbeitete, um ihnen beim Wiederaufbau zu helfen. Ich weiß noch, wie ich in den fünfziger Jahren mit einer Anzahl von Anthroposophen über meinen Plan zur Gründung einer Organisationsberatungsfirma, des NPI, sprach. Einer der Anthroposophen rief damals aufgeregt aus, ich betriebe »geistige Prostitution«. Wie sollte man denn von Industriellen wahre Liebe zur Geisteswissenschaft erwarten? In der Tat ging es nicht um die Anthroposophie, sondern um den Wiederaufbau der Industrie. Genau das war ihre Aufgabe. Konnte es denn ein Fehler sein, wenn man ihnen bei dieser Aufgabe durch anthroposophische Erkenntnisse half? Es muss doch nicht jeder Anthroposoph werden! Darum kann es sich doch gar nicht handeln!«

In dem Interview ging es noch einmal um die Zukunft. Ohne allzuviel über die Situation innerhalb der anthroposophischen Bewegung zu sprechen – ich bat ihn zwar darum, aber er fürchtete, dass die Publikation seiner Ansichten die Konflikte nur noch verschärfen würde –, wollte er die Anthroposophen für ihre gesellschaftliche Aufgabe wachmachen. Ich zitiere hier nur den Schluß des Interviews.

Bernard Lievegoed: »Was die Zukunft betrifft, so rechne ich damit, dass wir einer Zeit des größten äußeren Chaos entgegengehen. Man hat ja oft die Haltung: Es wird ja doch nicht so schnell gehen. Ich denke, dass alles viel schneller gehen wird, als wir meinen. Unzählige negative Impulse werden auf der Weltbühne erscheinen, soweit sie nicht bereits heute eine wichtige Rolle spielen. Schon seit dem Anfang des Jahrhunderts kann auf der Basis der Anthroposophie Folgendes vorausgesagt werden:

Chinesischen Chroniken zufolge tritt ungefähr alle achthundert Jahre ein sogenannter »mongolisch-turanischer Impuls« auf. Etwa alle achthundert Jahre erwacht dieser Impuls, herrscht ungefähr hundert Jahre und bricht dann wieder zusammen. Die Chinesen haben diese Wellen in ihren Chroniken beschrieben und ihre Große Mauer gebaut, um sie abzuwehren.

In Richtung Europa haben wir zwischen 350 und 450 n. Chr. einen mongolischen Impuls erlebt, der mit Attila endete. Danach einen von 1150 bis 1250, an dessen Ende die Schlacht bei Liegnitz stand. Rechnen wir achthundert Jahre weiter, so kommen wir auf die Zeit zwischen 1950 und 2050. Ein Vorspiel dieses Impulses läßt sich im echten Bolschewismus, dem Stalinismus, erkennen, ein absolut kalter Machtimpuls, der so gut wie keine Achtung vor Menschenleben kennt. Doch das alles ist nur ein Vorspiel. Ich habe das Gefühl, dass der eigentliche Impuls erst in der Zukunft, nach dem Jahr 2000, voll in Erscheinung treten wird.

Es lässt sich nicht sagen, woher genau er kommen wird, denn in unserer Zeit sind solche Impulse nicht mehr geographisch gebunden. Es kann von Russland ausgehen oder von China, ja selbst von Amerika. Rudolf Steiner hat darauf hingewiesen, dass dieser immer wiederkehrende Impuls direkt mit dem zusammenhängt, was in der Anthroposophie als die ›ahrimanischen Mächte‹ bezeichnet wird. Sie werden, Steiner zufolge, um die Jahrhundertwende in erhöhtem Maße wirksam werden. Diese Mächte haben dem Menschen den Wahn der kalten Machtgier eingeflößt. Man erkennt sie an der kalten Strategie, mit der sie ans Werk gehen.

Neben dem mongolischen Impuls werden wir ein enormes Aufleben des Islam erleben. Das hängt mit der anderen Gegenmacht zusammen, die in der Anthroposophie als die ›luziferische‹ bezeichnet wird. Die luziferischen Kräfte erzeugen blinden Fanatismus. Das ist etwas völlig anderes als die kühle, berechnende Art Ahrimans. Im Islam kann man diesem Fanatismus begegnen. In einem Zeitungsartikel schilderte neulich ein französischer Journalist, wie das iranische Militär vorgeht: Tausende von Kindern, die oft nicht älter sind als zwölf, dreizehn Jahre, werden dazu ausgebildet – wenn man das überhaupt so nennen darf –, über die Minenfelder des irakischen Feindes zu laufen. Jede Mine, die unter ihrem Fuß explodiert, kann keinen Soldaten mehr töten. Das ist Fanatismus in reinster Form. In der fundamentalistischen Strömung des Islam erleben wir eine Renaissance des ›Heiligen Krieges‹. Doch das wird alles noch stärker werden.

Diese beiden Impulse werden die Weltbühne beherrschen. Was wir jetzt sehen, ist nur ein Vorspiel. Es wird diesmal natürlich nicht so vor sich gehen, dass Horden von Mongolen auf ihren kleinen Pferden über die Tundra geritten kommen. Die Impulse werden eine andere Gestalt annehmen. Jedesmal müssen sie neu demaskiert werden. Die äußere Form kann sehr täuschen; es geht um die Intention, die darin wirksam ist.

Das, was eigentlich durchbrechen will, ist eine *michaelische Kultur*. Und dem werden sich die Gegenmächte widersetzen. Die Einseitigkeiten Luzifers und Ahrimans, Fanatismus und kalte Berechnung, führen den Menschen weg vom eigentlich Menschlichen. Eine michaelische Kultur aber ist gerade menschlich. Man könnte das auch so umschreiben: Die michaelische Kultur will das

Denken in den Willen und den Willen in das Denken bringen. ›Den Willen in das Denken bringen‹ bedeutet, dass das Denken wieder kreativ wird, dass es nicht mehr in automatischen Mustern verläuft, sondern bildhaft und zugleich exakt wird. ›Das Denken in den Willen bringen‹ bedeutet, dass moralische Kräfte im Willen wirksam werden. Das Denken formuliert moralische Intentionen und trägt sie in den Willen hinein. Wirkliche Menschlichkeit entsteht in der Mitte, im Herzen. Und in unserer Kultur wird am stärksten gegen diese Mitte Sturm gelaufen. Es ist notwendig, dass eine neue, menschliche Wissenschaft entsteht, die einem neuen Realismus verpflichtet ist: keine Materie ohne Geist, kein Geist ohne Materie.

Wir gehen einer Zeit der Kriege und Völkerbewegungen entgegen. Auch in den dreißiger Jahren herrschte eine zutiefst gespannte Situation. Zusammen mit ein paar Freunden haben wir damals im August 1930 ein internationales Jugendlager organisiert, das *Kamp De Stakenberg.* Wir sagten uns: Wir wollen und müssen dieses Lager organisieren. Es ist die letzte Chance, dass sich Jugendliche aus verschiedenen Ländern begegnen können. Junge Menschen aus dreiundzwanzig Ländern sind sich damals begegnet und haben über die Anthroposophie gesprochen. Nur wenige Jahre danach standen sie sich an der Front gegenüber. Doch sie wussten voneinander. Heute habe ich das Gefühl, dass die Spannung mindestens ebenso groß ist. Aber ich meine auch, dass die positive Seite heute viel stärker ist als damals. Wer sich umsieht und weiß, wie er die neuen Impulse entdecken kann, der wird erkennen, dass sie da sind. Das Licht ist immer stärker als die Finsternis.«

Im Auto auf dem Weg zum Bahnhof sprachen wir noch einmal über die Situation innerhalb der anthroposophischen Bewegung und ich verbarg meine Ungeduld nicht vor ihm. »Wenn ich es richtig verstehe«, sagte ich, »so ist es die Aufgabe der anthroposophischen Bewegung, an der Realisierung einer michaelischen Kultur zu arbeiten. Dazu muss man mit anderen sozialen und geistigen Bewegungen zusammenarbeiten. Denn das Michaelische ist natürlich nicht nur in der anthroposophischen Bewegung zu finden. Die Wirklichkeit aber sieht doch so aus, dass die anthroposophische Bewegung vollauf mit internen Problemen und Konflikten beschäftigt ist.«

»In den dreißiger Jahren war es genauso«, sagte er. »Während die negativen Kräfte im gesellschaftlichen Leben entstanden und sich in die politischen Machtzentren einnisteten, fiel die anthroposophische Bewegung durch Meinungsverschiedenheiten auseinander.«

»Aber das kann doch nicht wahr sein?« rief ich aus.

»Es *ist* wahr«, sagte er. Dann sah er mich unter seiner amerikanischen Baseballmütze hervor mit hellblauen Augen an, legte mir eine Hand aufs Knie und sagte: »Du musst Geduld üben.«

»Geduld üben?« fragte ich. »Meiner Meinung nach ist dazu keine Zeit.«

»Doch!« sagte er. »Mit Ungeduld erreichst du nichts. In vielen spirituellen Lebensläufen geht es um eine Stunde X, eine Situation, auf die es in dieser Inkarnation ankommt. Die Stunde X eurer Generation kommt noch. Bis zu dem Zeitpunkt wirst du es lernen müssen, deine Wut in Zorn umzuwandeln. Wut ist etwas Subjektives, das im sozialen Leben negativ wirkt; Zorn ist dagegen etwas Objektives, womit man sich Respekt verschafft. Betrachtet euer Blättchen *Jonas* als Arbeitsfeld, auf dem ihr eure verständliche Wut in wirksamen Zorn umwandeln könnt.«

ELFTES KAPITEL

Nochmals: die Anthroposophie als Weltanschauung

Nach Ansicht Bernard Lievegoeds konnte man also nicht von einer klar umrissenen anthroposophischen »Methode« sprechen; aus seiner Sicht war die Anthroposophie genauso vielgestaltig und dynamisch wie unser Planetensystem. Zwar befand sich im Herzen dieses Systems eine Sonne, die alle Unterschiede überstrahlen und zu einer Einheit gestalten konnte, aber erstens war die Anthroposophie mehr als nur diese Sonne – auch die Planeten gehörten dazu –, und zweitens war diese Sonne jetzt verdunkelt. Mich sprach diese Sichtweise an; doch rief sie zugleich wieder die Frage auf den Plan, was die Anthroposophie eigentlich sei. Auch wenn die Anthroposophie vielgestaltig sein mochte, so konnte man doch auch nicht behaupten, dass *alles* dazugehörte.

Zur selben Zeit las ich einige für mich schwer verständliche Bemerkungen Rudolf Steiners, die mir in diesem Zusammenhang jedoch wichtig erschienen. Er äußerte sie während und nach der Weihnachtstagung 1923, als die damalige Anthroposophische Gesellschaft eine völlig neue Gestalt bekam. In diesen Bemerkungen ging es darum, dass die Anthroposophie ein »Wesen« sei, das sich einen Weg zu den Herzen der Menschen suche. In einer dieser Äußerungen wird die Anthroposophie sogar als ein Wesen bezeichnet, mit dem man so umgehen könne, als lebte es wie ein Mensch unter uns, als nähme es gleichsam am sozialen Leben teil.[1]

Wenn Rudolf Steiner von einem Wesen sprach, dann meinte er auch ein Wesen: eine reale geistige Entität, der man begegnen kann. Dieses Wesen der Anthroposophie trug auch einen Namen: *Anthroposophia*. Wie aber sollte man das verstehen? Wie findet die Begegnung mit diesem Wesen statt? Und wie verhielt sich dieses geistige Wesen zur Anthroposophie als *Weltanschauung*? Denn das war die Anthroposophie doch, eine Weltanschauung? War diese Weltanschauung selbst ein geistiges Wesen?

Die Sichtweise Bernard Lievegoeds und die Äußerungen Rudolf Steiners weckten neue und drängende Fragen, deren erste lautete: Was ist eigentlich eine Weltanschauung? Ich schlug im Lexikon nach und las, dass eine Weltanschauung »eine Gesamtheit aller auf die Welt bezogenen Vorstellungen und Ansichten (sei), oder eine Gesamtheit alles Denkbaren und auch die daraus erfließende Gesinnung sowie die ethischen Auffassungen«.

Rudolf Steiner selbst sprach oft von der Anthroposophie als einer Weltanschauung. So schreibt er, um ein Beispiel herauszugreifen, in der Einleitung zu dem Buch *Theosophie*, es würde »in dieser Schrift eine Skizze theosophischer Weltanschauung entworfen«.[2] (Was er damals noch Theosophie nannte, sollte später Anthroposophie heißen.) Zugleich jedoch nennt er die Anthroposophie auch oft eine »Wissenschaft« bzw. »Geisteswissenschaft«. Auf derselben Seite der *Theosophie* heißt es: »Der Betrachtung der geistigen Vorgänge im Menschenleben und im Weltall kann man die Bezeichnung *Geisteswissenschaft* geben.«

Anfänglich dachte ich, es sei deutlich, wie diese beiden Begriffe sich nach Steiner zueinander verhielten. Über den Materialismus hatte er beispielsweise oft gesagt, dies sei eine »Wissenschaft«, die – auch wenn sich nur wenige dessen bewusst seien – in Wirklichkeit eine »Weltanschauung« genannt werden müsste. In einigen Fällen nennt Steiner den Materialismus sogar einen »Glauben«, in den viele Menschen kritiklos ihr Vertrauen setzten. Aber konnte nun über die Anthroposophie dasselbe gesagt werden? War dies eine Wissenschaft, die eigentlich auf einer Weltanschauung basierte, die für viele einen Glauben bedeutete?

Nein – nach Steiners Meinung nicht.

Ja – nach Meinung vieler Leute sehr wohl.

Wenn man einmal versucht zu verstehen, was die Anthroposophie als Weltanschauung bedeutet, landet man in einem Dickicht verschiedener Ansichten. Es ist kaum übertrieben, wenn man behauptet, dass es genauso viele anthroposophische Weltanschauungen wie Anthroposophen gibt. Zwar gibt es einige weltanschauliche Elemente, die sich in all diesen Ansichten wiederfinden lassen, wie die Lehre vom Karma und der Reinkarnation sowie die Annahme (oder die Sicherheit), dass es eine geistige Welt gibt, zu der jeder Mensch gehört. Von diesem

Ausgangspunkt aus jedoch können Dutzende von Wegen beschritten werden.

Zugleich trifft es jedoch ebenfalls zu, dass viele Menschen – darunter auch viele Anthroposophen – meinen, die Anthroposophie sei tatsächlich ein eindeutiges weltanschauliches System von (vermuteten) Wahrheiten, eine Gesamtheit von Auffassungen und Erkenntnissen, die man dann unterschreibt oder eben nicht. Wenn man an Reinkarnation »glaubt« oder es zumindest für möglich hält, dass es sie gibt, ist man durchaus schon auf dem Weg, ein Anthroposoph zu werden. Und wenn man außerdem noch mit den Meditationsübungen begonnen hat, die von Rudolf Steiner eingeführt worden sind, ist der Augenblick gekommen, sich als Mitglied bei der Anthroposophischen Gesellschaft anzumelden.

Die Konsequenz dieser Entscheidung ist, so meint man, dass man auf eine bestimmte Art meditiert, auf eine bestimmte Art die Politik beurteilt, auf eine bestimmte Art den Unterricht gestalten will, auf eine bestimmte Art Landwirtschaft betreibt. Wenn man es so betrachtet, ist ein Mensch Anthroposoph, wie ein anderer Theosoph, Sufi oder Katholik ist, kurz, ein »Andersdenkender«, ein Mensch, der die Wirklichkeit anders betrachtet und der nicht die Lehren von Marx oder Calvin zum Leitfaden seines Lebens gewählt hat, sondern die Rudolf Steiners. Aus diesem Bild hat es sich logischerweise ergeben, dass die anthroposophische Bewegung – von den Anthroposophen selbst, aber auch seitens der Behörden – als eine der weltanschaulichen »Säulen« jedenfalls in den Niederlanden angesehen wird.

Diese Denkweise ist fest in der Öffentlichkeit verankert. Ich erinnere mich an einen Journalisten, der als Medientrainer einen ganzen Tag mit Menschen gearbeitet hatte, die vom Beruf her in der anthroposophischen Bewegung tätig sind. Nach Beendigung dieses Trainings kam er auf mich zu: »Was meint ihr Anthroposophen denn eigentlich, wenn ihr sagt, dass ihr an der öffentlichen Meinung aktiver teilnehmen wollt? Wofür soll das notwendig sein? Ihr Anthroposophen habt doch eure Freien Waldorfschulen, eure eigene Medizin und euer eigenes Krankenhaus, eure eigene Landwirtschaft, ja sogar eure eigene Bank? Ihr seid zwar nur klein, habt aber doch ein gut ausgebautes System von Sozialeinrichtungen realisiert. Es gibt nur wenige weltanschauliche

Strömungen, die euch das nachmachen. Was wollt ihr noch mehr?« Dieser Mann sah nur, dass Anthroposophen Menschen sind, die sich auf der Grundlage ihrer weltanschaulichen Gesinnung für sich selber, für die »eigenen« Leute, für die »eigenen« Kinder einsetzen.

Nun hat niemand Schwierigkeiten mit der Vorstellung, dass eine Weltanschauung zu einer weltanschaulichen Gesinnung und zu einer gemeinsamen weltanschaulichen *Bewegung* führt. Wir finden es nicht befremdlich, dass »Andersdenkende« sich ihre eigene Welt schaffen, sei es in der Lüneburger Heide oder im Ruhrgebiet. Aber für eine Wissenschaft gilt das nicht; von ihr erwartet man, dass sie jedem zugänglich ist. Auch Rudolf Steiner sah das so. Immer wieder wies er darauf hin, dass jeder Mensch sich zu den Inhalten der Anthroposophie so verhalten kann wie der Naturwissenschaftler zu seinem Fachgebiet. Wie ein Biologe in seinem Fachgebiet nichts auf Befehl zu akzeptieren braucht, sondern man im Gegenteil gerade von ihm erwartet, die eigenen Wahrnehmungen und das eigene Urteil als Ausgangspunkt für seine wissenschaftlichen Aktivitäten einzusetzen, so beruft sich der anthroposophische Forscher auf die persönliche Erfahrung und das selbständige Denken. Etwas zu glauben, weil ein anderer es sagt, mag dieser andere auch Rudolf Steiner heißen, widerspricht nach Ansicht desselben Rudolf Steiner grundlegend dem Kern der Anthroposophie. In der Anthroposophie ist eine Erkenntnis erst dann eine Erkenntnis, wenn sie von konkreten persönlichen Erfahrungen und von einem selbständigen Urteilsvermögen getragen wird.

Nebenbei bemerkt: Unter Wissenschaft sollte nach Meinung Rudolf Steiners nicht nur das verstanden werden, was an den Universitäten gepflegt wird. Im akademischen Denken äußert sich als besondere Form eine Haltung, die man ebenso überall in der heutigen Gesellschaft antreffen kann, in Läden, Parlamenten, häuslichen Bereich. Nach Steiners Meinung muss man kein Mitarbeiter einer Universität sein, um »wissenschaftlich« zu forschen. Eine Hausfrau, die aus der selbstverständlichen Routine ihrer Arbeit aussteigt und sich dafür interessiert, was es eigentlich bedeutet, einen Haushalt zu führen, forscht ebenfalls wissenschaftlich. Sie stellt Fragen, weil sie sich über bestimmte Dinge wundert, beispielsweise über die eingeschliffenen Verhaltensmuster von Männern und Frauen. Die Wissenschaftlichkeit ihrer Schlussfolgerungen wird nicht durch den Raum bestimmt, in dem sie stattfindet, nämlich die Küche, sondern dadurch, dass sie die richtige Verbindung von ihren konkreten Wahrnehmungen zu ihrem Denken herstellt.

Die Anthroposophie ist laut Steiner kein Glaube. Und doch ist es in der anthroposophischen Bewegung absolut keine Ausnahme, dass etwas für wahr gehalten wird, *weil Steiner es gesagt hat*, oder schlimmer noch, gesagt haben soll. Wie ist das möglich? Lange habe ich gedacht, es läge nur daran, weil man Rudolf Steiner nicht gut genug verstanden hätte. Inzwischen denke ich jedoch, dass auch Steiner selbst – notgedrungen – etwas zu dem beigetragen hat, was sich hinter dem paradoxen Begriff Weltanschauung verbirgt. Denn zum landläufigen Begriff der Weltanschauung gehört nun einmal die Tatsache, dass man sich für eine Gesamtheit von Vorstellungen »entscheidet«, wie es mein Lexikon formuliert hatte.

Der Begriff »Wesen« übersteigt den Begriff »Weltanschauung«. Indem man von einem Wesen spricht, erreicht man im Grunde die Grenze des Begriffes Weltanschauung. Für denjenigen, der den esoterischen Charakter der Anthroposophie anerkennt, ist das einsichtig; denn der Begriff Weltanschauung hat einen *exoterischen* Charakter und wird auch als ein solcher von Rudolf Steiner verwendet, obgleich eine esoterische Wirklichkeit damit bezeichnet wird. Anders ausgedrückt: eine anthroposophische Sicht der Anthroposophie selbst kann nie auf die Feststellung beschränkt bleiben, dass die Anthroposophie eine Weltanschauung ist. Denn der anthroposophischen Weltanschauung zufolge ist alles in der äußeren Welt, also auch die Anthroposophie als Weltanschauung selbst Ausdruck einer geistigen Wirklichkeit, genauer: eines geistigen Wesens.

Daher ist es auch konsequent, dass Rudolf Steiner die Anthroposophie zu einem bestimmten Zeitpunkt ein »Wesen« nennt, denn faktisch wendet er damit seine geistige, wissenschaftliche Forschung auf die Anthroposophie selber an. Es drängt sich jedoch unmittelbar die schwierige Frage auf, wie sich diese Weltanschauung nun – als eine Gesamtheit von Vorstellungen – zu dem Wesen der Anthroposophie verhält. Denn eines ist sicher: Ein Wesen ist etwas anderes – oder zumindest mehr – als eine Weltanschauung.

Es gibt noch eine weitere Formulierung, die Rudolf Steiner am Ende seines Lebens immer häufiger verwendete: die Anthroposophie als ein »Weg«. In den *Anthroposophischen Leitsätzen*, an denen er unmittelbar nach der Weihnachtstagung von 1923 zu schreiben begann, nennt er die Anthroposophie »einen Erkenntnisweg, der das Geistige im Menschenwesen zum Geistigen im Weltall führen möchte«.[3]

In noch einem Punkt lernte ich die Grenzen des Begriffes Weltanschauung kennen, jedenfalls insoweit er auf die Anthroposophie angewendet wird. Betrachtet man sich die Formulierung in dem genannten Lexikon genauer, so fällt auf, dass mit diesem Begriff eine bestimmte Art von Wirklichkeit verbunden wird, jene nämlich, die mit unserem Vorstellungsleben zusammenhängt. Bei einer Weltanschauung handelt es sich um »Vorstellungen«, um »Denkbares«; in einer Weltanschauung werden vor allem bestimmte Dinge »gedacht«. Alles andere, wie etwa die Gesinnung, mit der man im Leben steht, ist eine Ableitung des Denkens. Wenn also jemand etwas Bestimmtes will, beispielsweise eine Freie Waldorfschule gründen oder eine Tankstelle in Brand setzen, so will er es, weil er *denkt*, dass es gut sei.

Zuerst ist also das Denken da, dann erst folgt der Rest. Diese Art, sich diesen Ablauf vorzustellen, hat Rudolf Steiner mehrfach als zu begrenzt bezeichnet. Vielmehr stellt er – im Innern der Seele – der Kraft des Denkens die Kraft des Willens gegenüber, wobei sich das Denken auf die Vergangenheit bezieht (alle Vorstellungen sind von gestern) und der Wille auf die Zukunft.

Das Fühlen verbindet Rudolf Steiner mit der Gegenwart: Das, was jetzt *ist*, erleben wir in unserem Gefühl.

Was in unserem Willen lebt, kennen wir oft nicht. Das bedeutet: unsere Vorstellungen stimmen nicht mit dem überein, was in unserem Willen lebt. Wer die Realität des eigenes Lebens betrachtet, sieht, dass dies zutrifft. Oft versteht man erst hinterher, warum man etwas getan hat. Rudolf Steiner ermuntert uns, *auch* aus unserem Willen heraus zu leben und mit dem Tun von Dingen nicht zu warten, bis wir deren Wahrheit erkennen. Und noch deutlicher: Auch wenn wir Letzteres anstrebten, würden wir merken, dass es gar nicht möglich ist. Wir tun im täglichen Leben fortwährend Dinge, weil wir die Empfindung haben, wir müssten sie tun. Für diese Weise des Handelns benutzte Steiner einen bestimmen Begriff; er nannte dies: Handeln aus Intuition.

Eine Intuition ist jedoch keine intellektuelle Erkenntnis, sondern eine Eingebung. Auf diese Weise kann die Anthroposophie ebenso in unserem Willen leben, der uns treibt, wie in unserem Vorstellungsleben; die Anthroposophie kann sogar schon in dem Willen leben, bevor das Vorstellungsleben davon »Kenntnis« genommen hat. Diese Sichtweise passt jedoch nicht in den exoterischen Begriff dessen, was eine Weltanschauung ist. Es bedarf nämlich einer esoterischen Betrachtungsart des Willens, die beinhaltet, dass der Wille eine zwar unbewusste, darum aber nicht minder intensive Verbindung zu dem Geschehen in der geistigen Welt hat. Für das übliche Denken wäre es absurd zu behaupten, man könne eine Weltanschauung »wollen«, noch bevor man Kenntnis von der Sichtweise genommen hat, die diese Weltanschauung in Bezug auf das Leben bietet.

Mit diesen Fragen lebte ich um das Jahr 1982 herum. Ich hatte mich mit zwei Begriffen auseinandergesetzt: mit dem der Anthroposophie als *Weltanschauung* und mit dem der Anthroposophie als *Wesen*. Den ersten Begriff erlebte ich als zu eng, zu begrenzt, den zweiten als zu weit, zu unbegrenzt. Eigentlich waren beide Begriffe für mich ein Rätsel.

Von diesem Zeitpunkt an erwachte in mir ein immer stärkeres Interesse für einzelne Anthroposophen, und zwar besonders für Anthroposophen mit einer ausgesprochen »eigenen« Lebensgeschichte, einer eigenen Vorgehensweise, einer eigenen Farbe. In den darauf folgenden Jahren sprach ich mit vielen Menschen und war erstaunt über die Unterschiede. Es gab »Philosophie-der Freiheit«-Anthroposophen, »Karma-Vorträge«-Anthroposophen, Anthroposophen, die nicht so genannt werden möchten, Anthroposophen, die meinen, dass sie sich nicht so nennen dürfen (beispielsweise weil sie nicht Mitglied der Anthroposophischen

Gesellschaft sind), Anthroposophen, die sich ausdrücklich so nennen, sich zugleich aber als Dissidenten erleben, Anthroposophen, die sich ausgeschlossen fühlen, Anthroposophen, die sich auch »Dreigliederer« nennen, Dreigliederer, die sich ausdrücklich nicht als Anthroposoph bezeichnen, phänomenologische Anthroposophen, okkulte Anthroposophen, sozial-wissenschaftliche Anthroposophen, »Albert Steffen«-Anthroposophen, »Ita Wegman«-Anthroposophen, »Marie Steiner«-Anthroposophen, katholische Anthroposophen, ja sogar nicht-anthroposophische Anthroposophen und so weiter. Kurz, es existierte alles Denkbare, und das in allen denkbaren Mischformen.

Natürlich kann ich in diesem Buch nicht von all diesen Begegnungen berichten. Ich habe einige ausgewählt, die in den nun folgenden drei Kapiteln zur Sprache kommen. Vorausschicken möchte ich, dass mir jeder auf seine eigene Art etwas Wesentliches über die Bedeutung der Anthroposophie zu sagen hatte. Außerdem betrifft es Menschen, die eine mehr oder weniger große Rolle in der Öffentlichkeit spielen oder gespielt haben.

ZWÖLFTES KAPITEL
Das moderne Lebensgefühl im Sinne Saul Bellows

1982 erschien der Roman *The dean's december (Der Dezember des Dekans)*[1] des amerikanischen Schriftstellers Saul Bellow. Davor hatte ich noch nie etwas von ihm gelesen. Seinen Namen kannte ich natürlich. 1976 hatte er den Literaturnobelpreis erhalten, und ich wusste, dass er als der bedeutendste amerikanische Schriftsteller angesehen wurde.

Es geschieht nicht oft, dass wir Seiten eines Buches vor uns haben, die wir nicht zu Ende lesen können, weil eine Zeile nach der anderen wie eine Granate bei uns einschlägt. Aber wenn das geschieht, wissen wir, dass etwas Entscheidendes vor sich geht, etwas, das unser Leben verändern wird. Das passierte mir bei folgender Passage aus dem Buch *The dean's december*, der eine Betrachtung über den »Dschungel« oder auch »Schutthaufen« vorangging, der Chicago heißt, und über den Journalismus in Amerika. Die Hauptperson, Albert Corde, der nicht nur Dekan, sondern auch Publizist ist, spricht folgendermaßen mit sich selbst:

»Und dies ist unsere amerikanische Idee: Freiheit, Gleichheit, Gerechtigkeit, Demokratie, Überfluss. Und hier ist, wie die Dinge heute in einer Stadt wie Chicago aussehen. Seht's euch an! Wie begreift die Öffentlichkeit diese Ereignisse? Sie begreift sie nicht. Sie ist um die Möglichkeit gebracht worden, sie zu erfahren. [...] In der moralischen Krise Amerikas musste man als erstes erfahren, was da vor sich ging, und sehen, was gesehen werden musste. Die Tatsachen wurden von unserer Wahrnehmung erfasst. Mehr als in der Vergangenheit? Ja, weil die Veränderungen, besonders die zunehmende Bewusstwerdung – aber auch die falsche Bewusstwerdung – von einer besonders gearteten Verirrung begleitet waren. Die Zunahme an Theorien und Abhandlungen, selbst schon eine Ursache neuer absonderlicher Formen der Blindheit, die falschen Darstellungen von ›Kommunikation‹ führten zu scheußlichen Verzerrungen des öffentlichen Bewusstseins. Daher war der erste Akt der Moral, die Realität auszugraben, die Realität wiederzuerlangen, sie aus dem Schutt hervorzuholen, sie von neuem darzustellen, so wie sie in der Kunst dargestellt würde.«[2]

Hier stellte ein Autor eine Frage, die gegenwärtig nur selten gestellt wird: Wie muss man die Wirklichkeit darstellen, so dass sie für Menschen erlebbar wird? Vor allem in journalistischen Kreisen wird über diese Frage selten oder gar nicht gesprochen, auch dann nicht, wenn man bei einem Gläschen zusammensitzt. Ich aber hatte, genau wie Bellow, den Eindruck, dass man in Zeitungen zwar eine ganze Menge über die verschiedensten Dinge lesen kann (Kriege, Fußballwettkämpfe, Verhandlungen zwischen »Sozialpartnern«, neue Entdeckungen von Biotechnologen), dass man aber mit seinem Gefühl kaum eine Verbindung zur Wirklichkeit bekommt.

Auch in der gegenwärtigen Literatur besteht kaum Interesse an dieser Frage, wenn man von einigen wenigen wie Harry Mulisch, Peter Handke oder Günter Grass absieht. Und da wir die Entwicklung in der Literatur nun einmal durch die Zeitungen verfolgen (mehr als die Schriftsteller sind es die Rezensenten, die uns eine Vorstellung von der gegenwärtigen Literatur vermitteln), bekommen wir auch diese Wenigen kaum in unser Blickfeld. Die oben gestellte Frage ist nämlich – wenigstens nach Ansicht der Rezensenten – entweder nicht wichtig oder zu schwierig für die Leser. Kurz, die eigentliche Domäne der Literatur, die Wirklichkeit mit Hilfe der Phantasie darzustellen, steht kaum zur Diskussion.

In dem Buch *The dean's december* versucht Saul Bellow, die Wirklichkeit »auf künstlerische Art« zu beschreiben. Und unter Wirklichkeit wird hier das verstanden, was die Menschen in ihrem tatsächlichen Leben erfahren. Der Roman handelt von einem Dekan, Albert Corde, der den Monat Dezember in Bukarest, damals noch unter kommunistischer Herrschaft, verbringt. Corde begleitet seine Frau Minna, deren Mutter in Bukarest im Sterben liegt; von dieser Mutter wird erzählt, dass sie früher Gesundheitsministerin war, dann in Ungnade fiel und aus der Kommunistischen Partei ausgeschlossen wurde. Da sie aber »diskrete eigene Verbindungen zu den alten Trägern der Bürokratie« hatte,[3] war ihr eine für Rumänien ungebräuchliche Gunst erwiesen worden: sie durfte nach einem Herzanfall im Krankenhaus an einen Monitor angeschlossen werden.

Die Gunstbezeigungen des Staates gehen jedoch nicht so weit, dass Corde und seine Frau die Mutter regelmäßig besuchen dürfen. Der Kampf gegen die Bürokratie und vor allem die Weise, wie Corde darauf *in seiner Innenwelt* reagiert, bilden ein wichtiges Motiv in diesem Buch. In Hunderten von Beispielen bis in die Praxis des täglichen Lebens hinein zeigt Saul Bellow, zu welchen Absonderlichkeiten es führt, wenn ein Volk auf eine Art regiert wird, die es nicht will. Zugleich jedoch – und das ist das Spannende an diesem Buch – wird Albert Corde fortwährend von Dingen in Beschlag genommen, die währenddessen in Chicago geschehen. So bekommt er Probleme mit erbosten Reaktionen auf Artikel, die er vor kurzem in einer amerikanischen Zeitschrift veröffentlicht hat. In diesen Artikeln beschreibt er die Randgruppen von Chicago, und er tut dies auf eine Weise, die als beleidigend erlebt wird. Corde erschrickt über diese Reaktionen – er ist ein sensibler, seelisch nicht besonders robuster Mensch – und fängt an, sich auf sich selbst zu besinnen; er stellt sich die Frage: Warum habe ich diese Artikel eigentlich geschrieben.

Während dieser Selbstbesinnung laufen auf zwei Ebenen verschiedene Welten durcheinander: die Welt des Kapitalismus und die des Kommunismus sowie die seelische Welt und die äußere Welt. Und Corde kommt zu dem Schluß, dass es sich in beiden Fällen nicht um Gegensätze, sondern um Polaritäten handelt. Um diese Polaritäten als solche zu beschreiben, wirft Saul Bellow alle möglichen »Konzepte« über den Haufen, mit denen wir als moderne Menschen so vertraut sind: psychologische, soziologische, kulturelle, politische ... Es ist, als befände Albert Corde sich in einer Spiegelgalerie, in der diverse fest umrissene Begriffe ineinander übergehen. Es gibt keinen einzigen festen Punkt – außer der wahrnehmenden und denkenden Fähigkeit des Albert Corde selbst.

Corde will keine Konzepte, sondern *Bilder*: »Er war seiner ganzen Art nach ein Mensch der Bilder«[4] Obwohl Albert Corde ein sehr genauer Beobachter physischer »Dinge« ist, sieht er oft mehr als nur das Materielle. Um ein Beispiel zu geben, zitiere ich die Zeilen, in denen das Antlitz eines verstorbenen Studenten beschrieben wird, der vom Dach gefallen ist. »Die Falten um seinen Mund« schreibt Bellow, »das entschlossene Kinn gaben ihm einen langen, weißen, reifen Ausdruck von Würde. Erwachsener, robuster, eine ganz andere Sorte Mensch [als da er noch lebte]. Corde neigte zu der Annahme, dass sein unvermittelter Tod dem Jungen etwas beigebracht hatte. Da er ein für allemal von der aktiven menschlichen Summe subtrahiert war, konnte man nur ansatzweise ahnen, wann diese Belehrung erfolgt war. Erleuchtung beim Sturz? Ein zehn Sekunden langes Überdenken seines Lebens?«[5]

Im Buch *The dean's december* ist eine ganz bestimmte Art von Weisheit zu finden, die dadurch entsteht, dass die Wirklichkeit, die wir mit unseren Sinnen wahrnehmen können, gleichsam vertieft wird. Um es in meinen Worten zu sagen: Saul Bellow spiritualisiert die materielle Welt, indem er in der Darstellung dieser Welt unsere Gefühle auf eine fast greifbare Weise verarbeitet. Dabei verschwindet Bellow nicht wie ein Mystiker in vagen Gefühlen, die getrennt von der Wirklichkeit sind, sondern ist eher ein Magier, der die Geheimnisse aus den Dingen herauszaubert, ein Realist, der Autos, Wolkenkratzer, Universitäten und Gefängnisse aus ihrem einsamen »Ding«-Charakter erlöst, unter dem sie so deutlich erkennbar leiden, und sie fast physisch sichtbar in eine Aura tieferer Bedeutung einbettet.

Nachdem ich das Buch gelesen hatte, hörte ich zu meiner Überraschung, dass Saul Bellow sich schon seit geraumer Zeit intensiv mit der Anthroposophie beschäftige. Ich hätte das übrigens wissen können, zumindest wenn ich die kurzen Berichte, die verstreut in einigen deutschen anthroposophischen Zeitschriften zu finden waren, gelesen hätte.

Bellow ein Anthroposoph? Anfangs war ich enttäuscht und gestand mir, dass es mir lieber gewesen wäre, wenn er seine Weisheiten aus eigener Kraft gefunden hätte. In einer Nummer der Zeitschrift *Das Goetheanum* stieß ich auf die Übersetzung eines Interviews, das Bellow 1976 in Stockholm kurz nach Empfang des Nobelpreises gegeben hatte.[6] Aus dem Interview war ersichtlich, dass er sich in einem früheren Roman, *Humboldt's gift* (Humboldts Vermächtnis)[7] aus dem Jahre 1975, eingehend zur Anthroposophie geäußert hatte. So wird in dem Buch ausführlich und auf oft humoristische Weise erzählt, welche Erfahrungen die Hauptperson mit den Meditationsübungen aus dem Buch *Wie erlangt man Erkenntnisse der höheren Welten?* macht.

»Anthroposophie«, sagt Bellow, »geht als ein Leitfaden durch alle Versuche von Charles Citrine (der Hauptperson des Romans *Humboldts Vermächtnis),* zu einem Weltbild vorzudringen, das den Wert des Menschenlebens nicht ablehnt oder jeden Gedanken an die Toten sinnlos macht«. Die Journalistin Kerstin Anér fragt Bellow dann, ob sein Interesse für die Anthroposophie mit dem Interesse für den östlichen Okkultismus zusammenhänge, der in den Vereinigten Staaten stark zunähme. Bellow darauf: »Ich interessiere mich nicht für Okkultismus«. Er erzählt, er habe in seiner Jugend Plato gelesen und sich nie davon lösen können. »Ich habe Spinoza, Kant, Hegel usw. gelesen, Philosophen, von denen man sich an einem Vormittag einen Begriff bilden kann, aber was hat man später davon? Nur Ansichten, nur Gedanken. Steiner jedoch ist etwas anderes. Er fordert, dass man nicht nur denken, sondern erleben und handeln soll. Er gibt exakte Übungen und Methoden an, damit man kontrollieren kann, ob das, was er sagt, wahr sei. Es ist ein Pragmatismus, dem ich nicht widerstehen kann.«

Und weiter: »Ich kann nicht sagen, dass ich Anthroposoph bin – noch nicht. Aber ich versuche es zu werden. Ich habe mich nie von dem Idealismus Platos befreien können, von dem Gedanken, dass die materielle Welt nicht die ursprüngliche oder die einzige sei. Und wenn ich Steiner lese, finde ich eine gewaltige poetische Vision, ebenso groß und eigenartig wie die Swedenborgs. Das ist ein überwältigendes Gedicht, und ich kann an diesem nicht vorbeigehen.«[8]

Rudolf Steiner bietet einen Pragmatismus ... Das war ein neuer Gesichtspunkt. Ich ging sofort in eine Buchhandlung und kaufte den Roman *Humboldt' s gift*, eine ganze Handbreit dick, der noch mehr als *The dean's december* seine große Liebe zur Sinnenwelt zeigt. Die Hauptperson, Charles Citrine, ist ein ausgesprochen »linkischer, moderner Amerikaner«[9], auf dessen Netzhaut viel landet und der verzweifelt versucht, über diese Fülle nachzudenken. Durch diese Verzweiflung – Bellow scheint zu sagen: Wenn es ums Denken geht, ist jeder Amerikaner ein Schummler, der aus jeder Mücke einen Elefanten macht –

bekommt das Buch einen ausgesprochen satirischen Charakter. Der Amerikaner erlebt und tut mehr als er begreifen kann.

Begreifen, das ist für Bellow: das alte Europa; Tun und Erleben dagegen: das neue Amerika. Und Steiner ist für Bellow ein praktischer Philosoph, der vor allem den Amerikanern viel zu sagen hat. In *Humboldt's gift* dreht sich jedoch alles um eine große Liebe zur konkreten Erfahrung. Was erlebt ein Mensch wirklich, wenn er verliebt ist (und sein Herz zu klopfen, seine Haut zu transpirieren beginnt), wenn er hinter dem Steuer eines Autos sitzt, im Lift steht ... Man landet als Leser in einem fortlaufenden Strom von Erlebnissen, die einerseits das Bewusstsein zu überschwemmen drohen, andererseits ihm aber gerade die Möglichkeit geben aufzuwachen.

In derselben Nummer des *Goetheanum* stieß ich auf eine Rezension von *Humboldt's gift*[10], die von Friedrich Hiebel stammte, einem damaligen Vorstandsmitglied der Allgemeinen Anthroposophischen Gesellschaft und Autor einer von mir sehr geschätzten Aristoteles-Biographie. Hiebels Ansichten über Bellow waren als absolut wohlwollend zu bezeichnen und doch brachten sie mich in Rage. Er beginnt mit der erfreuten Feststellung, dass Rudolf Steiner endlich von einem berühmten Schriftsteller ernst genommen werde. Gleich darauf aber spricht er sein Bedauern darüber aus, dass die meisten Kritiker des Buches Steiners Namen und seine Anthroposophie verschwiegen. Laut Hiebel habe es nur eine rühmliche Ausnahme gegeben, die *Newsweek*, die darüber erstaunt war, dass Bellow Interesse zeigte an dem »okkultistischen Denker Rudolf Steiner, der die Wiederverkörperung der Seelen lehrt«. In der betreffenden Wochenzeitung wird Bellow zitiert, der berichtet, dass er die Anthroposophie durch das Werk des englischen Schriftstellers Owen Barfield kennengelernt hat.

Barfield! Den kannte ich schon: ein englischer Anthroposoph, der zu Unrecht in den Niederlanden und in Deutschland mehr oder weniger unbekannt geblieben ist, sich aber in England und in Amerika großer Bekanntheit erfreut. Auf sein Werk war ich durch meine Studie zur Bedeutung der Phantasie gestoßen; seine Bücher *Poetic diction* und *Saving the Appearances* hatten mich in Feuer und Flamme versetzt, und ich betrachtete Barfield als einen der wenigen Anthroposophen, die sich nicht immer nur auf

Steiner stützen mussten. Zu meiner großen Überraschung sagte Bellow in *Newsweek*, dass Barfield der Bedeutung »der dichterischen Fähigkeit der Imagination« kräftig neues Leben eingehaucht hatte. Saul Bellow: »Lesen Sie *Saving the appearances* [...] und dann Rudolf Steiners Buch *Theosophie* ... Ich war von der Idee beeindruckt, dass es Formen der Erkenntnis gibt, die jetzt in Misskredit sind, die aber lange Zeit die Grundlage menschlichen Wissens waren. Wir glauben, wir können die Welt wissenschaftlich erklären, aber unsere Ignoranz ist eigentlich beängstigend.«[11]

Hiebel, der dies alles wunderschön zitiert, begreift jedoch wenig von *Humboldt's gift*. Er klagt über die Menge an Details, die Bellow beschreibt und mokiert sich darüber, dass man sich als Leser geduldig-ungeduldig durch den »Zivilisationsschutt« hindurcharbeiten müsse, der »unter der Decke von Sex, Alkohol und Geldgier ruht.«[12]

Und: »Mitten in dieser Hektik (man kann für diesen Zustand des nervösen Getriebenseins des westlichen Weltstadtmenschen keinen besseren Ausdruck finden als das jetzt in der deutschen Sprache leider heimisch gewordene Idiom des Amerikanischen), sucht der Autor nach Ruhe, nach Kontemplation, nach meditativer Versenkung«.[13] Hiebel meint in Wirklichkeit, so wird aus dieser Rezension deutlich, dass Bellow sich zuviel mit der amerikanischen Zivilisation beschäftigt, zu sehr Realist ist, zu sehr Wahrnehmer offenkundig unwichtiger Details ... Es ist, als dächte Hiebel: Wenn Bellow doch nur schneller zur Sache käme! Wenn er doch nur die Ansichten Steiners über Meditation und das Leben nach dem Tode tiefsinniger und ausführlicher erklären wollte! Ja, warum *zitiert* Bellow Steiner nicht einfach? Das wäre doch viel besser! Warum müssen wir all die ungeschickten Versuche lesen, die Charles Citrine unternimmt, um zur Meditation zu kommen?

Hiebel endet schließlich damit, dass er die Hoffnung ausspricht, das nächste Buch Bellows möge das Thema »auf höherer Ebene fortführen«.[14]

1984 besuche ich Saul Bellow. Seine Kraft liegt nicht in der Stimme, sondern in seinen Augen: groß und braun, von gewaltigen Augenlidern umgeben. Sie erinnern mich an Kastanien in einer aufgeplatzten Schale. Fortwährend lässt er seine Blicke umherschweifen. Ich begreife, dass er das ist, was er Albert Corde, der Hauptperson aus *The dean's december,* andichtet: ein hungriger Beobachter. Ab und an machen seine Augenlider eine nervöse, ziehende Bewegung, als lägen die Augen zu bloß und wollten sich schützen. Als sähen sie mehr, als sie sich vorstellen können. In seiner Kopfstellung, oft schräg nach vorn, ist etwas Abwehrendes, als wollte er der Wirklichkeit die Stirn bieten. Bellow ist teuer, aber nonchalant gekleidet und trägt ein Oberhemd mit offenem Kragen. Obgleich er fast siebzig ist, bewegt er sich athletisch geschmeidig.

»Ich bin Amerikaner«, sagt er zögernd. »Ich bin es auf meine Weise. Jeder Amerikaner ist Amerikaner auf seine eigene Weise. Das ist amerikanisch.«

Er wurde am 10. Juni 1915 in Lachine, einer Vorstadt von Montreal, Kanada, geboren. Die Bellows wohnten in einem alten und ärmlichen jüdischen Viertel; zwei Jahre, bevor Saul geboren wurde, hatten seine Eltern das russische St. Petersburg in der Hoffnung verlassen, in Kanada eine bessere Zukunft zu finden. 1924, als Saul neun Jahre alt ist, zieht die Familie nach Chicago um. »Dort wuchs ich auf, und ich betrachte mich als einen Mann aus Chicago, durch und durch.«

In vielen Romanen Bellows ist diese zweitgrößte Stadt Amerikas die Kulisse für seine Figuren. Sein hervorragendster Chicago-Roman, *The adventures of Augy March,* beginnt mit dem vielzitierten Knalleffekt: »Ich bin ein Amerikaner, geboren in Chicago – dieser finsteren Stadt – und gehe an Dinge im Freistil, so wie ich es mir selbst beigebracht habe, heran; und darum werde ich auch in der mir eigenen Art Bilanz ziehen und diesen Bericht schreiben.«[15] In *The dean's december* läßt er jemanden über Chicago sagen: »Die Stadt ist kein Ort mehr, sondern ein Zustand.«

Und weiter: »Ich bin mit dem modernen Lebensgefühl verbunden. Das ist meine Wirklichkeit. Das moderne Lebensgefühl wurde in den großen Städten geboren. Die moderne Literatur ist ein Kind der Metropole.« Aber die Metropole droht unterzugehen. Bellow: »Eine Stadt wie Chicago besteht erst hundertfünfzig Jahre. Und doch fällt die Stadt auseinander. Diejenigen, die hier aufwuchsen, haben bemerken können, dass Chicago dabei ist zu verfallen, und ich frage mich, ob Chicago überleben wird. Man sieht hier die Ruinen einer Welt, der amerikanischen Welt. Es ist ein historischer Auftrag der Metropole, gewaltigen Gruppen von Menschen, Millionen und Abermillionen, die Möglichkeit zu geben, in Freiheit zusammenzuleben. Es kann jedoch nicht mehr geleugnet werden, dass es in einer Katastrophe zu enden droht.«

Saul Bellow besucht in den dreißiger Jahren Vorlesungen an der Universität von Chicago und an der North-Western Universität. Er erlangt einen Doktorgrad in Soziologie und Anthropologie, verlässt aber 1937 die Universität, weil er entdeckt hat, dass er Schriftsteller werden will. Er zieht nach New York, und die nächsten Jahre sind mit Aufträgen verschiedenster Art ausgefüllt, unter anderem mit Schreibaufträgen für die Encyclopaedia Britannica. Bellow führt das Leben eines Bohémien. Im Zweiten Weltkrieg ist er bei der Handelsmarine. Außer einigen kurzen Geschichten veröffentlicht er wenig Eigenes. 1944 erscheint sein erster Roman, *Dangling man*, eine Art amerikanischer Imitation von Rainer Maria Rilkes *Aufzeichnungen des Malte Laurids Brigge*. Der Roman kommt gut an, und *The New Yorker* schreibt: »Eines der herrlichsten Zeugnisse der Psychologie einer Generation, aufgewachsen in der Zeit der Krise und des Krieges.« Dennoch ist das Buch kein echter Bellow. Die Form wirkt konventionell, was auch für seinen zweiten Roman gilt, *The victim*.

Bellow zieht nach Paris, wo er journalistisch tätig ist. Auch beginnt er dort in der großen europäischen Metropole an seinem herzerwärmenden und köstlichen *The adventures of Augy March* zu schreiben, einem Roman über die große amerikanische Metropole Chicago. Bellows erster echter Bellow! Wer genau wissen will, welche Kleider man in Chicago in den dreißiger Jahren trug, der lese *Augy March*. Wer genau wissen will, wie es ein Hundefriseur in Chicago schafft, steinreich zu werden, der lese *Augy March*. Wer wissen will, wie man einen Adler zähmt, der lese *Augy March*.

Hier meldet sich ein Erzähler mit einer unmäßigen Begierde nach sinnlicher Wirklichkeit zu Wort. Die Welt fliegt uns wie eine Fülle von Schaumflocken entgegen: patente Jungens, Grand Ladies, Bodyguards (notabene die von Trotzki), Kohlenhändler, Herumtreiber, Zeitungsverkäufer, korrupte Polizeichefs und so weiter. Saul Bellow über dieses Buch: »Als ich mit *Augy March* anfing, verließ ich meine Zurückgezogenheit. Ich glaube, dass ich darin zu weit gegangen bin, aber ich fühlte die Erregung des Entdeckens. Ich hatte gerade meine Freiheit ausgeweitet, und wie jeder emanzipierte Plebejer missbrauchte ich sie sofort.« Der Roman erscheint 1953 und wird unmittelbar mit dem »National Award for Fiction« prämiert. Dies blieb übrigens nicht das einzige Mal.

Er ist inzwischen aus Paris zurückgekehrt und lehrt nun an der Universität von New York. Er veröffentlicht Artikel über verschiedene Themen und schreibt den Roman *Henderson, the Rain King*, der 1959 erscheint. Ein Jahr später erscheint das bizarre Buch *Herzog*, das von einem verzweifelten Skeptiker handelt, der ständig Briefe schreibt, die nicht abgeschickt werden. Im Juni 1967 macht er den Sechstagekrieg in Israel als Korrespondent mit; seine eher unkonventionellen Berichterstattungen erscheinen in *Newsday*. Es folgen drei Bestseller: *Mr Sammler's planet* (1970), *Humboldt's gift* (1975) und *The dean's december* (1982).

Offensichtlich geht Saul Bellow davon aus, dass *Humboldt's gift*, worin er so ausführlich über die Anthroposophie schreibt, der hauptsächliche Anlass zu meinem Besuch ist. Denn er beginnt sofort mit einer Erläuterung dessen, was in seinen Augen ein großes Missverständnis ist: »*Humboldt's gift*«, sagt er, »ist ein satirischer Roman. Auch die Anthroposophen haben das nicht bemerkt. Ich habe zeigen wollen, dass das tägliche Leben viel merkwürdiger als das okkulte Leben ist.« Und er fährt gleich fort: »Man muss auch über ernste Angelegenheiten Witze machen können. Ich bin Jude. Juden haben immer Witze gemacht; wir haben ein *joking* Verhältnis zu Gott. Ich bitte Gott, mir meine kleinen Späßchen, die ich mir mit ihm erlaube, zu vergeben, weil ich ihm den einen großen Witz, den er sich mit uns erlaubt hat, vergeben kann.« Während er herzlich lacht, halten seine Augen meine fest.

Ich frage ihn, wie er die Anthroposophie kennengelernt hat. »Mein Fach ist das Schreiben. Ich will die Wirklichkeit beschreiben. In dem Buch *Saving the appearances* von Owen Barfield – ich betrachte ihn übrigens als einen der besten Interpreten Rudolf Steiners – fand ich wichtige Gesichtspunkte zu der Frage: Was ist eigentlich die Wirklichkeit? Und wie beschreibt man sie? Da ich es als meine Aufgabe ansehe, die Wirklichkeit so zu beschreiben, wie ich sie sehen kann, muss ich mich also mit dieser Art von Fragen beschäftigen. Meine Romane müssen von der Wirklichkeit handeln. Um etwas darüber zu lernen, muss ich nach allen Seiten Ausschau halten. Wenn die chinesische Poesie mir etwas darüber sagen kann, studiere ich die chinesische Poesie.

Die Fiktion ist letztlich die Kunst der Imagination. Heutzutage ist Fiktion ein gefährliches Gebiet, weil dauernd eine Verfälschung der Fiktion droht. Die Grenzen sind verschwommen, man muss sich als Schriftsteller mit den Gesetzmäßigkeiten der Vorstellungskraft befassen. Es war für mich schon länger eine ganz persönliche Erfahrung, dass es eine objektive Wirklichkeit gibt, die tiefer reicht als das, was wir im Westen meistens unter der Wirklichkeit verstehen. Wenn ich an die Erlebnisse meiner Kindheit denke, an das Gefühl, das ich meinen Eltern gegenüber hatte ... Es war eine Selbstverständlichkeit für mich, dass es eine Existenz vor dieser irdischen Existenz gab ... Aber wenn ein Kind heranwächst und durch Erziehung und Unterricht vernünftig wird, wie es heißt, aber auch dadurch, wie es sich von innen her entwickelt, vergisst es derartige Erfahrungen. Ich wollte die Kindheitserfahrungen immer festhalten, sie mit einbeziehen. Schon vor vielen Jahren begann ich darüber nachzudenken. Ich las Blake, Wordsworth und Coleridge und war überzeugt von der Wahrheit ihrer Visionen. Bei Plato fand ich vergleichbare Erfahrungen; er läßt Sokrates sagen, dass die Seele, wenn sie geboren werden will, von den Göttern begleitet wird und dass sie dadurch etwas Göttliches mit auf die Erde bringt. Derartige Bilder repräsentieren eine Wirklichkeit, von der ich etwas in meinem Leben erfahren habe. Das Bemerkenswerte der Anthroposophie nun ist, dass sie nicht nur über Visionen und das Geistige spricht, sondern dass sie etwas darüber sagt, wie eng miteinander verschlungen Geist und Materie sind. Es geht in der Anthroposophie um Geist und Materie gleichermaßen. Keines von beiden wird von Steiner unterschätzt.«

Mehrfach und nachdrücklich nennt Saul Bellow Rudolf Steiner »einen Eingeweihten«. Ich frage ihn, ob er Steiner auch als Schriftsteller betrachtet. Bellow vorsichtig: »Ich zögere, ihn so zu nennen.«

Was ist für Sie ein Eingeweihter? Bellow: »Jemand, der aus eigener Kraft in die geistige Welt schauen kann. Die Tatsache, dass er ein Eingeweihter war, bedeutet jedoch für mich nicht, dass ich alles für wahr halte, was er gesagt hat. Man muss kritisch an Steiner herangehen, wie an jeden anderen. Er kann sich inbestimmten Punkten getäuscht haben. Wenn ich beispielsweise sein Buch über Nietzsche lese, denke ich: Das ist nicht der beste Steiner. Das moderne Lebensgefühl, das Nietzsche ausspricht, hat Steiner meiner Meinung nach nicht richtig erfasst.«

Modernes Lebensgefühl? Bellow: »Ja, wenn Steiner darüber spricht, landet er schnell im Allgemeinen. Wie ich es sehe, war Steiner in diesem Punkt nicht wirklich aufgewacht.«

Ich versuche Bellow zu verstehen und erzähle ihm von meiner Enttäuschung, als ich das Buch *Mein Lebensgang* las, in dem er den Beschreibungen persönlicher Lebenserfahrungen ausweicht. Das Werk Bellows ist etwa das Gegenteil davon; es geht gerade von der täglichen und persönlich erlebten Wirklichkeit aus. Mehr noch: Die warme, weil sinngebende Zuwendung, die Bellow dem Alltäglichen schenkt, betrachte ich als die wichtigste Qualität seines Werkes. Ich frage ihn, ob dies mit dem zusammenhängt, was er das moderne Lebensgefühl nennt.

Bellow: »Ja, Steiner greift selten auf persönliche Tatsachen zurück. Er befaßt sich nicht mit familiären Intimitäten, mit seiner eigenen Realität von Brot, Tisch und Bett. In Vorträgen macht er zwar gelegentlich darauf aufmerksam, wie ein Mensch geht oder etwas Derartiges, aber es ist für ihn nicht ein Gebiet, an dem er wirklich interessiert ist. Er war nicht interessiert daran, dies Gebiet zu erhellen. Davon war er weit entfernt. Ich muss zugeben, dass Steiner für mich darin etwas nebulös ist. Ich habe Bücher von Anhängern Steiners gelesen, und auch von ihnen bekam ich den Eindruck, dass sie die tägliche Wirklichkeit und die Aktualität so schnell wie möglich verlassen wollen. Dennoch berührt mich sehr vieles von dem, was Steiner sagt, so tief, dass ich mich weiterhin mit ihm beschäftigen werde. Wie gesagt: Ich betrachte ihn als einen Eingeweihten. Das bedeutet zugleich, dass ich nicht von ihm erwarte, dass er sich von mir völlig begreifen lässt.«

Sind Sie an Steiners Lebenslauf interessiert?
Bellow: »Er fasziniert mich. Ein so kolossaler Ausbruch von Energie. Ein solches Übermaß an geleisteter Arbeit. Ein Wunder.«

Als Saul Bellow etwas später wieder eine Kanne Tee zubereitet hat, stellt er sich in die offene Küchentür, die rechte Hand in der Hosentasche, die linke nonchalant an seinem Körper herab baumeln lassend. Er schaut mich lachend an. Lange. Auch ich schaue ihn an. Es fällt mir auf, wie auffallend locker die weißen Haare in Strähnen um seinen kahlwerdenden Schädel hängen. Dann durchbricht er die Stille und sagt: »Wenn sich zwei Menschen gegenüberstehen, sehen sie gegenseitig ihre physischen Leiber. Das ist wichtig. Das ist wirklich. Wenn ein Schriftsteller die physischen Dinge unwichtig findet und nicht auf das achtet, was seine Augen sehen und was seine Ohren hören, ist das, was er schreibt, nichts wert.«

Bellow der Anthroposoph. Bellow der Amerikaner. Bellow der Realist, ja, der Pragmatiker. Bellow der gebildete Straßenjunge aus Chicago, der das moderne Lebensgefühl beschreibt. Der einen einsamen Kampf gegen die Presse kämpft. Der als der »Schatz von Chicago« bezeichnet wird. Der in einem bestimmten Augenblick sagt: »Ich habe das Gefühl, dass in mir eine Urpersönlichkeit ist, die hoch über mir steht und die irdische Wirklichkeit kennen lernen will.« Realismus, Amerikanismus, Pragmatismus, modernes Lebensgefühl, die irdische Wirklichkeit lieben – lauter Begriffe, denen man in der anthroposophischen Literatur selten begegnet.

Im Mai 1995 erscheint eine Themennummer des *Goetheanum* über Bellow, aus Anlass seines achtzigsten Geburtstages. In einem kurzen und bemerkenswerten Kommentar lenkt der damalige Redakteur Rudolf Bind die Aufmerksamkeit auf Saul Bellow und Joseph Beuys, die die »Anthroposophie und Rudolf Steiner in den siebziger Jahren mit einem kräftigen Ruck in das Bewusstsein der Zeitgenossen« gebracht haben«.[16] Bind versäumt es, hinzuzufügen – offenkundig aber hat er es im Bewusstsein –, dass beide Künstler mit kräftigem Gegenwind zu kämpfen hatten, vor allem auch aus der anthroposophischen Ecke. Er schließt mit dem schwierigen, aber höchst interessanten Satz: »Wer vermag schon abzuschätzen, wer oder was innerhalb jener Jahre noch alles geboren wurde oder zu wirken begann und heute zunehmend für die anthroposophische Sache an Bedeutung gewinnt?«[17]

Nach fast zwanzig Jahren wurde Bellow in der anthroposophischen Bewegung die Ehre zuteil, die er verdient. Über Joseph Beuys werden wir noch sprechen.

DREIZEHNTES KAPITEL
Die Imagination, wie Owen Barfield sie versteht

Im Sommer 1975 fand eine Begegnung zwischen Saul Bellow und Owen Barfield statt, die jedoch sehr unbefriedigend verlief. Saul Bellow: »Wir hatten uns wenig zu sagen. Aber, naja, was willst du: Ein Straßenjunge aus Chicago und ein Aristokrat aus Kent, das geht nun einmal nicht. Dennoch betrachte ich Barfield weiterhin als meinen wichtigsten Lehrer.« Interessant ist es, dass Bellow Barfield vorher in einem Brief geschrieben hatte, dass er kein Philosoph sei und nicht mit ihm über »Rationalität und Irrationalität« diskutieren wolle. Nein, das Gesprächsthema, soweit es ihn betraf, war: Die Macht der Dunkelheit.

Wer ist Owen Barfield? 1975, kurz nachdem ich das Werk von Willem Zeylmans van Emmichoven entdeckt hatte, fand ich zufällig in einer Buchhandlung in Utrecht ein Buch des mir damals noch unbekannten Autors Owen Barfield, *History in English words*. Es war 1927 bei Faber und Faber, dem renommierten Verlag des Dichters T.S. Eliot, erschienen. Zu der Zeit (1975) studierte ich Englisch am Lehrerseminar und war an dem Thema interessiert, das der Titel angab. Das letzte Kapitel des Buches, so sah ich in der Inhaltsangabe, handelte von »Imagination«.

Es war ein faszinierendes Buch, in dem die These vertreten wurde, dass man an der Geschichte der Worte sehen konnte, dass Menschen früher andere Formen des Bewusstseins hatten. Owen Barfield zufolge läßt sich an der Geschichte vieler Wörter ablesen, dass im Laufe langer Zeiten eine »Spaltung« in mehrere Bedeutungen aufgetreten ist. In ganz früher Zeit hatten die Wörter eine zugleich *innere* und eine *äußere* Bedeutung; doch in der Gegenwart ist es meist entweder nur die eine oder nur die andere. Ein einfaches Beispiel, das Wort *Panik*, zeigt, was gemeint ist. Es bezieht sich gegenwärtig nur auf einen inneren Zustand, eine Verwirrung, die das Bewusstsein verdunkelt und mit Angst verbunden ist. Das Wort stammt jedoch vom griechischen *Pan*, dem Namen eines

Naturgottes. »Wörter wie *Panik*« schreibt Barfield, »sind wichtig, weil wir keine andere Möglichkeit haben, festzustellen, wie die Menschen früher, bevor es Literatur und schriftliche Überlieferung gab, dachten und fühlten [...] Das Wort gibt uns die Möglichkeit, uns klarzumachen, dass die frühen Griechen sich dieses Phänomens bewusst wurden und es daher auch benennen konnten; denn sie fühlten die Gegenwart eines unsichtbaren Wesens, das die Emotionen der Herden aufrührte. Und es zeigt auch, dass diese Art der Erfahrung sich langsam in die abstrakte Idee veränderte, auf die der moderne Mensch verweist, wenn er das Wort *Panik* benutzt.«[1]

Im letzten Kapitel wendet sich die Aufmerksamkeit ganz meinem Helden Samuel Taylor Coleridge zu. In einer Betrachtung über die Wörter *art, fiction, creative, fancy, imagination* und *dream*[2] beschreibt Barfield, wie in England während des siebzehnten Jahrhunderts ein Komplex neuer Inhalte entstanden ist, die alle mit einer neuen Form des Bewusstseins zusammenhängen und die zugleich die Grundlage für das bieten, was erst später »die Romantik« genannt wurde. Wörtern wie *mechanisch* und *materiell* wurden *kreativ* und *genial* gegenübergestellt. Während das materialistische Weltbild davon ausgeht, dass der Mensch das Ergebnis materieller Prozesse ist, lebt im romantischen Bewusstsein mehr die Idee, dass alles aus dem Geiste stammt.

Kein Geringerer als Samuel Taylor Coleridge beginnt mit aller Energie, über die Erscheinungen der Phantasie und der Imagination nachzudenken. Coleridge (dessen Kopf, wie Barfield meint, voller alter Hexerei ist) wird dazu von seinem Freund William Wordsworth (dessen Kopf voller idyllischer Feldwege ist) angeregt. In der Freundschaft zwischen diesen beiden – der eine seiner Art nach auf das Übersinnliche, der andere auf die Natur gerichtet – entwickelt sich die neue Auffassung über die Phantasie. Wordsworth hat das Gefühl, dass in der Natur eine schöpferische Kraft am Werk ist, *die sich im menschlichen Bewusstsein fortsetzen will und Schöpferin imaginärer Vorstellungen sein kann*. Coleridge hat das umgekehrte Gefühl, dass sich nämlich in seinem Inneren ein dauernder Stau visionärer Bilder befindet, aus der Tiefe heraufsteigend, *der sich in Form kultureller Schöpfungen in der äußeren Welt fortsetzen will.*

Einige Seiten weiter befasst sich Barfield mit Coleridges Gedicht *Ode to dejection*. Er nennt es das »herzzerreißendste« Gedicht Coleridges. Es geht in diesem Gedicht, wie er ausführt, um den Verfall gerade der Fähigkeit, deren Neuentdecker Coleridge war: die Imagination.

Noch wichtiger wurden für mich zwei weitere Bücher Owen Barfields, *Poetic diction* und *Saving the appearances*, kurze Zeit nach dem ersten geschrieben. Sie gaben mir praktisch Antwort auf die Frage, die ich im sechsten Kapitel stellte: Welches ist die wissenschaftliche Bedeutung der Tatsache, dass mein Herz sagt, etwas sei wahr? Von dieser Frage handelt *Poetic diction*, vom Anfang bis zum Ende. In den ersten Kapiteln scheint das Buch von der Poesie zu handeln, aber wer weiterliest, merkt, dass dies nur scheinbar so ist. In Wirklichkeit handelt es von dem, was in und mit unserem Bewusstsein geschieht, wenn wir mit bildhaften Vorstellungen konfrontiert werden, die über das tägliche Bewusstsein hinausreichen.

Barfield geht in seiner Betrachtung von der bemerkenswerten Tatsache aus, dass wir bei bestimmten dichterischen Bildern ein Gefühl von *pleasure* bekommen; wir empfinden Freude durch etwas, das zwischen Schönheit und Wahrheit liegt. Als erstes macht er deutlich, dass wir nie die Freude mit »amusement« oder mit einfachem »Spaß« verwechseln dürfen; sondern dass wir im Gegenteil dabei ein Gefühl von »Weisheit« bekommen. Danach erläutert er, dass die Freude immer durch »neue Inhalte« geweckt wird, die sich in den betreffenden Bildern verbergen. Abschließend sagt er, dass diese Inhalte sich auf Wirklichkeiten beziehen, die »hinter« oder »unter« oder »über« der sinnlichen Wirklichkeit liegen.

Nun besteht, so Barfield, ein wesentlicher Unterschied zwischen dem mythischen Bildbewusstsein und dem Bildbewusstsein, das in der modernen Zeit erwacht. Während das frühere ein kollektiver, von den Göttern gelenkter Prozess war, knüpft das jetzige an das individuelle Bewusstsein an. Hierin folgt er Steiner, in dessen Darstellung das rationale Bewusstsein den Menschen gleichsam von der geistigen Welt abschnürt, ihm zugleich aber Autonomie und Freiheit ermöglicht. Ist diese einsame Freiheit einmal erworben (im vierten Kapitel schrieb ich, dass Rudolf Steiner dies die Phase der Bewusstseinsseele nannte), dann entsteht die Möglichkeit, *unter Beibehaltung des individuellen Bewusstseins* auf ein neues mythisches Denken zuzuwachsen, das Steiner das *imaginative Denken* nennt.

Bestimmte poetische Bilder bringen also neue Inhalte in die Kultur. Barfield zufolge ist das nicht nur den Dichtern vorbehalten; auch Wissenschaftler schaffen neue Inhalte in der Form von Bildern. So liegt beispielsweise die Maschine *als Bild* der mechanistischen Auffassung des Weltalls zugrunde, die seit Kopernikus im naturwissenschaftlichen Denken überwiegt. Das Bild der Maschine hat als Metapher Eingang gefunden in die Wissenschaft; und dass die Menschen so übereinstimmend Ja sagten zu diesem Bild, ist keine rationale Frage, sondern eine des Herzens. Zuerst gestand das Herz zu, dass dieses Bild auf das Weltall angewendet wurde, und daraufhin wurde auf dieser Bereitschaft des Herzens das mechanistische Weltbild aufgebaut. Als es sich dann zeigte, dass dieses Weltbild zu beachtlichen praktischen Resultaten führte – die ganze Technik basiert darauf –, bekam die Bildsprache einen mehr und mehr ausschließlichen Charakter und das mechanistische Weltbild wurde als die einzig wirkliche Wahrheit angesehen.

Barfield meint, dass in der westlichen Kultur seit der Romantik eine tiefe Kluft zwischen Künstlern und Wissenschaftlern entstanden ist, die de facto als ein Kampf zwischen Anhängern sich offenkundig widerstreitender Bilder erscheint. Wie sehr er damit recht hat, sieht man, wenn man sich in Leben und Werk eines Menschen wie des niederländischen Dichters Gerrit Achterberg vertieft. So erzählte Roel Houwink, der sein ganzes Leben lang mit Achterberg befreundet gewesen war, mir einmal, dass dieser ganz konkret mit der Realität von Verstorbenen, von »Wesen«, von übersinnlichen Wirklichkeiten lebte. Achterberg wollte aber außer mit einigen Freunden nicht darüber sprechen, weil er fürchtete, dann für wahnsinnig gehalten zu werden. Demselben Phänomen begegnet man bei Künstlern wie Mondrian, Kandinsky, Klee, Kafka, Rilke, Rothko, Bob Dylan und Sting.

Wim Schippers rief einmal im *NRC Handelsblad* aus: »Wie ist es möglich, dass Menschen, die so unsinnige Dinge glauben, solche schönen Sachen machen?« Und das ist genau die Haltung vieler Literaturwissenschaftler, die auf der einen Seite anerkennen müssen, dass Achterberg ein großer Dichter war, auf der anderen Seite aber seine Erlebniswelt nicht anerkennen können, obwohl sie doch deutlich genug aus seinen Gedichten spricht. Das führt zu komplizierten Betrachtungen seiner Gedichte, wobei die sich unmittelbar anbietenden Interpretationen unter theoretischen und oft unverständlichen intellektuellen Verrenkungen begraben werden. Denn eines muss ganz eindeutig klar sein: Beim Werk Achterbergs *kann* es sich nicht um einen Umgang mit Toten handeln! Die verstorbene Frau *muss* weginterpretiert werden, und darum denkt man sich alle möglichen psychologischen »Erklärungen« aus. Achterberg, so lautet dann die Erklärung, tue so, als ginge es um eine Tote; in Wirklichkeit meine er natürlich »etwas ganz Anderes«. Was dieses Andere aber ist, wird nie ganz klar.

Barfield, der übrigens sehr zurückhaltend und durchaus nicht polemisch argumentiert, kommt in dem Buch *Poetic diction* zu folgendem Schluss: »Große Poesie ist die fortschreitende Inkarnation des Lebens in unserem Bewusstsein.«[3]

Die Anthroposophie wird in diesem Buch kaum ausdrücklich erwähnt; in einem Anhang bezieht Barfield sich auf Steiner und sagt, dass dieser »eine strahlende Flut poetischen Lichtes« gebracht habe.[4]

In dem Buch *Romanticism comes of age*, das Artikel und Vorlesungen enthält, verfolgt Barfield das gleiche Thema, diesmal jedoch für Menschen, die mit der Anthroposophie vertraut sind. In einigen Kapiteln wird er gelegentlich doch etwas polemisch, und zwar oft im Hinblick auf dieselbe Sache: die einseitige Orientierung der anthroposophischen Bewegung auf die deutsche Kultur. Es ist deutlich zu erkennen, dass er sich darüber ärgert. Nachdrücklich weist er darauf hin, dass Goethe und Fichte nicht die einzigen Vorläufer der Anthroposophie gewesen seien; die gäbe es auch in der englischen Kultur, beispielsweise in der Person von Shakespeare und vor allem von Samuel Taylor Coleridge. Dabei scheint er Wert darauf zu legen – weshalb, wird nicht so recht erläutert –, dass die Anthroposophie als eine logische Fortsetzung von Elementen, die bereits in der englischen Kultur vorhanden waren, in »englischer« Terminologie dargestellt wird.

Dasselbe hatte Rudolf Steiner im Hinblick auf die deutsche Kultur getan. Für Steiner war Goethe einer der Väter der Anthroposophie; die Art und Weise, wie er als Naturwissenschaftler arbeitete, war ein unbewusster Schritt in Richtung der Geisteswissenschaft. Bevor Steiner selber wirklich an die Geisteswissenschaft heranging, vertiefte er sich daher auch erst in das umfangreiche wissenschaftliche Werk Goethes und schrieb unter anderem das Buch *Goethes Weltanschauung*. In diesem Buch tat er, was Goethe selber nicht getan hatte. Er beschrieb und fundierte die Methode, die Goethe mehr oder weniger bewusst verwendet hatte. Er beschrieb Goethe als einen Wissenschaftler, der durch die sinnlichen Erscheinungen hindurch die geistigen Urbilder wahrnahm, die diesen Erscheinungen zugrunde lagen. Wenn man die Arbeitsweise Goethes einmal verstanden hat und dann logisch weiterdenkt, landet man von selbst bei der Anthroposophie.

Was Goethe für Deutschland war, behauptet Barfield nun, war Coleridge für England. Goethe jedoch war mit der deutschen Kultur verbunden und Coleridge natürlich mit der englischen, woraus sich einige Unterschiede ergeben. Und genau das scheint der Kern seiner Ausführung zu sein: eine Verpflanzung der »deutschen« Anthroposophie in die Situation in England ist nicht ohne weiteres möglich. Um die »englische« Anthroposophie zu verstehen, muss man zunächst an die englische Kultur selbst anknüpfen und die Anthroposophie *aus ihr entstehen lassen*, genau wie Steiner die Anthroposophie aus der deutschen Kultur entwickelt hat.

Das gesamte Werk Barfields dreht sich um dieses Bemühen. Daher vermeidet er in all seinen Büchern – *Romanticism comes of age* ausgenommen – den Gebrauch anthroposophischer Termini. In dem Buch, das Barfield als sein Hauptwerk betrachtete, *What Coleridge thought* (1971), geht er an Coleridge heran, wie Steiner an Goethe herangegangen ist. Barfield macht die interessante Beobachtung, dass Coleridge sich seiner Methode bewusster war als Goethe, während umgekehrt Goethe erfolgreicher in deren Anwendung war. Barfield schätzt Coleridge als Beobachter nicht besonders, wohl aber als Denker; umgekehrt lobt er die Wahrnehmungsfähigkeit Goethes und schätzt dessen »philosophisches« Denken nur wenig.

Es ist deutlich, was Goethe und Coleridge gemeinsam ist. In einer Zeit, in der das materialistische Denken immer mehr zunahm, entwickelt jeder auf seine Weise eine Alternative. Beide verwarfen den Materialismus, und beide suchten in den Möglichkeiten der menschlichen Vorstellungsfähigkeit (der Phantasie, der Imagination) einen Anknüpfungspunkt für eine spirituelle Weltanschauung. Außerdem sind beide zugleich Dichter und Wissenschaftler, wobei Goethe sich mehr mit den eigentlichen Naturwissenschaften (Biologie, Botanik, Meteorologie) befasste und Coleridge mehr zur Philosophie und Erkenntnistheorie hin orientiert war. Und damit sind auch die Unterschiede aufgezeigt: Der eine knüpft mehr bei der Wahrnehmung der Naturerscheinungen an und bildet sich dazu seine Gedanken, während der andere ursprünglich mehr im Denken zu Hause ist und sich fragt, was das Denken zu dem, was wir im Sinnlichen und im Übersinnlichen wahrnehmen können, zu sagen hat. Ein weiterer, nicht unwichtiger Unterschied ist übrigens, dass Goethe sich auch als Dichter der erzählenden Prosa bedient und Romane schreibt, während Coleridge die Prosa hauptsächlich für sein wissenschaftliches Werk reserviert.

Das Spannende bei all dem war für mich, dass Barfield schon mit seiner Arbeit begonnen hatte, bevor er der Anthroposophie begegnete. Der Inhalt sowohl seines Buches *History in English words* als auch des Buches *Poetic diction* lag schon fest, bevor Barfield Steiners Werk kennen lernte. In gewissem Sinne – das ist im Vorwort zu *Poetic diction* nachzulesen – wurde Barfield sogar durch die Entdeckung von Steiners Werk in Verlegenheit gebracht. Er entdeckte soviel Übereinstimmendes, dass er fürchtete, seine Leser könnten denken, er hätte seine Einsichten von Steiner kopiert. Dies war übrigens ein besonders empfindlicher Punkt, da bereits Coleridge zu Unrecht vorgeworfen worden war, er hätte seine Ideen über das Wesen der Imagination von deutschen Philosophen übernommen.

Owen Barfield wurde 1898 als Sohn eines Juristen in London geboren. Seine Eltern waren »Freidenker«, und erst in der Schule erfuhr er etwas von der Existenz des Christentums. Nachdem er kurze Zeit in der Armee gedient hatte, studierte er englische

Sprache und Literatur in Oxford; danach versuchte er, als freier Schriftsteller sein Brot zu verdienen. Als sich zeigte, dass dies nicht gelang, nahm er eine Stelle in der Kanzlei seines Vaters an, während er abends Jura studierte. Zwischen 1930 und 1967 veröffentlichte er nur wenig, auch wenn seine Bücher in England und vor allem auch in Amerika immer bekannter wurden.

Barfield hatte interessante Kontakte und Freunde. So gehörte er einer Gruppe von Schriftstellern und Wissenschaftlern an, die regelmäßig zusammenkam, um beim Pfeiferauchen und Teetrinken aus den eigenen Werken vorzulesen und über die Bedeutung der Literatur zu diskutieren. Zu dieser Gruppe, die sich *The Inklings* nannte, gehörten so bekannte Autoren wie J.R.R. Tolkien, C.S. Lewis und C.W.S. Williams. Sie alle bewegten sich im Bereich des »modernen Märchens«; unter ihnen hat Tolkien mit seinem Buch *Der Herr der Ringe* zweifellos die größte Bekanntheit erreicht. Barfield wurde in diesem Kreise vor allem wegen seiner Gedanken über die Bedeutung der Phantasie sehr geschätzt. Er war quasi das intellektuelle Gewissen der Gruppe.

Mit C. S. Lewis, der sich zu jener Zeit größerer Bekanntheit erfreute als Tolkien, war Barfield am engsten befreundet. In den dreißiger Jahren fochten sie brieflich einen Streit aus über die Anthroposophie und das Christentum. *Poetic diction* ist C. S. Lewis, der ebenso wie Tolkien überzeugter Katholik war, mit dem Motto »Opposition is true friendship«, einem Satz von William Blake, gewidmet.

Gemeinsam mit meiner Frau besuchte ich im Sommer 1985 Owen Barfield in seinem Haus in Kent. Und in der Tat: so amerikanisch wie Bellow es war, so englisch war Barfield. Er wohnte in einem der Häuser, wie sie typisch für Kent sind: versteckt hinter einer hohen Hecke in einem wunderbaren Garten voller Rosen und Lilien. Er bot uns Himbeeren mit – natürlich ungeschlagener – Sahne an. Er nannte die kontinentale Angewohnheit, Sahne zu schlagen, allen Ernstes »schlichtweg barbarisch«, und als der Tee an der Reihe war, schaute er kopfschüttelnd zu, wie wir das Getränk erst abkühlen ließen und es dann in einem Zuge runterkippten. Wir hätten – es war warm – auch lieber ein Glas Bier gehabt, aber das bekamen wir erst später.

Er sah prächtig aus: Um seinen kahl werdenden Schädel lagen weiße Haare, und seine Augen – das war mir auf Fotos schon aufgefallen – standen weit auseinander, was den noblen und aristokratischen Eindruck verstärkte. Auch seine Kleidung, ein dreiteiliger Anzug, wenn auch etwas staubig, war distinguiert. Seine ganze Haltung war auf Konversation eingestellt: Er hatte es sich in einem geräumigen Sessel bequem gemacht und erwartete sichtlich ein gutes Gespräch.

Aber so ganz problemlos verlief dieses gute Gespräch anfänglich nicht. Ich hatte natürlich hundert Fragen: zu Saul Bellow, zur Anthroposophie, zu Tolkien (dessen Werk ich etwa 1968 gelesen und von dem ich gemischte Gefühle zurückbehalten hatte), zu T.S. Eliot (dessen Werk ich sehr bewunderte und der der Lektor Barfields gewesen war), und schließlich zu Coleridge.

Zuerst hatte ich einige Enttäuschungen zu verarbeiten. Nein, die Romane von Saul Bellow interessierten ihn nicht. Überhaupt nicht. Ja, er erinnere sich natürlich, dass ein »Schriftsteller aus Amerika« bei ihm zu Besuch gewesen war, ja, in der Tat, ein »Nobelpreisträger«, aber dessen Romane waren »langweilig und weitschweifig«, wie ohnehin die meisten Romane.

Voller Unglauben sah ich ihn an und versuchte es mit den großen englischen Romanschreibern: Virginia Woolf, James Joyce, Scott Fitzgerald ... Aber nein, das tauge alles nichts. Virginia Woolf war »eine rote Sozialistin«, und James Joyce schrieb »Imaginationen kaputt«. Wie könne ich als Anthroposoph – er habe doch wohl richtig verstanden, dass ich einer sei – tatsächlich an dem Werk derartiger »Prosaiker« interessiert sein?

Und wie war es mit Tolkien, mit dem er viele Gespräche über die Bedeutung der Vorstellungskraft geführt hatte? Nein, auch von dem Buch *Der Herr der Ringe* hielt er nichts: zuviel Phantasie, zuwenig Imagination.

Gut, dachte ich, wollen wir uns auf die Lyriker beschränken. Ich ließ die Namen von T.S. Eliot und Dylan Thomas fallen, aber darauf reagierte er fast noch ärgerlicher. Ja, er hatte sich in den zwanziger Jahren sehr darüber gefreut, dass T.S. Eliot seine Bücher bei seinem eigenen Verlag Faber and Faber hatte publizieren wollen; aber nein, er hatte nie verstanden, warum jemand wie Eliot etwas an diesen Büchern hatte finden können.

Denn ebenso wie James Joyce schrieb Eliot »Imaginationen kaputt«. Um es nicht noch schlimmer zu machen, beschloss ich vorsichtshalber von Bob Dylan, Frank Zappa und John Lennon zu schweigen.

Aber: das Eis brach doch noch. Das ging folgendermaßen. Ich fragte ihn, welche Bedeutung seiner Meinung nach das Opium für Coleridge gehabt hätte. Denn Coleridge galt als einer der ersten Opiumdichter der Romantik. Ich hatte meine Frage noch nicht ganz ausgesprochen, als Barfield sagte: »Ach ja, dieses Laudanum von Coleridge ... Davon fangen die Anthroposophen immer wieder an. Aber dieselben Anthroposophen wollen nicht wahrhaben, dass ihr Goethe jeden Tag nicht weniger als zwei Flaschen Wein trank.«

Wir brachen in Lachen aus, und das gefiel ihm. Nachdem er uns breit lachend angeschaut hatte, wurde er auf einmal ernst. »Natürlich, das Leben Coleridges war auch eine Tragödie«, sagte er. »Ein so großer Dichter, der zuerst die Freude der Inspiration kennenlernt und dann feststellen muss, dass diese Fähigkeit abnimmt. Ich glaube, dass er erst durch diesen Verlust wirklich darüber nachzudenken begann, was sie eigentlich bedeutete.«

Ich fragte ihn, wie sein Buch über Coleridge in der literarischen Welt Englands aufgenommen worden sei. »Ach«, sagte er, »man hat nicht wirklich Notiz davon genommen. Es gibt vor allem in Amerika eine ziemlich große Gruppe von Lesern, die meine Bücher liest und auch etwas damit anfangen kann. Aber die offizielle Wissenschaft hat kein Interesse dafür. Dasselbe gilt eigentlich auch für die anthroposophische Bewegung; in England weiß man natürlich, wer ich bin und was ich mache, aber auf dem Kontinent bin ich so gut wie unbekannt.«

Dennoch nennt Saul Bellow Sie den besten »Interpreten« Steiners. Barfield: »Durch Bellow hat sich das Interesse für mein Werk verstärkt, das schon ... Aber ich betrachte mich nicht als einen Interpreten Steiners, obwohl ich ihm unendlich viel zu verdanken habe. Ich habe nie das Gefühl gehabt, es sei meine Aufgabe, Steiner zu erklären; ich habe immer meiner eigenen Linie folgen wollen, das darstellen, was ich selber bedacht hatte. Die Anthroposophie schloss an das an, was ich schon erlebt hatte, auch wenn ich vieles in der Anthroposophie nicht verstehe. Ich habe auch nur wenig sogenannte anthroposophische Bücher geschrieben, das heißt Bücher, die Themen weiterführten, zu denen Steiner den Anstoß gegeben hatte.«

Wer liest Ihre Bücher? Barfield: »Engländer und Amerikaner, die auf der Suche nach spirituellen Quellen in ihrer eigenen Kultur sind. Darunter sind natürlich auch Anthroposophen ... Ich habe jedoch nicht den Eindruck, dass meine Leser das Gefühl haben, sie müssten Anthroposophen werden. Ich verstehe das auch gut, weil die anthroposophische Bewegung so stark auf Deutschland ausgerichtet ist. Was soll ein Engländer mit Goethe anfangen? Ich selber bin ein großer Liebhaber von Literatur, aber es hat mich viele Jahre gekostet, um in die Welt Goethes einzudringen. Ich habe auch in Dornach nie wirklich Fuß fassen können, und dabei ist es doch das internationale Zentrum der anthroposophischen Bewegung. Auch dort herrscht eine einseitige Orientierung auf Deutschland, was ich bedaure. Dornach hat sich zum Zentrum von Deutschland gemacht ... Die in Dornach haben – bis auf einige Ausnahmen – nicht verstanden, dass Anthroposophie in der englischen Welt auf andere Art erscheint und auf eine wieder andere Art in Russland.«

Aber Steiner selbst sagt auch, dass die Anthroposophie eine Weltanschauung ist, die bei Goethe, Fichte, Novalis anknüpft ... Barfield: »Das stimmt. Man darf dabei aber zwei Dinge nicht vergessen: das erste ist, dass Steiner die Anthroposophie aus der Welt entwickelt hat, die er selbst kannte, und das war die deutsche Kultur. Ich glaube auch sicher, dass die deutsche Kultur in dieser Hinsicht die reifste war; dort sind die Anknüpfungspunkte am offensichtlichsten. Das bedeutet jedoch nicht, dass in den Niederlanden oder in England oder in Schweden keine Anknüpfungspunkte vorhanden wären. Das zweite ist, dass Steiner unendlich begeistert gewesen wäre, wenn andere Menschen aus ihrer kulturellen Tradition heraus das getan hätten, was er selber getan hat; wenn sie die eigenen kulturellen Quellen zu einer spirituellen Annäherung an die Wirklichkeit gesucht hätten. Übrigens hat Steiner in dieser Hinsicht viel Erhellendes über Shakespeare oder über den russischen Schriftsteller Solovjov gesagt.«

In Ihrem Romanticism comes of age *sagen Sie, dass die*

Anthroposophie die englische Romantik »erwachsen« werden lässt ...
Barfield: »In ihrem Denken über das Wesen der Imagination sind Gestalten wie Coleridge, Shelley und Keats unerwachsen geblieben, genau wie Goethe in Bezug auf sein Werk. Ich betrachte die Anthroposophie als eine Bewusstwerdung all dessen, was in der Zeit der Romantik noch vor allem im Gefühl lebte, und zwar bis ins Denken hinein. Sehen Sie, was ist Anthroposophie? Ich habe es einmal so formuliert: Anthroposophie ist das Gespräch zwischen der Verstandes-Gemütsseele und der Bewusstseinsseele. Die junge Bewusstseinsseele, die in der modernen Zeit zur Entwicklung kommt, ist zunächst einmal leer, kalt ... Daher ist mit dem Stadium der Bewusstseinsseele immer ein gewisser Grad an Einsamkeit verbunden. Der erste Schritt ist, dass die Bewusstseinsseele sich selber begreifen muss; geschieht das nicht, dann versinkt sie in die seelische Tragödie der existentiellen Einsamkeit; sie fühlt sich dann nicht mehr mit den Dingen, die um sie herum sind, verbunden, sie empfindet sich als *outsider*.
In der Verstandes- und Gemütsseele leben die Begriffe, Normen und Werte der Kultur, in der wir aufgewachsen sind, und das erste, was die Bewusstseinsseele tun kann, ist die Erforschung der Inhalte dieser Kultur. In der Verstandesseele kann sie die Gedanken und Wahrnehmungen finden, auf denen sie fußen kann, die sie gleichsam verstehen lassen, was sie selbst *ist*. Dies führt zu einem aufregenden Paradoxon: auf der einen Seite ist die Verstandesseele eine Art Schatzkammer, auf der anderen Seite verliert diese Schatzkammer immer mehr an Wert. Denn alles, was in dieser Schatzkammer ist, muss umgewandelt, spiritualisiert, verpersönlicht werden ... Und diese umwandelnde Kraft geht von der Bewusstseinsseele aus, die ja prinzipiell nichts akzeptieren kann, was an Normen und Wahrheiten *von außen* kommt. Wenn die Bewusstseinsseele die Inhalte der Verstandesseele einmal umgeformt hat, wendet sie sich gleichsam zum Geist um, zu dem, was in der esoterischen Literatur das Manasbewusstsein oder auch das Bewusstsein des Geistselbst genannt wird.
Die Bewusstseinsseele steht zwischen dem Alten und dem Neuen, zwischen der bestehenden äußeren Kultur und der zukünftigen inneren Kultur. Die anthroposophische Weltanschauung ist eine Umarbeitung der Verstandesseelenkultur mit dem Ziel, der

Bewusstseinsseele dabei zu helfen, eine persönliche Anbindung an das Geistige zu bekommen.«

Während des Essens – Barfield schleift uns mit zu einem Essen in ein chinesisches Restaurant in der Nähe – kommt das Gespräch noch einmal auf Saul Bellow und die moderne Literatur. Er ist jetzt etwas milder und muss lachen, als ich ihm erzähle, dass Bellow sich selbst einen Straßenjungen und ihn, Barfield, einen Aristokraten aus Kent nannte. »So ist es«, sagt er, »und beide auf dem spirituellen Pfad ... Aber die Tatsache, dass wir beide an der Anthroposophie interessiert sind, will noch nicht heißen, dass wir etwas miteinander anfangen können. Ich betrachte mich selbst übrigens nicht als Aristokraten, wohl aber als einen traditionellen Engländer, der auf ein gewisses *standing* hält. Ich vermute auch, dass ihr mich ziemlich konservativ finden werdet, aber das würde euch bei den meisten Leuten hier in Kent so gehen.«

VIERZEHNTES KAPITEL

Die Anthroposophie aus der Sicht von Joseph Beuys

Mit seinem Filzhut, von dem er unzertrennlich ist, der Fliegerweste und den Soldatenstiefeln, den »Knobelbechern«, fällt Joseph Beuys sofort zwischen den andern auf, die am schwarzen Tisch sitzen. Alles an ihm fällt auf: seine Stimme, seine Kleidung, seine Art zu gehen (wie ein glücklicher Pfadfinder, der die Fährte gefunden hat), seine Auffassungen. Den vierhundert Zuhörern im Saal wird klar: Hier sitzt ein Prophet.

Wir schreiben das Jahr 1980 und befinden uns im großen Saal des Museums Boymans-van Beuningen in Rotterdam. Die Direktion des Museums hat Joseph Beuys zu einer Diskussion mit dem niederländischen Künstler Peter Struycken eingeladen. Aber das Publikum muss schon bald feststellen, dass es sich um zwei ungleiche Parteien handelt: Peter Struycken ist alles andere als ein Prophet. Er stellt nur selten Behauptungen auf, von ihm kommen nur Fragen, obwohl viele der Fragen verkappte kritische Behauptungen zu sein scheinen. Beuys gibt lediglich Antworten. Wie im Radsport ist Struycken der immer wieder aufholende Verlierer; er hat gegenüber dem groß und imposant davonspurtenden Beuys das Nachsehen.

Ich betrachte dies mit gemischten Gefühlen. Ist dies ein Gespräch? Nein, jede Antwort von Beuys besteht aus einem kurzen Vortrag. Ist dies ein *happening*, ein *act*? Nein, dafür werden zuviele Worte verwendet. Was ist es dann? Tatsächlich, das Auftreten eines Propheten. Unbehaglich rutsche ich auf meinem Stuhl hin und her, bis ich Beuys auf einmal sagen höre, dass er im Zweiten Weltkrieg Bomben auf Dörfer der Krim abgeworfen hat. Jemand fragt, ob er sich persönlich für diese Taten verantwortlich fühle. Seine Antwort ist ein kräftiges Ja, als wäre er ein Angeklagter, der sich – wie zu einer Richtigstellung – vollbewusst schuldig erklärt. Ich setze mich ganz aufrecht hin, als er hinzufügt: »Durch mein Schuldgefühl habe ich angefangen, intensiv darüber nachzudenken, wie man eine Methode entwickeln kann, um solche Katastrophen [er meint den Zweiten Weltkrieg und den Holocaust im allgemeinen] zu einer positiven menschlichen Zusammenarbeit umzuwandeln.«

Und dann verstehe ich auf einmal seine Fliegerweste und die Knobelbecher: Joseph Beuys will seine Vergangenheit nicht verleugnen. Er legt Wert darauf, jener Soldat zu bleiben, der von der Front zurückkehrt und auch weiterhin von Zerstörung, von sterbenden Menschen, von Schmerz und Trauer zurückkehren wird; der sich weigert, den adretten Anzug anzuziehen und zu sagen: Das war's also. Und das macht auch deutlich, warum er so widersprüchlich ist, denn wer würde den Zweiten Weltkrieg nicht lieber vergessen?

Sechs Jahre später, am 23. Januar 1986, um zehn Uhr abends, stirbt Joseph Beuys nach einer langwierigen Lungenkrankheit an einer Herzlähmung. Ich erhalte die Nachricht von Louwrien Wijers, einer Journalistin, die viel mit Beuys zusammengearbeitet hat. Sie ruft an und sagt, dass am darauffolgenden Abend in »De Kosmos« in Amsterdam ein Gedächtnisabend stattfinden werde.

Ich sehe Beuys noch vor mir, wie ich ihm zum letzten Mal begegnete, noch kein Jahr davor. Zitternd vor Kälte stand er vor seinem Haus am Drakeplatz in Düsseldorf und hob als Abschiedsgruß beide Hände in die Höhe. Wie klein und zerbrechlich er doch eigentlich ist, dachte ich, als mein Taxi wegfuhr. Und ich machte mir klar: Durch die federnde Kraft seiner Bewegungen und durch seine Beweglichkeit erschien sein Körper groß und stark. Aber in Wirklichkeit begann er damals schon an ein Ende zu kommen. Solange Beuys sprach, sah man es nicht; wir hatten ohne einen Augenblick der Ermüdung sechs Stunden lang gesprochen. Aber sobald er schwieg und die Spannung von den Schultern fallen ließ, wurde er klein und hinfällig.

Auf dem Gedenkabend herrschte eine verhaltene Stimmung. Ich erinnere mich vor allem an eine junge Frau mit deutschem Akzent, die zwischen zwei Sprechern aufstand und sagte: »Ich will Joseph Beuys im Namen meiner Generation dafür danken, dass er immer wieder von seiner Rolle im Zweiten Weltkrieg gesprochen hat. Mein eigener Vater hat sich nie getraut zu sagen: Auch ich war verantwortlich ... Beuys aber hat das getan, und das hat meiner Generation Hoffnung gegeben. Er hat bewiesen, dass Menschen den Mut haben können, selber verantwortlich zu sein für die Dinge, die sie getan haben.«

Zurück in den großen Saal von Boymans-van Beuningen. Der Hauptabschnitt des Gespräches Struycken-Beuys handelte von der Frage: Ist der Künstler ein Vermittler von nicht-sinnlichen Wirklichkeiten oder ist er ein Interpret, der Objekten und Ähnlichem gleichsam erst Bedeutung andichtet? Eine Gretchenfrage also. Ist eine (beispielsweise symbolische) Bedeutung das Produkt des menschlichen Gehirns, oder liegt sie objektiv in den Dingen selbst?

Um seinen Standpunkt zu verdeutlichen, zeichnete Beuys ein Schema an eine Schultafel, das auf Rudolf Steiners Gedanken von der Dreigliedrigkeit des Menschen basierte. Er setzte folgendes auseinander: Die erste Phase jeder Schöpfung beginnt im Nichts, im Chaos. Hier ist der Künstler tastend, empfangend. Nach der ersten »Geburt« entsteht eine Bewegung zwischen dem Künstler und dem wachsenden Kunstwerk. Diese Spannung zwischen dem wachsenden Werk und dem Künstler könnte man »Interpretation« nennen. Die dritte Phase ist die der Formgebung. Was im Unbestimmten begann und in der Bewegung ein Verhältnis zum Menschen bekam, erhält seine endgültige, auskristallisierte Gestalt.

Man kann die drei Phasen mit Denken, Fühlen und Wollen vergleichen. Wenn man etwas will, findet eine Geburt statt. Das Gefühl, das darauf folgt, hat etwas von dem Beweglichen der zweiten Phase. Im Gefühl geht es um ein Schwanken zwischen Sympathie und Antipathie. Während des Bewegungsprozesses bekommt man ein Verhältnis zu dem, was geboren wurde, was der Wille zur Welt brachte. Die letztendliche Form kann man mit dem kristallklaren Charakter eines Gedankens vergleichen.

Nicht alle Kunstwerke, so Beuys, sind völlig auskristallisiert. Als Beispiel nennt er seine Zeichnungen. Sie befinden sich irgendwo zwischen Chaos und Bewegung, sie locken die Bewegung gleichsam hervor. Von einer festen Form ist nicht die Rede. Joseph Beuys: »Als ich die Zeichnung machte, habe ich nur abtasten wollen. Ich fragte mich: Habe ich die Fähigkeit etwas zu machen, was mich interessiert? Das musste ich wahrnehmen. Ich sah Gestalten entstehen, die zu mir sprachen. Die Gestalten sagten: ›Du bist auf keinem schlechten Wege‹.« Die Zeichnungen zeigen die »primären Intentionen«, die aus dem Chaos entstehen.

Struycken wollte wissen, ob diese Intentionen dem Geist von Beuys oder dem Chaos außerhalb von Beuys entstammten. Damit stellte Struycken wieder die Gretchenfrage. Beuys: »Der Mensch ist nicht nur auf sich selbst angewiesen. Er ist in die Natur eingebettet. Alle Dinge haben eine eigene Sprache. Beim Entstehen eines Kunstwerkes wirken eine ganze Reihe von Kräften zusammen. Ich schließe sogar Engel und Götter nicht aus. In diesem Sinne bin ich nur Vermittler. Der Mensch ist in die Natur eingebettet. Wenn ich den Schrei eines Hasen höre, der von einem dummen Jäger angeschossen worden ist, dann bekomme ich die Botschaft: Du bist nicht allein auf der Welt.« Eine herzerwärmende Argumentation, auf die der Saal begeistert reagierte, Struycken aber zweifellos denken ließ: Du kannst das jetzt so schön sagen, aber warum ist das so?

Die Zeichnungen waren für Beuys ein Anfang, sie stehen dem Chaos noch am nächsten. Sie überraschen gleichsam die kreativen Kräfte bei der ersten aufblühenden Tat aus dem Nichts. Dadurch haben sie einen offenbarenden Charakter und sind Beuys zufolge der sibyllinischen Orakelsprache vergleichbar.

Aber in seiner Entwicklung als Künstler wollte Beuys nicht bei dem offenen Charakter dieser Zeichnungen stehenbleiben. Er wollte den primären Intentionen, die darin sichtbar wurden, eine feste Form geben. Er suchte nach einem scharf umrissenen Menschenbild, das diese primären Intentionen nicht nur erklären, sondern auch zu einem geformten Ende bringen konnte.

Über das dreigliedrige Menschenbild Rudolf Steiners kam er schließlich zur Skulptur im Allgemeinen und der sozialen Skulptur im Besonderen. Er erreichte die feste Form. Struyckens erste Frage an Beuys lautete: »Ich erlebe einen Gegensatz zwischen den Zeichnungen und den Plastiken. Die Zeichnungen haben einen offenen Charakter, während die Plastiken just besonders scharf begrenzt sind. Können Sie diesen Gegensatz erklären?« Nach vielen Umwegen bekam Struycken seine Antwort.

Am 12. Mai 1921 wird Joseph Beuys in einer Müllersfamilie geboren. Als Kind hat er großes Interesse an den Naturwissenschaften. In einem eigenen Laboratorium macht er Versuche und entwirft technische Apparate. Außerdem sammelt er Naturgegenstände. Als die Nazis 1933 die Macht übernehmen, wird er Mitglied der Hitlerjugend. Nach dem Abitur am Gymnasium in Kleve wird er zum Militär einberufen und wird Sturzkampfflieger. 1943 hat er ein Erlebnis, das eine Wende in seinem Leben bedeutet. Als Stuka-Pilot hat er den Auftrag, Ziele in Südrussland und auf dem Balkan zu beschießen und zu bombardieren. Während eines schweren Schneesturms stürzt seine JU 87 über der Krim ab. Bewusstlos und fast erfroren wird er von Tataren in den Wrackteilen gefunden. Sie reiben ihn mit Fett ein und wickeln ihn in Filzstücke. Acht Tage bleibt er in dem Zelt der Tataren, die ihn liebevoll versorgen und ihn dann einem deutschen Suchtrupp übergeben

Verwegen wie er ist, wird er noch viermal verwundet; dann kommt er in englische Kriegsgefangenschaft. Nach dem Krieg will er nicht mehr studieren und fängt mit Bildhauern und Zeichnen an. Auch sucht er innere Vertiefung, indem er die Werke von Nietzsche, Schopenhauer und Steiner liest. Vor allem Steiner wird in zunehmendem Maße sein Leben bestimmen. Die wichtigsten Themen aus seinem ersten zeichnerischen Werk sind die Bienen (angeregt durch die Lektüre eines Vortrages von Steiner über die Bienen), Frauen und das Christentum (vor allem das Leiden). Im Jahre 1955 wird er schwerkrank und liegt ein Jahr lang im Bett, völlig von der Außenwelt abgeschlossen. Später wird er über diese geistige und körperliche Krise sagen: »Es sind die Nachwirkungen von Vorfällen aus dem Krieg. Etwas musste sterben. Ich musste mich völlig reorganisieren. Krankheiten sind fast immer spirituelle Krisen.« Als er 1957 wieder auf den Beinen ist, steht es ihm in voller Deutlichkeit vor Augen, was er in seinem weiteren Leben tun muss: Er muss versuchen, die Kluft zwischen dem wissenschaftlichen Denken, das auf das analytische Durchdringen der Wirklichkeit gerichtet ist und dem künstlerischen Schaffen, das nach Zusammenhängen sucht, zu schließen. Und durch das Verarbeiten seines Erlebnisses auf der Krim, das er später ein Einweihungserlebnis nannte, durch intensives Kennenlernen der Anthroposophie und durch lange Phasen der Einkehr ist die Existenz einer geistigen Welt für ihn Wirklichkeit geworden. »Unsichtbare Wirklichkeiten sind für mich oft realer als sichtbare.«

Von 1960 an folgt eine lange Reihe von *performances*, die ihn in kurzer Zeit in der ganzen Welt berühmt machen. Fett und Filz, Materialien, die er auf der Krim kennengelernt hatte, dazu Honig, werden Bestandteile seines Werkes. Auch mit Tieren, etwa dem Präriewolf und dem Hasen, arbeitet er. 1979 findet bei Guggenheim in New York eine große Übersichtsausstellung seines Werkes statt, und seit der Zeit hat er den Ruf, der »bestbezahlte Künstler der Welt« zu sein. Auch entwickelt er sich ab 1960 zum politischen Aktivisten, was übrigens für ihn einen Teil seines Künstlerseins ausmacht. Er arbeitete mit Rudi Dutschke, Wilhelm Schmundt und Heinrich Böll zusammen, sprach öffentlich mit Willy Brandt und dem Dalai Lama und war Mitbegründer der deutschen Grünen. 1982 beginnt er in Kassel, *7000 Eichen* zu pflanzen als seinen Beitrag zur Dokumenta VII, weil er »etwas tun will, das vernünftig ist«. In der *Volkskrant* sagt er dann: »Wenn wir hier nach drei Jahren fertig sind, machen wir mit dem Pflanzen einfach weiter. Warum sollten wir nicht auch Russland und Sibirien und sogar die Falklandinseln bepflanzen?« Und: »Es kommt darauf an, dass die ganze Welt heller gemacht wird, denn das ist noch immer nicht der Fall.«

Oberflächlich gesehen vereinigte Joseph Beuys große Widersprüche in sich und stellte seine Zeitgenossen dadurch oft vor Rätsel. Sein Sprachgebrauch beispielsweise zeigte große wissenschaftliche Genauigkeit; Begriffe verwendete er mit einer scharfen Präzision, wie man sie in unserer Zeit bei einem Künstler nicht erwartet. Auch besaßen seine Worte eine gewaltige Formkraft: Als Sprechender baute er sorgfältig an einer »unsichtbaren Skulptur von Begriffen«, die klar, fast greifbar, vor dem geistigen Auge des Zuhörers erschien. Und durch all dies hindurch, und indem er die Begriffe oft in eine festliche Atmosphäre der Begeisterung hineinstellte, strahlte ein fast kindliches Vertrauen, eine Einfalt, die sich etwa in Sätzen wie »Wenn wir die Welt verändern wollen, dann ist das doch möglich?« äußerte. Vielleicht war es gerade diese Kindlichkeit, die am stärksten aufwühlte, denn durch sie hindurch klang die drängende Frage: Nun, machst du dabei mit oder nicht?

Auch sein Werk ist durch Polaritäten gekennzeichnet. Auf der einen Seite gibt es die zarten, verspielten Zeichnungen, mit einer unvergleichlichen Ursprünglichkeit und Beweglichkeit angefertigt, spritzige und lockere Formen, in denen das Chaos und die Ungeformtheit noch als Echo nachwirken. Auf der anderen Seite gibt es die Objekte, gerade und streng in der Komposition, geordnet, genauso klar und exakt wie die Begriffe, die er verwendete, in einer ausgewogenen Räumlichkeit ruhend.

Zur politischen und künstlerischen Welt hatte Beuys ein paradoxes Verhältnis. Und daher fühlte er sich zweifellos nach der großen Ausstellung in New York von eben der Kunstwelt umarmt, die er so sehr kritisierte. Auch zur anthroposophischen Bewegung hatte er ein kompliziertes Verhältnis. Er sagte einmal in einem Gespräch, dass er es tief bedauere, gerade von den Anthroposophen verketzert zu werden.

Während seines öffentlichen Auftretens sprach er immer wieder von dem anthroposophischen Menschenbild und der sozialen Dreigliederung. Sein erweiterter Kunstbegriff, der auf die spirituelle Befreiung des Individuums abzielte, basierte auf der anthroposophischen Geisteswissenschaft. Den Menschen als ein polares Wesen zu beschreiben, der in seinem Willen die ungeformte Lebenskraft und in seinem Denken die auskristallisierten Begriffe hat: das war es, woran Joseph Beuys fortlaufend tätig war.

Ich besuchte Joseph Beuys gemeinsam mit meinem Freund Harrie Huijs. Man stelle sich vor: ein Aquarium. Das viele Papier, das auch hier überall verstreut liegt, wirft die Flut des Tageslichtes zurück, das Stille bringend durch die hohen Fenster hereinströmt. Eine Atmosphäre bleicher Wässrigkeit hängt über den Gegenständen und Papieren. Begierig werden unsere Mäntel, die wir einfach neben der Tür fallenlassen, in diese stillgewordene Bewegung aufgenommen.

An einem langen Tisch entlang führt ein Pfad. Der Weg wird uns von vier knallroten Caféhausstühlen versperrt, um die Beuys herummanövriert und von denen wir uns zwei aussuchen, um uns hinzusetzen. In der linken Ecke des Raumes hängt ein Boiler.

Was hat es mit dem Werk von Joseph Beuys auf sich? Sein Arbeiten mit »ungebräuchlichen« Stoffen wie Fett, Filz und Honig ist bekannt. Und natürlich seine »Aktionen«. Es ist besser, eine von ihnen ausführlich zu beschreiben, als eine ganze Reihe aufzuzählen. Wir sprechen mit Joseph Beuys über seine Aktion *Coyote* und bitten ihn um eine Erklärung vor dem Hintergrund des soeben Ausgeführten.

Der eigentliche Titel lautet: *»I like America and America likes me«*. Im Mai 1974 schließt Joseph Beuys sich eine Woche lang in einer New Yorker Galerie mit einem Kojoten, einem Präriewolf, ein. Zu Beginn der Aktion ist Beuys ganz in ein Fell gehüllt. Er spricht mit dem Wolfshund und versucht, Zugang zu ihm zu bekommen. Von Zeit zu Zeit läßt er ein Triangel erklingen, das um seinen Hals hängt. Ein weiteres Attribut ist ein Spazierstock. Auf dem Fußboden liegen 50 Exemplare des *Wallstreet Journal*, der bedeutenden amerikanischen Finanzzeitung.

Beuys: »Ich begegne diesem Tier, um in einen Dialog mit ihm einzutreten. Damit provoziere ich auch andere Möglichkeiten eines Dialogs, Möglichkeiten, die man heutzutage meistens übersieht. Ich provoziere als Möglichkeit das Gespräch mit einem Tier, mit einer Pflanze, mit der Erde, aber auch mit einem Engel oder mit Gott. Wir können mit Wesen sprechen, die sich in anderen Lebens- oder Seelengebieten aufhalten als wir. Wenn man das mit einem Tier kann, dann kann man es auch mit Engeln oder mit verstorbenen Menschen. Eine solche Aktion ist als Gegendruck gegen unsere Zeit gemeint, als ein Aufruf an die Menschen, solche Dinge zu erleben.

Unsere Zeit wird von Vorurteilen verdunkelt, beispielsweise dem, dass ein Tier unter uns steht und dass es für uns da ist, dass wir es töten, gebrauchen, zertreten können. Ich habe nicht zufällig in Amerika gerade die Begegnung mit einem Kojoten gewählt, weil dieses Tier in Amerika als etwas sehr Niederes angesehen wird. In Europa hätte ich vielleicht eher Ratten gewählt. Aber solche Begriffe, die Verachtung enthalten, geben keine Befriedigung mehr. Schaut euch die ökologische Krise an, die eine Folge davon ist, dass wir keinen Dialog mehr mit der Erde führen können. Unsere Begriffe, aber auch unsere Institutionen, müssen zu Formen umgewandelt werden, in denen solche Dialoge möglich sind. Das gilt auch für den Kunstbetrieb, weshalb ich die Aktion auch in einer Galerie durchführen wollte. Aber dasselbe gilt für Banken, Krankenhäuser, Parlamente. Dort herrschen materialistische Vorurteile, die darwinistischen Vorstellungen, dass die sogenannten Naturreiche niedriger seien als wir, dass sie seelenlos und ohne Wesenheit seien. Und gerade die Institutionen, die sich etwas darauf zugute halten, die Kultur zu versorgen, wie Museen und Universitäten, sollten sich intensiv hierfür interessieren. Durch die Aktion der Begegnung mit diesem Kojoten habe ich darauf hinweisen wollen, habe ich eine objektive Tat hinstellen wollen, einen wirklichen Dialog mit einem Tier führen wollen, um auf diese Probleme hinzuweisen. Ich glaube, dass dies wirksamer ist, als wenn man die Museen mit den verschiedensten Objekten vollstopft.

Noch etwas anderes ist wichtig. Wenn man mit einem Kojoten einen Dialog führt, spricht man eigentlich mit seiner Gruppenseele, mit dem Wesen, das sich in der geistigen Welt aufhält: DER KOJOTE. Es wird ein wesenhafter Kontakt zwischen dem Menschen und jenem geistigen Wesen hergestellt. Das ist ein tatsächliches Geschehen. Und ihr könnt sicher sein, dass dies da oben weitererzählt wird: von der Gruppenseele des Kojoten zur Gruppenseele des Löwen, zur Gruppenseele des ... und so weiter (lacht). Natürlich soll man die Bedeutung einer solchen Aktion nicht übertreiben. Aber die Tatsache bleibt bestehen, dass sich etwas vollzogen hat, dass es Bewegung gegeben hat.«

Sie haben einmal gesagt, dass Sie nach der Methode der Rosenkreuzer arbeiten. Was meinten Sie damit? Beuys: »Ich meine damit die einzige Möglichkeit, welche die Menschheit noch besitzt, um weiterzukommen. Zunächst einmal nicht mehr als das Grunderlebnis, das ein Mensch hat, wenn er für alle Dinge wach ist, die in seinem Leben auftauchen. Aus einem solchen Wachsein heraus tauchen diese Erlebnisse überall auf. Selbstverständlich auch aus dem Werk Rudolf Steiners. Gerade bei Rudolf Steiner, weil er diese Dinge so charakterisiert hat, dass dadurch ein Weg in die Zukunft gewiesen wird. Es sind objektive Materialien für die Frage: Wo sind die Wege, die in die Zukunft führen? Viele Menschen sagen dann: Ja, so betrachtet ist alles möglich. Aber das ist nicht wahr. Wenn alles möglich ist, ist nichts möglich. Darum muss ein Weg von dieser Methode her gesucht werden. Dies auszuarbeiten, durch einen Dialog, dadurch, dass man immer weiter Begriffe gestaltet und die logischen Taten daraus folgen läßt, das ist nach meiner Meinung das Rosenkreuzertum. Und dann landet man natürlich bei Rudolf Steiner, der als erster diese Methode auf eine solche Weise ausgearbeitet hat.«

So kommen wir schließlich zur Anthroposophie. Darüber haben wir lange gesprochen, aber ausdrücklich *off the record*; er wollte nicht, dass »noch mehr Schwierigkeiten um meine Person« entstünden. Ein wichtiger Teil des Gesprächs läßt sich in einer einzigen Bemerkung zusammenfassen, die nicht ohne Bitterkeit geäußert wurde: »Den größten Feindseligkeiten bin ich in anthroposophischen Kreisen begegnet.«

Dann, plötzlich, scheint Beuys auf einmal eine Antwort auf eine mir wichtige Frage zu geben: »Meine Verbindung zur Anthroposophie ist in erster Linie eine Verbindung zum Menschen Rudolf Steiner«, sagt er. »Ich empfinde eine große Liebe zu seiner Person. Er hat das nahezu Unmögliche versucht: als Eingeweihter in der Öffentlichkeit aufzutreten. Im Allgemeinen macht man sich nicht klar, auch die Anthroposophen nicht, welchen Schmerz das mit sich gebracht hat! Rudolf Steiner muss so unglaublich gelitten haben, von innen her ... Und er hatte nicht die Möglichkeit, diese Leiden zu zeigen! Die Menschen hätten es nicht verstanden. Man fragt sich manchmal, warum Steiner so zurückhaltend damit war, von seinem eigenen Leben zu erzählen. Also, hier ist die Antwort: Die Menschen würden seinen Schmerz nicht verstanden und nicht ausgehalten haben! Er musste sich anders geben als er war. Sehen Sie, je größer der Geist, umso größer das Leiden ... Rudolf Steiner schien äußerlich ein harmonischer, kräftiger Mensch zu sein, und das war er natürlich auch. Aber wir wollen uns nicht täuschen und denken, dass er innerlich keine Verzweiflung, Ängste und Trauer gekannt hätte! Es waren um ihn jedoch nur wenige Menschen, die diese verletzbare Seite ertragen konnten und denen er als Freund vertrauen konnte.«

Und wie ist das bei Ihnen? fragen wir. Er blickt uns lange und eindringlich an und antwortet dann fast gemessen: »Jeder, der mit seiner eigenen Wahrheit an die Öffentlichkeit tritt, muss mit kräftigem Widerstand rechnen und sich davor schützen.«

3

FÜNFZEHNTES KAPITEL
Der Steiner-Komplex

Für wen ist die Anthroposophie gedacht? Für jeden? Oder für die wenigen, die dazu in der Lage sind, den doch recht schwierigen anthroposophischen Betrachtungen zu folgen? Diese Frage ist berechtigt, denn, um ehrlich zu sein: Die Anthroposophen, über die ich in diesem Buch so begeistert schreibe, sind ausnahmslos intellektuell entwickelte Menschen, die keineswegs vor einem Buch mehr oder weniger zurückschrecken.

Ist die Anthroposophie für Intellektuelle gedacht? Es gibt ausreichend Gründe dafür, diese Frage rundweg mit Ja zu beantworten. Um das Werk Rudolf Steiners zu verstehen, muss man – oft ziemlich detailliert – Kenntnisse über die westliche Kulturgeschichte, der Geschichte der Menschheit und diverser philosophischer Auffassungen haben. Außerdem pflegte er einen Schreibstil, der nicht gerade populär genannt werden kann.

Sein Publikum bestand aus kulturell gebildeten Menschen; in seiner theosophischen Zeit waren das Leute aus dem gehobenen Bürgertum und der Aristokratie, später waren es mehr Künstler und wissenschaftlich Tätige. Auch jetzt wird die anthroposophische Bewegung von solchen Menschen bevölkert; vor allem die sogenannten »führenden Anthroposophen« sind oft Personen, die Bücher schreiben und Vorträge halten. Die Kultur der anthroposophischen Bewegung hat einen stark verbalen und gedanklichen Charakter. Klempnern, Metallarbeitern, Postboten und Anstreichern begegnet man selten, und die wenigen, die es doch gibt, halten sich zurück.

Als eine »Problemgruppe« innerhalb der anthroposophischen Bewegung werden die biologisch-dynamischen Landwirte erlebt. Vor einigen Jahren wurde ich gebeten, in Lelystad eine Reihe von Abenden zu übernehmen, um den biologisch-dynamischen Bauern dort »auf dem Land« auf einfache Art zu erklären, was Anthroposophie eigentlich ist. Ich wurde in der Zeit häufiger gebeten, einleitende Vorträge über Anthroposophie zu halten. Ich sprach auf Abenden des Humanistischen Verbandes, bei der Katholischen Studentenvereinigung, bei den Christlichen Frauen, bei Eltern von Kindern an Freien Waldorfschulen, ja sogar bei Gruppen kommunaler politischer Parteien. Und in all diesen Fällen hatte ich die unglaublich schwierige Aufgabe, die Anthroposophie so einfach wie nur möglich zu machen.

Vorweg wurde mir von den Organisatoren gesagt, die Bauern hätten eine praktische Einstellung, und ich dürfe nicht davon ausgehen, dass sie den Inhalt des Kurses, den Steiner über Landwirtschaft gehalten hatte, verstanden hätten. Das letzte verwunderte mich nicht im Geringsten. Inzwischen war ich nämlich Redakteur der Reihe »Werke und Vorträge« geworden, die in achtundvierzig Bänden eine repräsentative Auswahl aus dem Werk Rudolf Steiners für die Niederlande herausbringen will. Und da die Herausgeber es in Anbetracht der Probleme in der Landwirtschaft der Niederlande nötig fanden, den sogenannten »Landwirtschaftlichen Kurs« schnell zu veröffentlichen[1], hatte ich den Kurs gelesen, ihn allerdings nur in groben Zügen verstanden. Doch das schien mir ganz normal: schließlich war ich ja kein Bauer.

Im selben Jahr jedoch hatte ich gemeinsam mit Saskia Kalff ein einführendes Buch geschrieben über den Stand der Dinge in der biologisch-dynamischen Landwirtschaft, *Gesunde Ernährung, gesunde Erde,* und dazu eine ganze Anzahl von Landwirten und Wissenschaftlern interviewt. Dabei war ich dann doch sehr betroffen, aus dem Munde von jemandem wie Manfred Klett, dem wissenschaftlichen Leiter der landwirtschaftlichen Abteilung am Goetheanum, vernehmen zu müssen, dass auch er vieles aus dem »Landwirtschaftlichen Kurs« nicht wirklich verstanden hatte. Mehr noch: Seiner Meinung nach hatten auch die Menschen, die 1924 bei dem Kurs dabei gewesen waren, nur wenig davon verstanden. Klett: »Dennoch waren sie feurig begeistert gewesen von dem, was Steiner dargestellt hatte. Es ist wirklich sehr erstaunlich festzustellen, dass die meisten der damals Anwesenden bis zu ihrem Tod so feurig und begeistert geblieben sind und sich tatkräftig dafür eingesetzt haben, den Inhalt des Kurses in die Tat umzusetzen, während sie doch so wenig davon verstanden!«[2]

Einerseits hatte ich diese Bemerkung von Manfred Klett als ehrlich und erfrischend empfunden; andrerseits hatte ich das Gefühl bekommen, dass hier aus der Not eine Tugend gemacht wurde. Jedenfalls hatte der »Landwirtschaftliche Kurs« auf mich nicht den Eindruck gemacht, als *wüsste* Steiner, dass der Inhalt zu schwierig für die Anwesenden war.

Also gut, ich sollte den biologisch-dynamischen Bauern vom Flevopolder – Menschen also, die täglich, sollte man denken, mit der Anthroposophie zu tun haben – auf einfache Art erzählen, was Anthroposophie ist. Ich sprach über das Vorhandensein einer inneren seelischen Welt, über die besondere Bedeutung von Gedanken und Vorstellungen, über Träume und darüber, wie wichtig es ist, die persönliche Erfahrung ernst zu nehmen. Und um auch die Praxis nicht zu vergessen, stellte ich dar, wie sich die allgemeinen Grundlagen der Anthroposophie, Karma und Reinkarnation, auf pädagogischem und medizinischem Gebiet auswirken können und wie das zur Gründung freier Schulen und zur Einrichtung ärztlicher Praxen geführt hat.

Die Abende wurden ein Reinfall. Am letzten Abend stand plötzlich ein Bauer auf und sagte zum ersten Mal etwas: Er fragte mit lauter Stimme, warum die Anthroposophie so schwierig sei. Darauf wurde sofort von einem Berater der »Biologisch-dynamischen Vereinigung« reagiert, der zur allgemeinen Erheiterung ausrief, dass diese Abende doch gerade dafür gedacht waren, zu erklären, was Anthroposophie sei.

»Das mag ja sein«, sagte der Bauer, »aber ich habe keinen Deut davon kapiert«. Anschließend kam er zu mir, um mir zu versichern, dass er »persönlich nichts gegen mich« habe, aber dass er doch nicht ganz verstünde, »warum ein Junge aus der Stadt ins Poldergebiet gekommen ist, um uns Bauern zu erzählen, wie wir unsere Arbeit machen sollen«. Ich hielt dagegen, es sei überhaupt nicht daran gedacht, über Landwirtschaft zu sprechen, sondern über Anthroposophie. Viel half es nicht, und in meinem Herzen wusste ich, dass der Mann den Finger in die offene Wunde gelegt hatte.

Meine vier Kinder, die alle in die Amsterdamer Waldorfschule gingen und daher außer in unserer Familie auch dort etwas

Anthroposophie schnupperten, hatten inzwischen das Alter erreicht, in dem sie Fragen stellten, und die waren oft von umwerfender Einfachheit. Ob ich schon mal einen Engel gesehen hätte? Ob ich aus eigener Erfahrung wüsste, wer Christus ist? Ob ich ihnen klarmachen könnte, warum dieser Rudolf Steiner nun so wichtig sei?

Ganz normale, gewöhnliche, direkte Fragen also. Fragen jedoch, die so manchen Anthroposophen in Verlegenheit bringen. Denn nehmen wir nur die Frage, ob ich schon mal einen Engel gesehen hätte. Die ruft ein ganzes Bündel neuer Fragen auf, etwa folgende: Was sollen wir hier unter »Sehen« verstehen? Welches ist der Unterschied zwischen äußerem und innerem Sehen? Wie kann man verdeutlichen, dass das Fühlen eines Ideals in der eigenen Seele anthroposophisch gesehen in Wirklichkeit mit dem zusammenhängt, was ein Engel in unserem Astralleib tut? Wie macht man deutlich, dass das Wahrnehmen eines Engels einerseits etwas anderes ist als das Erscheinen einer schönen Dame auf der Netzhaut, während es andrerseits doch auch etwas viel Normaleres ist, als die Menschen oft denken? Dass in Wirklichkeit jeder Mensch Engel wahrnimmt, oder jedenfalls die Wirkungen eines Engels, dass man sich dessen in der Regel aber nicht bewusst ist? Dass man vor allem also nicht nach einem Phänomen suchen soll, das man nicht kennt, sondern vielmehr anders auf die täglich vorhandenen Phänomene schauen?

Um aber diese »täglich vorhandenen Phänomene« verständlich zu machen, gerät man in die Versuchung, diese ganz ungewöhnliche Versammlung von Äther- und Astralleibern, Gemütsseelen und Bewusstseinsseelen heranzuziehen, all die anthroposophischen Begriffe also, die für weitaus die meisten Menschen nicht gerade alltäglich sind. Bevor man es merkt, hat man eine kleine Vorlesung gehalten, um die normale und direkte Frage eines Kindes zu beantworten, eine Vorlesung außerdem, die in der Regel schnell wieder vergessen ist. Im gewöhnlichen Leben funktioniert das also nicht.

Muss jeder Mensch verstehen, was ein Astralleib ist, um die Wirkung der Engel erkennen zu können? Das würde bedeuten, dass jeder Mensch sich auch ausführlich mit dem Inhalt der Anthroposophie befassen müsste. Manche Anthroposophen sind dieser Meinung, was beispielsweise ihrer Reaktion zu entnehmen ist, wenn »normale« Menschen davon berichten, sie hätten die Gegenwart von Engeln erlebt. Solche persönlichen Erfahrungen, die tatsächlich an die schöne Dame auf der Netzhaut erinnern können, werden als suspekt erklärt, weil sie zu einfach sind, zu wenig subtil, zu flach. Wenn jemand sagt: »In meinem Wohnzimmer erschien eine strahlende Gestalt, die eine kräftige Energie in meine Seele sandte«, wird der eine Anthroposoph respektvoll zuhören und der andere sofort darauf verweisen, dass Rudolf Steiner gesagt habe, bei weitem nicht alle geistigen Erlebnisse seien das, was sie scheinen; dass jahrelange innere Übung notwendig sei, um zwischen »wahren« und »unwahren« geistigen Erlebnissen unterscheiden zu können; und dass man dafür am besten gleich die nächsten sieben Jahre einem Studium der grundlegenden Werke Rudolf Steiners widmen solle.

Meiner Meinung nach stimmt hier etwas nicht.

Was auch nicht stimmt, ist die selbstverständliche Annahme, alle Mitglieder der Anthroposophischen Gesellschaft kennten sich gründlich in Rudolf Steiners Werk aus. Vielmehr besteht gerade innerhalb der Anthroposophischen Gesellschaft ein großer Bedarf an einführenden Kursen in die Anthroposophie, Karma und Reinkarnation usw. In den Augen Außenstehender mag diese Gesellschaft wohl wie eine Versammlung »Fortgeschrittener« aussehen, wer sie kennt, weiß, dass dies nicht der Fall ist. Von den rund 5000 niederländischen Mitgliedern sind nach meiner optimistischen Einschätzung höchstens fünfzig so heimisch in der Anthroposophie wie der harte Kern unserer nationalen Eislaufmannschaft auf dem Eis; weitere dreihundert folgen in deutlichem Abstand, und der Rest besteht aus guten Amateuren. (Übrigens: Es gibt auch Menschen, die sich gut auskennen in Steiners Werk und aus verschiedenen Gründen nicht Mitglied der Anthroposophischen Gesellschaft werden wollen.) Kurz, auch in der Anthroposophischen Gesellschaft ist die Unsicherheit groß.

Dies alles ist nicht ironisch gemeint.

Rudolf Steiner ging von der Annahme aus, die Anthroposophie sei für Millionen von Menschen da. Es ist klar zu erkennen, dass diese Menschen nicht erreicht worden sind: Die Allgemeine Anthroposophische Gesellschaft hat international etwa 50.000 Mitglieder, von denen die Hälfte in Deutschland lebt. Selbstverständlich beschäftigen sich weitaus mehr Menschen, in welcher Form auch immer, mit der Anthroposophie, aber mehr als eine Million werden es weltweit doch nicht sein, eher weniger. Außerdem ist es auch deutlich, dass die Inhalte der Anthroposophie in der öffentlichen Diskussion, über welches Thema auch immer, nicht ernstgenommen werden.

Meiner Meinung nach liegt die Ursache all dieser Dinge nicht in der Tatsache, dass die Anthroposophie zu schwierig ist, sondern darin, dass sie zu schwierig *belassen* wird. Einige hartnäckige Auffassungen und Verhaltensweisen innerhalb der Anthroposophischen Bewegung haben bis jetzt fast jeden Versuch, die Anthroposophie zu vereinfachen, verhindert und sogar verdächtig gemacht. Das fing schon 1919 an, als Rudolf Steiner sein Buch *Die Kernpunkte der sozialen Frage* schrieb, das für ein breites Publikum gedacht war (und dieses auch erreichte), in dem kein anthroposophischer Begriff zu finden ist und das dennoch ein durch und durch anthroposophisches Buch genannt werden kann. Viele der Anthroposophen verstanden damals nicht, dass Steiner sich so viel Zeit für eine öffentliche Debatte nahm: Es hieß für sie Perlen vor die Säue werfen. Er hätte lieber weiterhin komplizierte Vorträge für die Anthroposophen halten sollen, die ihm wenigstens auf seinem Niveau folgen konnten.

Dasselbe trat auf, als Steiner damit begann, Vorträge für die Arbeiter, die das Goetheanum bauten, zu halten. In diesen Vorträgen sprach er auf eine außergewöhnlich direkte und einfache Weise über oft sehr komplizierte Dinge. Auch hier traf er auf Skepsis bei Mitgliedern der Anthroposophischen Gesellschaft; offenbar konnten sie nicht begreifen, dass Steiner in den Arbeitern eine wichtige Zuhörerschaft sah.

Man kommt leicht in die Versuchung zu meinen, dass Rudolf Steiner alles konnte. Aber genau wie bei allen andern Menschen brachten seine Fähigkeiten auch Beschränkungen mit sich. Wenn man fünfzehn Jahre lang damit befasst ist, sich in das philosophische und weltanschauliche Denken seiner Zeit einzuleben, kann man nicht zugleich – um nur ein einfaches Beispiel zu nennen –

mit dem Erlernen diverser Fremdsprachen befasst sein (er sprach kaum Englisch oder Französisch). Auch für Steiner gilt, dass sein Schicksal ihn zu einer Wahl zwang, und seine Wahl war eindeutig: Er wollte den Materialismus bei den Hörnern packen. Sein Schicksal hatte ihn die notwendigen Erfahrungen dafür in seiner Kindheit machen lassen und später hatte er Ideen kennengelernt, die ihm auf diesem Weg ein Stück weiterhalfen; das waren vor allem die Ideen Goethes und Fichtes.

Wenn eine Wahrheit zum ersten Mal formuliert wird, ist sie immer schwierig. In dieser Hinsicht kann Steiner mit Gestalten wie Aristoteles und Thomas von Aquin verglichen werden, deren Werke ebenso schwierig und ebenso umfangreich sind. Aristoteles hat eine ganze Reihe von Begriffen zum ersten Mal formuliert, die später Allgemeingut geworden sind. Seit Jahrhunderten sind seither zehnjährige Kinder in der Lage, grundlegende aristotelische Begriffe, beispielsweise die der »Kategorien«, aufzunehmen, und zwar in Form der grammatikalischen Satzteile. Noch überzeugender sind die Ideen von »Raum« und »Zeit«, denen Aristoteles außerordentlich schwierige Betrachtungen widmet, die jedoch heutzutage von jedem Menschen *im praktischen Leben* verstanden werden. Um mit dem Begriff »Zeit« zu leben, ist es wirklich nicht mehr nötig, die Schriften von Aristoteles durchzuackern.

Dasselbe gilt für die esoterischen Vorstellungen, die von Rudolf Steiner und anderen formuliert worden sind. Mit einer dieser Vorstellungen ist dies in unserem Jahrhundert auch fast unbemerkt geschehen, und zwar auffälligerweise nicht nur in Europa, sondern vor allem in den Vereinigten Staaten von Amerika. Aus Untersuchungen ist hervorgegangen, dass über die Hälfte der Amerikaner es für einen akzeptablen Gedanken hält, dass es etwas wie *Reinkarnation* gibt, während dieser Begriff noch vor einem knappen halben Jahrhundert zur östlichen Schatzkammer exotischer Auffassungen gerechnet wurde. Man braucht nur in irgendeine Buchhandlung zu gehen, um dies bestätigt zu sehen; die Anzahl von Büchern zu diesem Thema ist in den vergangenen zwanzig Jahren enorm angewachsen.

(Nebenbei: Der Begriff »Karma«, der in Wirklichkeit viel revolutionärer ist, weil er den Begriff der Reinkarnation erst für das tägliche Leben anwendbar macht, hat mit dieser Entwicklung nicht Schritt gehalten. Vielfach wird Karma noch immer mit Fatalismus und Schicksalsergebung in Verbindung gebracht, was nicht mit der modernen esoterischen Bedeutung übereinstimmt. Sehr viele Missverständnisse, die der Anthroposophie anhaften, hängen mit dem mangelnden Verständnis dieses Begriffs zusammen.)

Ich schrieb gerade, die Anthroposophie würde schwierig gemacht. Ganz stimmt dies nicht, weil es in der anthroposophischen Literatur einige schöne Beispiele gibt, die das Gegenteil beweisen. Ich denke dabei etwa an das kleine Büchlein *Geistesschulung und Lebenspraxis*, das von Jörgen Smit verfasst wurde und auf eine direkte und praktische Weise Themen behandelt, die oft als schwierig erlebt werden. Dasselbe gilt für das anrührende Buch *Verwandeln des Lebens* des russischen Romanschriftstellers Andrej Belyi, das nicht nur ein hinreißendes Bild von Steiners Werk, sondern auch von dessen Person gibt. Einen absoluten Höhepunkt stellen nach meiner Ansicht die Bücher des Franzosen Jacques Lusseyran dar, eines Blinden, der »innerlich« sehend wurde. In seinem Buch *Das wiedergefundene Licht* erzählt er auf ganz persönliche und direkte Weise von seinen geistigen Erlebnissen.

In der anthroposophischen Bewegung jedoch werden derlei Beiträge nicht in ihrer eigentlichen Bedeutung erkannt. Wohl werden sie begeistert aufgenommen (außer Belyi, das dauerte ein halbes Jahrhundert) und werden auch gelesen, oft jedoch falsch verstanden. Sie werden als »leicht zugängliche Übersetzungen« von Rudolf Steiners Arbeit betrachtet, als »persönliche Verarbeitungen« *seiner* esoterischen Arbeit.

Ein vollgültiges anthroposophisches Buch muss, so meinen viele Anthroposophen, so aussehen, wie ein Buch von Steiner: Es hat einen gedanklich strukturierten Aufbau, ist insgesamt sorgfältig formuliert, und die Vorstellungen werden sehr vorsichtig entwickelt. Dass aber ein Schreiber beispielsweise auch *erzählen* kann, das heißt zeigen, wie sich Erfahrungen innerer und äußerer Geschehnisse in Raum und Zeit abgespielt haben, und zwar ohne ergänzende begriffliche Erklärungen, wird als eine zwar interessante, aber doch weniger »wirklich anthroposophische« Arbeitsweise empfunden. Die Ursache dafür liegt ganz einfach in der Tatsache, dass Steiner als Schreibender – bei seinen Vorträgen liegt die Sache etwas anders – nicht Erzähler, sondern Betrachter war. Selbst in seinen Theaterstücken, den vier sogenannten *Mysteriendramen*, überwiegt nicht das erzählende, sondern das betrachtende Element.

Damit meine ich nicht, dass Steiner unbedingt ein Erzähler hätte sein sollen. Und ebensowenig will ich damit sagen, dass Steiner meinte, jeder müsse so vorgehen, wie er es tat, denn das war rundweg nicht der Fall. Er war beispielsweise ein große Bewunderer des Anthroposophen und Dichters Christian Morgenstern, der etwas konnte, was er selbst nicht konnte, nämlich Humor, Lyrik und Spiritualität miteinander verbinden. Die Art und Weise, wie Rudolf Steiner mit anderen Menschen umging, zeigt gerade, dass er sie dazu ermutigte, das zu sein, was sie waren, ihr eigenes Schicksal ernstzunehmen und es nicht um einer »anthroposophischen Methode« willen zu verdrängen.

In der anthroposophischen Bewegung herrscht ein tiefverwurzelter Steiner-Komplex, der auf der – oft unbewussten – Annahme beruht, ein wirklicher Anthroposoph müsse Steiner gleichen. Dieser Komplex äußert sich beispielsweise darin, dass man sich äußerst kompliziert gibt, was von vielen gleichgesetzt wird mit methodischer Gründlichkeit. Selbstverständlich nährt sich dieser Komplex aus der verständlichen Liebe und Bewunderung für Steiners Person und Werk. Aber es steckt meiner Meinung nach mehr dahinter, und das kann paradoxerweise nur verdeutlicht werden, indem man die Anthroposophie selber zu Rate zieht.

Wenn Menschen mit der Anthroposophie in Berührung kommen, spielen immer zwei Dinge eine Rolle: auf der einen Seite das eigene Schicksal und auf der anderen Seite das Schicksal der anthroposophischen Bewegung.

Unter eigenem Schicksal verstehe ich hier die Wirklichkeit, in der jemand sich äußerlich und innerlich in dem Augenblick befindet, in dem er die Anthroposophie kennenlernt. Zu dieser Wirklichkeit gehören die grundlegenden und zum Teil auch unveränderlichen Tatsachen von Geschlecht, kulturellem Hintergrund, sozialem Milieu, Erziehung und Beruf, materiellem Wohlstand, ererbten Eigenschaften, physischer, ätherischer und astralischer

Beschaffenheit, Fähigkeiten und so weiter. In dieser Hinsicht – es ist fast überflüssig, es zu sagen – bestehen große Unterschiede: Ein Rockgitarrist aus New Orleans ist jemand anderes als ein Notar aus Krefeld.

Alle diese tatsächlichen Umstände und Eigenschaften ergeben sich aus seiner Vergangenheit. Sie sind das Resultat dessen, was Steiner auch das »alte« Karma nennt. Diese Wirklichkeiten dürfen nicht zu gering geschätzt werden; im Gegenteil, sie sind Ausdruck irdischer und kosmischer Geschehnisse. Einige dieser Umstände sind überpersönlicher Art, wie der Unterschied zwischen einem männlichen und einem weiblichen Körper. Wieder andere, wie persönliche Fähigkeiten, hängen durchaus mit der betreffenden Individualität zusammen.

Jede irdische Erscheinung, also auch jeder Mensch, ist Ausdruck geistiger Wirklichkeiten, die zu einem großen Teil mit seiner Vergangenheit zu tun haben. Zugleich aber will jeder Mensch diese Vergangenheit gleichsam umformen, oder anders ausgedrückt: Er will sie für die Zukunft tauglich machen. Die Gegenwart ist in dieser Hinsicht als der immer andauernde und ungreifbare (in Wahrheit übersinnliche und nur intuitiv zu erlebende) Augenblick anzusehen, in dem Vergangenheit und Zukunft einander befruchten.

Auf der anderen Seite gibt es das Schicksal der anthroposophischen Bewegung auf der Erde. Und das besteht in dem, was von dem anthroposophischen Impuls, der in der geistigen Welt zu finden ist, tatsächlich im Sichtbaren realisiert ist, oder vielleicht besser gesagt: sich dort hineingesenkt hat. Dazu gehören natürlich in erster Linie die Erkenntnisse, die Rudolf Steiner formuliert hat, aber auch die Erkenntnisse unzähliger anderer. Weiterhin gibt es die schon genannten Arbeitsbereiche: die Praxis und Erfahrung der Freien Waldorfschulen, die Bemühungen biologisch-dynamischer Bauern, die Arbeit anthroposophischer Ärzte und Therapeuten und so weiter. Diese institutionalisierte Anthroposophie gehört zu dem »realisierten« Teil der Anthroposophie und daher zu deren Schicksal.

Auch hierfür gilt, dass dies Ausdruck geistiger Bewegungen und Bemühungen aus der Vergangenheit ist. Dass die Anthroposophie sich bis jetzt – um nur ein Beispiel zu nennen – sehr stark mit dem Schulwesen, aber (noch) nicht so sehr mit der Völkerpsychologie (womit Willem Zeylmans van Emmichoven so gern einen Anfang machen wollte) verbinden konnte, hat etwas mit dem Schicksal der Anthroposophie zu tun. Auch hier geht es nicht um willkürliche oder zufällige Umstände.

Sobald Menschen mit der Anthroposophie in Berührung kommen, laufen sie Gefahr, ihr eigenes Schicksal aus dem Auge zu verlieren. Um mich selbst einmal als Beispiel zu nehmen: Sobald ich als Journalist etwas mit der anthroposophischen Bewegung zu tun bekam, hatte ich sehr schnell das Gefühl, den »falschen« Beruf gewählt zu haben, und zwar einfach deshalb, weil so etwas wie ein anthroposophischer Journalismus nicht existierte. Ich erinnere mich noch daran, dass jemand mir sagte: »Wie schade, dass du kein Lehrer bist, sonst hättest du in einer Freien Waldorfschule arbeiten können!«

Eine einseitige Orientierung auf das Gewordene führt dazu, dass das Neue blockiert wird. Und gerade in diesem Neuen, das nicht in Büchern oder Instituten zu finden ist, sondern im Leben und im Herzen der Menschen, die Anschluß an die Anthroposophie suchen, lebt die Zukunft. Doch ist dieses Neue zugleich etwas sehr Zartes, Anfängliches, wir haben nur unsere eigenen Erlebnisse, unsere eigenen Fähigkeiten, unsere eigenen Wünsche, unseren eigenen Willen; es gibt keine soliden Vorträge von Rudolf Steiner, die uns in der eigenen karmischen Orientierung unterstützen. Wenn man also – wie Saul Bellow – mit der amerikanischen Kultur und dem derzeitigen Realismus verbunden ist, muss man sich nach dem richten, was man selber ist, auch wenn die tonangebenden Anthroposophen mit all ihrem Idealismus nichts davon kapieren und Sturm dagegen laufen.

Sehr oft drohen Vorstellungen, die etwas mit der Vergangenheit zu tun haben, sich wie Wolken vor die Sonne der Zukunft zu schieben. Ich selbst hatte immer das Gefühl – den Wunsch, die Sehnsucht –, dass zu dieser Zukunft auch eine »einfache« Anthroposophie gehört, eine Anthroposophie, die am Küchentisch lebt, die warm und menschlich ist, die darin besteht, jemandem den Arm um die Schulter zu legen. Ich bin davon überzeugt, dass dieses Bemühen, das übrigens auch in vielen anderen lebt, sehr viel mehr Unterstützung in der anthroposophischen Bewegung gehabt hätte, wenn Rudolf Steiner eine Vortragsreihe darüber gehalten hätte.

Nun geht es bei solchen Dingen darum, dem treu zu bleiben, der man ist, und kein »Pseudo-Anthroposoph« zu werden. Die Anthroposophie als Lebensanschauung und als institutionalisierte Bewegung ist immer von gestern, jeden Tag wieder; die Anthroposophie als Wesen ist immer von morgen, auch jeden Tag wieder. Und dieses Wesen will nicht grundsätzlich immer mehr vom Gleichen: noch mehr Freie Waldorfschulen, noch mehr biologisch-dynamische Kartoffeln ...

Ein Blick in die anthroposophische Bewegung lehrt, dass es dort gutgeht, wo es gelungen ist, die Anthroposophie aus eigener individueller Kraft mit einem neuen Arbeits- oder Lebensgebiet zu verbinden. Beispiele dafür sind in den Niederlanden die Triodosbank, Arta (Hilfe für Drogenabhängige) und das Institut für Organisationsentwicklung – NPI. Und dass jetzt ausgerechnet in den traditionellen Arbeitsbereichen Krisen entstehen, liegt wohl daran, dass man sich darüber streitet, was Steiner gemeint hat oder nicht, anstatt auf der Grundlage eigener Erfahrung zu arbeiten.

SECHZEHNTES KAPITEL

Sich von Steiner distanzieren?

Der Steiner-Komplex hat auch noch einen anderen Aspekt, der zwar in der Verlängerung des vorigen liegt, der aber doch gesondert betrachtet werden muss. Er hängt mit folgender Frage zusammen: Wie verhalte ich mich zu Äußerungen Rudolf Steiners, die ich nicht nur nicht verstehe, sondern die mir auch unsympathisch sind oder gar unwahr zu sein scheinen?

Solche Äußerungen gibt es meiner Meinung nach. Ich erinnere mich noch genau, dass ich zum ersten Mal – etwa Mitte der siebziger Jahre – den sog. *Volksseelenzyklus* las und dabei auf folgende Passage stieß: »Nicht etwa deshalb, weil es den Europäern gefallen hat, ist die indianische Bevölkerung ausgestorben, sondern weil die indianische Bevölkerung die Kräfte erwerben musste, die zum Aussterben führten.«[1] In diesem Vortrag behauptet Rudolf Steiner, dass die Rasse der Indianer mit Kräften verbunden ist, die auch im menschlichen Lebenslauf wirksam sind, und zwar besonders in der Altersphase, so wie die schwarze Rasse ihm zufolge mit den Kräften der Jugend zusammenhängt.

Wie ist dies zu verstehen? Einmal abgesehen von der Tatsache, dass ich diese Sichtweise inhaltlich nicht verstand, fand ich sie auch unsympathisch. Denn soviel war deutlich: Das Aussterben der Indianer war nach Rudolf Steiner nicht die Folge von Völkermord, sondern hatte eine spirituelle Ursache. Ich versuchte mir vorzustellen, was Rudolf Steiner mit dieser Äußerung hatte sagen wollen, kam damit aber zu keinem Ergebnis. Besonders bedauerte ich, dass er nicht mehr lebte, weil ich ihn sonst gefragt hätte, ob er sich nicht realisierte, dass man mit einer solchen Äußerung den Genozid rechtfertigte. Nun machte ich mir natürlich auch klar, dass die Behauptung, das Ende der indianischen Kultur hätte einen spirituellen Hintergrund, nicht automatisch bedeutete, dass die Ermordung der Indianer durch die Weißen »gerecht« war.

Jedoch konnte ich nicht verstehen, warum Rudolf Steiner darüber ein Missverständnis hatte entstehen lassen können, vor allem auch, weil sein ganzes Werk von Liebe und Respekt gegenüber nicht-europäischen Kulturen durchzogen war.

Später stieß ich auf weitere Äußerungen, mit denen ich nur schwer leben konnte, wie die inzwischen berüchtigte Äußerung, schwangere Frauen sollten lieber keine Negerromane lesen, sonst bekämen sie »Mulattenkinder«. Ich begriff natürlich, dass diese Äußerung nicht wörtlich genommen werden durfte, aber auch, ja gerade als Scherz fand ich sie unangenehm. In anderen Äußerungen wurde die »weiße Rasse« als die »Rasse der Zukunft bezeichnet«, blondes Haar und blaue Augen in Beziehung zu Intelligenz gebracht (»Die blonden Haare geben eigentlich Gescheitheit«[2] und die französische Sprache mit »Phrasen« (»Korrumpiert wird die Seele ganz sicher durch den Gebrauch der französischen Sprache«[3]).

Seit 1983 bereits haben diese und andere Zitate in den Medien zu heftigen Debatten hinsichtlich der Frage: war Steiner Rassist? geführt. In einer langen Serie von Büchern und Artikeln wurden derartige Äußerungen, aber auch die Anthroposophie insgesamt kritisiert. 1996 sollte diese Diskussion dann zu einer dramatischen Situation führen, als ein Vorstandsmitglied der Anthroposophischen Gesellschaft der Niederlande in einer Radiosendung versuchte, einige der beanstandeten Zitate Rudolf Steiners nachvollziehbar zu machen. Außer der Tatsache, dass dies zum Rücktritt dieses Vorstandsmitgliedes führte, war es auch Anlass zu heftigen Auseinandersetzungen innerhalb der anthroposophischen Bewegung.

Als Redakteur von *Jonas* war ich von Anfang an intensiv in diese Diskussion einbezogen. Zunächst reagierte die anthroposophische Bewegung mit stoischer Gelassenheit. Gern verwendete man in anthroposophischen Kreisen um 1983 herum beispielsweise eine Äußerung Ita Wegmans, dass man Dämonen aushungern solle, indem man ihnen keine Nahrung gäbe. Und das bedeutete: Nicht reagieren. Viele waren der Auffassung, auf solche »Bezichtigungen« solle man nicht reagieren, da sie »bösartig« seien und von »Unverständnis« für die Anthroposophie zeugten.

Der damalige Vorstand der Anthroposophischen Gesellschaft in den Niederlanden stand zu der Zeit außerdem auf dem Standpunkt, die Anthroposophische Gesellschaft hätte mit dieser Angelegenheit nichts zu tun. Das Argument dafür war, es gäbe in der Anthroposophischen Gesellschaft keine übereinstimmende Meinung beispielsweise zu der Behauptung, Steiner sei Rassist gewesen, und deshalb könne sie sich auch nicht öffentlich dazu äußern.

Wie schon erwähnt, meinten nur einige wenige Anthroposophen, dass man sehr wohl zu reagieren hätte. Innerhalb dieser kleinen Gruppe entstanden sofort zwei völlig unterschiedliche Auffassungen dazu, wie das zu geschehen habe. Die einen fanden, seitens der anthroposophischen Bewegung solle man sich darauf beschränken, die Angriffe durch Fakten zu widerlegen, im Extremfall sogar juristisch vorzugehen. Andere meinten, das reiche nicht aus, man müsse das Gespräch mit dem sogenannten feindlichen Außenstehenden suchen. Dieser zweite Ansatz wurde innerhalb dieser ohnehin schon kleinen Gruppe nur von einer winzigen Minderheit vertreten.

Ich erinnere mich noch gut daran, dass ich zusammen mit dem Waldorflehrer Christof Wiechert zu Jan Derk Imelman ging, einem Professor, der ein höchst kritisches Buch über die Freien Waldorfschulen geschrieben hatte. In diesem außerordentlich interessanten Gespräch, über das ich damals in der Zeitschrift *Jonas* berichtete, kamen wir dahinter, dass Imelmans Verärgerung weniger inhaltlicher, sondern viel mehr sozialer Art war. Sein Groll kam zum großen Teil daher, dass er sich mit seinen kritischen Fragen von Vertretern der Freien Waldorfschulen abgewiesen gefühlt hatte. Nach seiner Aussage hatte es kein einziges vernünftiges Gespräch gegeben und letztlich hatte man ihm sogar den Zutritt zu den Waldorfschulen verboten. Durch diese abweisende Haltung, die er arrogant nannte, fühlte er sich in seiner philosophisch-inhaltlichen Argumentation bestärkt, dass die Anthroposophie ein geschlossenes Weltbild darstellte.

Als die Mitschrift des Gesprächs einige Wochen danach in *Jonas* veröffentlicht wurde, bekamen wir von verschiedenen anthroposophischen Seiten zu hören, wir hätten »den Feind zu Worte kommen lassen« und es sei »naiv, mit Gegnern zu sprechen«. Das Gespräch mit Imelman hatte mir jedoch klargemacht, dass er zu einem bissigen und sogar unberechenbaren

Gegner *geworden* war, weil er in einem früheren Stadium nicht auf die nötige Offenheit und Unbefangenheit gestoßen war. Und was den Verlauf der sozialen Beziehungen anging – was etwas anderes als die rein inhaltliche Diskussion ist –, fühlte ich mich, ehrlich gesagt, durch meine eigenen Erfahrungen solidarisch mit ihm. Nicht nur der Besuch bei Imelman sondern auch frühere Erfahrungen als Journalist in der anthroposophischen Bewegung hatten mich gelehrt, dass die Bereitschaft zu einem offenen Dialog erstaunlich gering ist.

Im Jahr 1985 entstand in einem gemeinsamen Projekt der *Jonas*-Redaktion und Mitarbeitern des Verlags *Vrij Geestesleven* das kleine Buch *Antroposofie ter discussie* (Anthroposophie zur Diskussion gestellt), in dem ausführlich auf die Kritik eingegangen wurde. Es wirkten mit: Wim Veltman, Pim Blomard, Maarten Ploeger, Hans Peter van Manen, Edithe Boeke, Hugo Verbrugh, Bernard Lievegoed und ich. Vor allem Hans Peter van Manen vertrat in seinem Beitrag einen freimütigen Gesichtspunkt, der mir sehr wichtig scheint und den ich hier zitiere.

»Rudolf Steiner hat viel über die europäischen Völker und über die großen Kulturvölker Asiens gesagt und geschrieben. Sehr wenige und vom heutigen Wissensstand aus betrachtet unzureichende Bemerkungen hat er über die afrikanischen Neger gemacht. Die Ursache dafür liegt auf der Hand. Zu Beginn unseres Jahrhunderts war nur wenig über die afrikanischen Stämme und ihre Lebensformen bekannt. Das Bild des Negers wurde nicht nur durch den damals noch herrschenden und von Rudolf Steiner sehr kritisch beurteilten Imperialismus, sondern vor allem durch farbige, aber unvollständige Tatsachenberichte bestimmt, die vor allem die Primitivität betonten. [...] Steiner war im Gegensatz zu dem, was viele glauben, ein empirischer Mensch. Er ging von den wahrgenommenen Tatsachen aus. Neue Erfahrungen, seien es eigene oder von anderen Menschen vermittelte, waren für ihn immer Anlass dazu, seine Sicht zu modifizieren. In der damaligen Zeit fehlte ihm sehr wichtiges Anschauungsmaterial, auf Grund dessen er die Bedeutung der afrikanischen Rasse und ihrer verschiedenen Völker für die Menschheitskultur hätte beleuchten können.«

Soweit Hans Peter van Manen. Dieser Ansatz war – und ist noch immer – innerhalb der anthroposophischen Bewegung ungewöhnlich: Van Manen behauptet faktisch, dass Rudolf Steiner seine geistigen Erkenntnisse nicht nur aus der geistigen Welt holte, sondern sie auch aus dem mehr oder weniger ausreichenden Wissen seiner Zeit schöpfte. Steiner war, wie jeder andere Mensch auch, Zeitgenosse, der von den Ansichten und Gefühlen, die in dem Moment lebten, beeinflusst wurde.

Wenn man damals in aller Öffentlichkeit etwas über die immer wieder auftauchenden Anfeindungen erwähnte, bekam man schwere Vorwürfe von Seiten seiner »Mitanthroposophen«. So durfte man beispielsweise nicht sagen, dass es unverantwortliche Steinerzitate gibt. Es hieß dann, man verriete Steiner und distanziere sich implizit von der Anthroposophie als solcher. Von diesem Standpunkt aus gab es nur die eine Möglichkeit, dass man Steiner in irgendeinem Punkt nicht richtig verstanden hat und demütig warten muss, bis die rechte Erkenntnis sich einstellt.

Dies ist jedoch ein fataler Standpunkt, der in der öffentlichen Debatte großen Schaden angerichtet hat. Denn zunächst einmal wird damit jede Diskussion über das Werk Rudolf Steiners unmöglich gemacht. Außerdem wird Steiner auf den Inhalt – besser gesagt: auf die stenographischen Nachschriften – von über 6000 Vorträgen festgenagelt. Diesem Standpunkt zufolge wäre Rudolf Steiner der einzige Mensch im zwanzigsten Jahrhundert gewesen, der sechstausend mal anderthalb Stunden, also neuntausend Stunden ausschließlich die Wahrheit gesprochen hat. So etwas ist in der ganzen Geschichte der Menschheit nicht vorgekommen, und wem würde es beispielsweise einfallen, die Größe beispielsweise eines Aristoteles oder eines Thomas von Aquin in Zweifel zu ziehen durch die Behauptung, in ihrem Werk sei auch Unwahres zu finden? Indem man jeder Äußerung Rudolf Steiner Ewigkeitswert andichtet, tut man ihm das denkbar größte Unrecht und macht zugleich etwas sehr Wichtiges unmöglich: dass sich nämlich die Anthroposophie entwickelt.

Außerdem steht diese Haltung im Gegensatz zur Anthroposophie selbst. Jeder Anthroposoph wird betonen, dass Rudolf Steiner ausdrücklichen Wert auf die individuelle Urteilsfähigkeit legte. Auch ist jeder Anthroposoph sofort bereit zuzugeben, dass Steiner von seinen Zuhörern und Lesern ein kritisches Urteil bezüglich dessen, was er darstellte, erwartete. Aber es ist merkwürdig, dass *in Wirklichkeit* höchst selten ein Gesichtspunkt von Steiner kritisiert oder relativiert wird; höchstens wird er in einem bestimmten Punkt ganz vorsichtig »ergänzt«. Und wenn ein Anthroposoph es nur wagt, in einem Artikel oder Buch auf eine Inkonsequenz in der »Gesamtausgabe« hinzuweisen, kann er auf eine lange Reihe von Leserbriefen rechnen.

Ich glaube, dass die Diskussion über den vermeintlichen Rassismus bei Rudolf Steiner nur durch die Verkrampftheit, mit der viele Anthroposophen auf die Kritik reagiert haben, solange gedauert hat. Hier handelt es sich um eine falsch verstandene Loyalität gegenüber Rudolf Steiner, die wie gesagt dazu führte, dass er auf alle Äußerungen, die er in über sechstausend Vorträgen gehalten hat, festgenagelt wurde. Das Schmerzliche daran ist, dass dadurch der Blick auf den Kern der Angelegenheit eingeschränkt wurde, dass Rudolf Steiner nämlich alles andere als ein Rassist war. Sein Werk ist von einer allgemeinmenschlichen Gesinnung durchdrungen, in der die Bedeutung und das Interesse des Individuums im Mittelpunkt steht.

In der Anthroposophie geht es um die individuelle Freiheit, also auch um die Freiheit, sich von Äußerungen Rudolf Steiners, die man nicht versteht, zu distanzieren. Und noch mehr: In Wirklichkeit fordert Rudolf Steiner seine Leser gerade ausdrücklich dazu auf, das zu tun, weil ein Handeln, das auf Erkenntnissen basiert, die man nicht versteht, konträr zu allem ist, was er anstrebte. Sich von Äußerungen Rudolf Steiners zu distanzieren ist nicht dasselbe, wie sich von Rudolf Steiner distanzieren.

In diesem Punkt klafft ein Abgrund zwischen der mündlich postulierten Anthroposophie und der Realität innerhalb der anthroposophischen Bewegung. Das wirkt sich bis ins unbedeutendste Detail aus, was ich durch ein Beispiel belegen möchte.

Rudolf Steiner spricht in einigen vielgelesenen Vorträgen über einige Gestalten der alt-mesopotamischen Kultur von »Eabani«, weil die Sprachwissenschaftler seiner Zeit meinten, dass die Keilschrift so gelesen werden müßte. Später stellten einige Sprachwissenschaftler fest, dass die richtige Aussprache »Enkidu«

gelautet haben muss. Dennoch haben Anthroposophen jahrzehntelang weiterhin die Version »Eabani« verwendet, weil Rudolf Steiner dies angeblich in der »Akashachronik« geistig so gelesen hatte. Solche Beispiele, bei denen Steiner eindeutig vom Wissenschaftsstand seiner Zeit ausging, kommen in der Gesamtausgabe viel öfter vor, als man im allgemeinen denkt, vor allem in den »Fachvorträgen«.

Um es noch grundsätzlicher auszudrücken: Wenn man von der Unfehlbarkeit Steiners ausgeht – was bedeutet dann seine Aufforderung zum selbständigen Beurteilen konkret? Kann überhaupt ein selbständiges Urteil Steiner gegenüber entwickelt werden *ohne* die Einbeziehung der Möglichkeit eines Irrtums von seiner Seite? Hat sich jemals gezeigt, dass jemand laufen lernte ohne zu fallen? Derartige Fragen konnten Mitte der achtziger Jahre noch kaum innerhalb der anthroposophischen Bewegung gestellt werden.

Außerhalb der Bewegung werden sie als selbstverständlich erlebt; sie gehören zum Lebensgefühl des zwanzigsten Jahrhunderts. Schon in diesem einzigen Punkt sieht man, wie tief die mentale Kluft zwischen der anthroposophischen Bewegung und der Öffentlichkeit war und noch ist.

Es wäre jedoch ein Missverständnis, anzunehmen, dass diese Kluft nur im Hinblick auf Rudolf Steiner gilt. Die anthroposophische Bewegung hat es ohnehin schwer damit, Kritik zu äußern und zu ertragen, vor allem, wenn sich diese Kritik gegen Institutionen richtet. Das sieht man beispielsweise an der scheinbar gelassenen, in Wirklichkeit aber verkrampften Haltung, mit der Funktionäre darauf reagieren, wenn eingehender betrachtet wird, wie die Dinge innerhalb der Allgemeinen Anthroposophischen Gesellschaft wirklich liegen. Zur Zeit werden eine ganze Reihe von Diskussionen geführt, an denen die zuständigen Funktionäre ausdrücklich *nicht* teilzunehmen wünschen: über die Statuten der Anthroposophischen Gesellschaft, die Renovierung des zweiten Goetheanums, das Verhältnis zwischen dem Vorstand in Dornach und der Redaktion der Wochenschrift *Das Goetheanum,* über die spirituelle Legitimierung der Freien Hochschule für Geisteswissenschaft und so weiter.

Eine andere auffallende Erscheinung ist die, dass in der

Vergangenheit bis hin zur Gegenwart eine ganze Reihe selbständig urteilender Menschen dazu gezwungen wurden, als spirituelle Außenseiter »heimatlos« durch das anthroposophische Leben zu wandern: Dieter Brüll, Peter Schilinsky, Harrie Salman, Herbert Wimbauer, Anton Kimpfler, Amnon Reuveni, Hugo Verbrugh, Pietro Archiati ... Damit will ich nun nicht behaupten, dass alle Beiträge dieser Genannten gleich wertvoll seien (wie sollte man das auch verlangen?), aber dass sie suspekt gemacht worden sind von irgendwelchen Leuten, die sich auf eine öffentliche Diskussion, aus welchen Gründen auch immer, nicht einlassen wollten. Bei einigen der genannten Personen hat das im Laufe der Jahre zu einer Fundamentalisierung ihrer Standpunkte geführt, was vielleicht nicht zu billigen, wohl aber zu verstehen ist.

Ihnen steht eine andere Gruppe Autoren gegenüber, die über jede Kritik erhaben scheint. Auch das ist ein auffälliges Phänomen: Wenn es sich um Beiträge von Persönlichkeiten wie Emil Bock, Sergej Prokofieff und Peter Tradowski handelt, scheint eine vernünftige Diskussion kaum möglich zu sein. Auch hier, um es klar auszudrücken: Damit sage ich nichts über Qualität und Bedeutung ihrer Beiträge.

Wenn eine Diskussion nicht von der Gemeinschaft als normal und selbstverständlich begrüßt wird, beginnt sie, ein schattenhaftes und unterschwelliges Dasein zu führen, und dann zählen nicht mehr die Argumente, sondern die vermeintlichen Intentionen des Betreffenden. Die Diskussion verläuft dann nach den Gesetzmäßigkeiten der Unterwelt, wogegen übrigens nichts einzuwenden ist; man sollte sich dessen aber bewusst sein. Schnell spricht man dann von »internen Gegnern«, und es werden ungreifbare Behauptungen aufgestellt: der eine ist dann ein »verkappter Jesuit«, der andere ein »vorchristlicher Ägypter«, und wieder ein anderer ein »Freimaurer«. Es kommt sogar vor, dass gewisse Anthroposophen »Abgesandte schwarzer Brüderschaften« genannt werden, als ob das so ohne weiteres feststellbar wäre.

Dadurch, dass die Diskussion nicht im hellen Tageslicht geführt werden kann, sind in der anthroposophischen Bewegung die Gesetze der Unterwelt in Kraft getreten. Diesbezüglich unterscheidet sich diese Bewegung in nichts von anderen Gesellschaften,

Institutionen und Betrieben. In fast allen modernen Organisationen tritt beispielsweise mehr oder weniger stark die Erscheinung auf, dass die entscheidende Urteilsbildung nicht mehr in den »offiziell« dafür gedachten Organen stattfindet. Darunter leiden viele Menschen in führender Position und klagen Stein und Bein darüber, dass sich ihre Mitarbeiter nicht an die Verabredungen halten, wobei natürlich die Frage ist, ob sie selbst das tun. So kann ein Portier in den Augen eines Direktors ein »Unruhestifter« sein; in Wirklichkeit spricht er aber nur mutig aus, was andere heimlich denken.

Auch die anthroposophische Bewegung hat ihre Unterwelt, ihr Schattenreich. Diesem Schattenreich ins Auge zu sehen und dies auch mutig einzugestehen ist ein erster, aber notwendiger Schritt zur Heilung. Wenn man so tut, als wäre dieses Schattenreich – mit allen Dämonen, Doppelgängern, Schatten – nicht vorhanden und weiterhin den schönen Schein pflegt, wird dies dazu führen, dass die Angriffe von außen nur noch zunehmen.

Schon seit fünfzehn Jahren versucht die sogenannte »Außenwelt«, kräftige Brecheisen in das zu stemmen, was in der breiten Öffentlichkeit als die Betonfront »der« Anthroposophen erlebt wird. Der geschlossene anthroposophische Kreis von Schulen, Ärzten, medizinischen Einrichtungen, landwirtschaftlichen Betrieben, Handelsorganisationen, Verlagen, Zeitschriften, Vereinigungen und finanziellen Einrichtungen soll durchbrochen werden, das ist deutlich.

Die Mittel die dazu verwendet werden, sind nicht zart. Bis vor kurzem bestanden sie aus drei Angriffsarten: die Anthroposophie sei angeblich unwissenschaftlich, undemokratisch und rassistisch. Inzwischen ist eine vierte dazugekommen: die Anthroposophie soll auch noch satanisch sein. Dieses letzte Brecheisen wird bei weitem das effektivste sein. Denn seit Augustinus haben spirituelle Bewegungen (der Manichäismus, die Katharer, die Rosenkreuzer) den Vorwurf des Satanismus von »offizieller« Seite zu hören bekommen. Und in dem Augenblick, wo dieser Ruf ertönt, wartet auch schon der Scheiterhaufen.

SIEBZEHNTES KAPITEL

Eine Gesellschaft und wie sie anthroposophisch wurde

Wie bereits dargestellt, sah Rudolf Steiner sich 1923 genötigt, die damalige Anthroposophische Gesellschaft einer Erneuerung zu unterziehen. Zehn Jahre zuvor war diese Gesellschaft gegründet worden, unmittelbar nach Steiners Austritt aus der Theosophischen Gesellschaft 1913. In den Augen Steiners befand sich die Anthroposophische Gesellschaft bereits seit geraumer Zeit, also seit etwa 1919, in einer großen Krise, was die meisten Mitglieder nicht verstanden. Die Krise wurde jedoch in aller Schärfe sichtbar, als das erste Goetheanum in der Neujahrsnacht 1922/1923 durch Brandstiftung in Flammen aufging.

Welcher Art war diese Krise? Wenn wir der Ansicht Steiners folgen, war das Verhältnis zwischen der Anthroposophischen Gesellschaft als Trägerin des anthroposophischen Impulses auf der einen und der Öffentlichkeit auf der anderen Seite zutiefst gestört. Von drei Seiten kamen heftige Anwürfe gegen die Anthroposophie: Die Kirchen bekämpften sie wegen Steiners Ansichten über das Christentum; Vertreter der etablierten Wissenschaften gerieten in Harnisch, als Steiner die Anthroposophie auch praktisch ausarbeitete (unter anderem auf medizinischem, pädagogischem und landwirtschaftlichem Gebiet), und die Nationalsozialisten gingen sogar soweit, dass sie einen Anschlag auf Steiners Leben unternahmen.

Merkwürdigerweise ist über das letzte wenig bekannt, auch in anthroposophischen Kreisen. Doch es ist eine Tatsache, dass kein Geringerer als Adolf Hitler selbst im März 1922 Rudolf Steiner in einem Artikel im *Völkischen Beobachter* beschuldigte, die treibende Kraft »jüdischer Teufeleien« zu sein, die sich angeblich hinter der Außenpolitik des damaligen Deutschen Reiches verbargen. Im Mai 1922 kam es in München im Hotel Vier Jahreszeiten zu einem Attentatsversuch auf das Leben Rudolf Steiners. Dass Adolf Hitler hierbei eine persönliche Rolle gespielt haben kann, geht aus zwei

Tatsachen hervor: Erstens operierte Hitler in der Zeit von München aus, zweitens erschien in den Tagen vor dem Attentat in einigen Münchner Tageszeitungen ein Aufruf an die Einwohner der Stadt zu verhindern, dass Rudolf Steiner den Boden Münchens betrete.

Steiner brachte die heftigen Angriffe gegen die Anthroposophie nicht nur mit dem Charakter der Anthroposophie selber in Zusammenhang – er war sich dessen bewusst, dass die Anthroposophie Widerstand erwarten *musste* –, sondern auch mit der Art und Weise, wie innerhalb der Anthroposophischen Gesellschaft damit umgegangen wurde.[1] Hier kommen wir an einen schwierigen Punkt, über den in der anthroposophischen Bewegung viele unterschiedliche Meinungen existieren und über den es eine umfangreiche Literatur gibt. Obwohl ich nicht die Absicht habe, mich in die Debatte einzumischen und die verschiedenen Positionen ausführlich darzustellen, kann ich nicht umhin, etwas darüber zu schreiben. Für unbefangene Außenstehende scheinen solche Betrachtungen, die ihrer Art nach einen internen Charakter haben, oft nicht frei von Sektierertum. Für den Fall, dass dieser Eindruck hier erweckt wird, bitte ich im Voraus um Nachsicht.

Rudolf Steiner war von 1914 an in eine schwierige Situation geraten, unter der er unsäglich gelitten haben muss. Als erstes merkte er, dass es viele seiner Anhänger befremdete, als er sich sofort nach Ausbruch des Ersten Weltkrieges mit den gesellschaftlichen und sozialen Konflikten, die dem Krieg zugrunde lagen, beschäftigte. Seine Haltung war eindeutig: Es war unmöglich, weiterhin esoterische Vorträge zu halten, ohne der tragischen Wirklichkeit ins Auge zu sehen. Viele seiner Zuhörer verstanden nicht, was dies mit Anthroposophie zu tun hatte; für sie beinhaltete eine anthroposophische Zusammenkunft, dass sie einen schönen Vortrag z.B. über Goethe hörten. Das Ergebnis der sozial-gesellschaftlichen Orientierung Steiners war das 1919 erschienene Buch *Die Kernpunkte der sozialen Frage*, das sich an ein allgemeines Publikum wandte und oberflächlich betrachtet keinen Zusammenhang mit der Anthroposophie zu haben schien.

Weiterhin spielte es eine große Rolle, dass Steiner als der absolute und einzige Mittelpunkt der anthroposophischen

Bewegung erlebt wurde. Alle anderen, unter denen immerhin bedeutende Persönlichkeiten wie Walter Johannes Stein, Marie Steiner-von Sivers, Daniel Dunlop, Ita Wegman, Ludwig Polzer-Hoditz, Carl Unger und Albert Steffen waren, wurden nicht wirklich ernstgenommen und trafen z.T. auf großen Widerstand. Während Rudolf Steiner immer wieder versuchte, die Aufmerksamkeit auf die Bedeutung dieser Personen zu lenken – er selbst sprach nie von »Anhängern« oder »Schülern«, sondern immer von »Mitarbeitern« –, herrschte bei vielen Mitgliedern der Anthroposophischen Gesellschaft die Auffassung, dass sie schließlich doch nur »weniger hohe Götter« waren.

Die Sonne Rudolf Steiners schien so stark, dass das Licht der Planeten dadurch verblich. Dies führte dazu, dass der tatsächlich *pluriforme* Charakter der anthroposophischen Bewegung nicht genug zum Tragen kam; und eigentlich ist erst seit kurzer Zeit durch das Erscheinen wichtiger Biographien über die genannten Persönlichkeiten deutlich geworden, dass sie, jeder auf seine Weise, Träger wesentlicher Aspekte der Anthroposophie gewesen sind. Meiner Meinung nach ist dies einer der tragischsten Tatsachen in der Entwicklung der Anthroposophie, und ausgerechnet Steiner konnte wenig daran ändern: Je lauter er rief, desto mehr wurde er in den Mittelpunkt gestellt.

Durch diese beiden Umstände – die Angriffe von außen und die fehlende Gemeinsamkeit von innen – geriet Steiner in eine Isolierung. Buchstäblich alles musste er auf seinen Schultern tragen: *er* musste auf die Angriffe reagieren, *er* musste sich für die Impulse anderer Anthroposophen einsetzen, *er* war immer derjenige, der zur Stelle sein musste, wenn ein Vortrag gehalten werden sollte, *er* musste den einzelnen Mitgliedern Ratschläge bei ihren persönlichen Problemen geben und so weiter. Das Ganze drohte wirklich in eine Sackgasse zu geraten, als sich um seine Mitarbeiter herum, von ihnen selbst anfänglich nicht gewollt, Fraktionen aus Mitgliedern bildeten, die sich gegenseitig bekämpften. Manche Menschen betrachteten sich als »Anhänger« von Ita Wegman und standen außergewöhnlich kritisch der (hochkarätigen) Arbeit gegenüber, die Marie Steiner leistete. Als der temperamentvolle Walter Johannes Stein kurz entschlossen nach Hamburg gefahren war, um dort die Anthroposophie öffentlich zu verteidigen und Steiner anschließend begeistert in einem Vortrag davon berichtete, ja, ihn als Vorbild hinstellte, bewirkte das überhaupt nichts. Viele Mitglieder verstanden nicht, wie ein temperamentvoller und scharfer Denker wie Walter Johannes Stein, der ein völlig anderer Mensch als Steiner war, die Anthroposophie repräsentieren konnte. Um das zu können, musste man doch Steiner ähnlich sein; dies habe ich im fünfzehnten Kapitel den »Steiner-Komplex« genannt.

Was bedeutete dies für jemanden wie Steiner, der es als seine Aufgabe ansah, die Anthroposophie *gemeinsam mit anderen* in die Welt zu tragen? Meiner Meinung nach, dass er sich in einer völligen Pattsituation befand. Je mehr die Aussicht auf eine Pluriformität der Anthroposophie verschwand, desto mehr bekamen die Gegner recht, die sagten, Steiner sei der Mittelpunkt einer Sekte. Die Wirklichkeit sah jedoch so aus, dass die anthroposophische Bewegung zu einem Sammelbecken von Einzelinteressen zu werden drohte, die nichts mehr miteinander zu tun haben wollten und von denen ein jedes einen ganz bestimmten Aspekt der Anthroposophie monopolisierte und dogmatisierte.

So ist es auch verständlich, dass Steiner noch 1923 ernsthaft erwog, sich mit einer kleinen Gruppe Getreuer aus der anthroposophischen Bewegung zurückzuziehen. Während einer Zusammenkunft mit einigen Freunden in Den Haag, unter ihnen Willem Zeylmans van Emmichoven, verbarg er seine große Sorge nicht, und den Anwesenden wurde deutlich, wie sehr er unter der Situation litt.

Doch Steiner entschied sich anders: Er gestaltete die Anthroposophische Gesellschaft um und schlug sich selbst zum Vorsitzenden der neuen Gesellschaft vor, was er zu Weihnachten 1923 auch wurde, während er bis dahin nicht einmal deren Mitglied gewesen war. In den Monaten, die der sogenannten Weihnachtstagung vorangingen, während der Tagung selbst und während der Monate, die darauf folgten, gab Rudolf Steiner sein Letztes, um die *karmischen* Hintergründe der verschiedenen Gruppierungen innerhalb der anthroposophischen Bewegung sichtbar zu machen. Im Prinzip legte er dar, ohne übrigens die Namen konkreter Personen zu nennen, dass die Pluriformität in der anthroposophischen Bewegung eine positive Tatsache sei, die jedoch tiefe geistige Erkenntnis dieser karmischen Hintergründe erforderte. So hielt er beispielsweise vor und während der Weihnachtstagung, kurz nacheinander also, zwei Vorträge; den ersten über die alten keltischen Mysterien von Hibernia und den zweiten über die griechischen Mysterien von Ephesus.[2] Aus diesen Vorträgen wird deutlich, wie verschieden diese Mysterien waren, und es ist, als wolle er so laut und deutlich wie möglich ausrufen: Wenn du in einem früheren Leben etwas mit den Ephesischen Mysterien zu tun gehabt hast, musst du nicht erstaunt darüber sein, dass du bestimmte andere Menschen, die mit den keltischen Mysterien verbunden waren, schon vom Ansatz her nur schwer verstehst. Um mit diesen anderen zusammenzuarbeiten, solltest du als erstes dieses Unverständnis akzeptieren und es als dein eigenes Unvermögen ansehen anstatt als Dummheit der anderen; dann solltest du dich allmählich in deren völlig andersartige Perspektive hineinversetzen lernen, was natürlich nicht in wenigen Wochen gelingt.

Doch die Tragödie setzte sich fort, und zwar bis auf den heutigen Tag: Für viele Mitglieder sind dies im nachhinein »interessante« Vorträge über Dinge, die in weiter Vergangenheit liegen ... Insofern ich hier einen Vorwurf ausspreche, richtet der sich auch auf mich selbst: Jahrelang habe ich diese und andere Vorträge begierig konsumiert und den dramatischen Zusammenhang, in dem sie gehalten worden sind, nicht sehen wollen. Dies gilt im Prinzip – aber darauf komme ich später noch zurück – für alle Vorträge und Bücher Steiners: Sie sind nur als die äußerste Anstrengung Steiners zu verstehen, *mit den Mitteln, die ihm zur Verfügung standen, in konkreten Situationen etwas zu bewirken.*

Ein Mittel, das ihm *nicht* zur Verfügung stand, war: Ross und Reiter zu nennen; das konnte er nur in kleinem Kreise tun. Man braucht nicht viel Phantasie, um einzusehen, was passiert wäre, wenn er gesagt hätte: Jetzt spreche ich von der karmischen Vergangenheit der Gruppe um Marie Steiner, und nun über die Ita Wegmans ... Außer der Tatsache, dass die Öffentlichkeit eine solch konkrete Herangehensweise nicht begriffen hätte, hätte das Wichtigste nicht mehr geschehen können, dass nämlich die Betroffenen selbst in Freiheit zu der entsprechenden Erkenntnis kamen. Und der Wille, die Freiheit seiner Zuhörer zu gewährleisten, war wohl das, was Steiner bei seinem Auftreten am deutlichsten kennzeichnete. Er stellte seine esoterischen Erkenntnisse immer in einer solchen Weise vor seine Zuhörer hin, dass sie selber ihre Folgerungen daraus ziehen konnten. Folgerungen, die Steiner für die anderen gezogen hätte, wären als verpflichtend erlebt worden, während nach seiner Auffassung esoterische Arbeit nur auf den Erkenntnissen basieren konnte, die in den Seelen der Einzelnen entstanden waren.

Mit der Erneuerung der Anthroposophischen Gesellschaft wurde ein wichtiger Schritt getan: Steiner begann in seinen Vorträgen damit, die anthroposophischen Erkenntnisse auf diese Gesellschaft selbst anzuwenden, und zwar auf verschiedenen Ebenen. So sind seine Betrachtungen über die karmischen Hintergründe der Menschen und Gruppen in der Gesellschaft als ein Versuch aufzufassen, ihr soziales und spirituelles Leben in Bewegung zu bringen und die Mitglieder zu Toleranz und Zusammenarbeit anzuspornen. Auch schenkt er der »juristischen« Organisation der Gesellschaft viel Aufmerksamkeit; er baut sie nicht auf abstrakten Zielen, sondern auf der konkreten Tatsache auf, dass die Menschen, die während der Weihnachtstagung anwesend waren, etwas miteinander *tun wollen.* Er betrachtet diese Tagung als eine karmische Angelegenheit, die bestimmte Möglichkeiten bietet, wenn denn die Menschen dafür wach sind. Er entwirft Statuten, die nicht mit der Formel beginnen: »Die Anthroposophische Gesellschaft hat diese oder jene Ziele«, sondern: »Die Anthroposophische Gesellschaft soll eine Vereinigung von Menschen sein, die das seelische Leben im einzelnen Menschen und in der menschlichen Gesellschaft auf der Grundlage einer wahren Erkenntnis der geistigen Welt pflegen wollen.« Und: »Den Grundstock dieser Gesellschaft bilden die in der Weihnachtszeit 1923 am Goetheanum in Dornach versammelten Persönlichkeiten, sowohl die einzelnen, wie auch die Gruppen, die sich vertreten ließen.«[3]

(Auch über diese Statuten gibt es eine umfangreiche Literatur. An dieser Stelle sei noch vermerkt, dass sie zwar auf der Weihnachtstagung von den Mitgliedern angenommen, aber nie in das Schweizer Handelsregister eingetragen worden sind. Die Statuten der heutigen anthroposophischen Gesellschaft, die 1924 eingetragen wurden, haben einen anderen und mehr konventionellen Charakter. Wie und warum das so verlief, darüber existieren in der anthroposophischen Bewegung gravierende Meinungsunterschiede, unter anderem über die Frage, ob alles mit Wissen und Zustimmung Steiners geschehen sei. Wie auch immer, *formal gesehen* sind die heutigen Mitglieder *nicht* Mitglied der Gesellschaft, die 1923 gegründet worden ist.)

Während der Weihnachtstagung wurde noch eine weitere Institution eingerichtet, die »Freie Hochschule für Geisteswissenschaft«, in der die Anthroposophische Gesellschaft den ursprünglichen Statuten zufolge »ein Zentrum ihres Wirkens«[4] sieht. Diese Hochschule ist als eine Fortsetzung der Esoterischen Schule anzusehen, die, wenn auch in anderer Form, von 1904 bis 1914 bestand. Das Ziel der alten Schule war es gewesen, den Menschen bei der Entwicklung ihres übersinnlichen Wahrnehmungsvermögens zu helfen; dazu wurden Vorträge gehalten und fanden Zusammenkünfte statt, die einen mehr kultischen Charakter hatten. In dem Buch *Wie erlangt man Erkenntnisse der höheren Welten?* beschrieb Rudolf Steiner, welche Vorgehensweise er für die Einrichtung der Schule gewählt hatte, sowie auch einige der Meditationen, die er den Schülern gab. In dem Buch *Aus den Inhalten der esoterischen Stunden*, das erst 1995 erschien, sind Notizen und Auszüge von Vorträgen zu finden, die Steiner über die esoterischen Hintergründe dieser Schule hielt. Auch enthält das Buch viele Meditationsübungen, die nicht in *Wie erlangt man Erkenntnisse der höheren Welten?* beschrieben wurden.

Die neue Schule unterscheidet sich in einigen Punkten von der alten. So werden »Sektionen« eingerichtet, u.a. eine pädagogische, eine medizinische, eine künstlerische und eine naturwissenschaftliche; ein Lehrer kann Mitglied der pädagogischen Sektion, ein Arzt Mitglied der medizinischen Sektion werden und so weiter. Der Kern der Hochschule besteht aus einer »allgemeinen« Sektion, zu dem jedes Mitglied automatisch gehört. In dieser Sektion fanden Zusammenkünfte statt, in denen Rudolf Steiner esoterische Stunden hielt. Einen Teil dieser Stunden bildeten die sogenannten »Mantren«, Sprüche, die beim Meditieren während der Zusammenkünfte, aber auch zu Hause, verwendet werden können. Auch diese Mantren und die übrigen Texte von Rudolf Steiner sind erst 1992 veröffentlicht worden; bis dahin wurden sie nur in geschlossenen Zusammenkünften (den sogenannten »Klassenstunden«) vorgelesen.[5]

Der Beginn dieser Freien Hochschule für Geisteswissenschaft – wir werden später noch darauf zurückkommen – bedeutete für Rudolf Steiner mehr als alles bisher von ihm Geschaffene. In dieser Einrichtung sollte sein eigentlicher spiritueller Impuls *bis ins öffentliche Leben hinein* eine Form erhalten. Er sah die Hochschule als eine Einrichtung an, in welcher das Esoterische und das Exoterische nicht länger getrennte Wirklichkeiten waren, wie dies in der Vergangenheit in spirituellen Bewegungen immer der Fall gewesen war. In dieser Hochschule sollte die Anthroposophie Wirklichkeit werden, nicht nur als Weltanschauung, sondern als ein »Wesen«, das sich bis in die irdischen Verhältnisse hinein verkörpern konnte.

Das esoterische Streben, das aus der Natur der Sache heraus zunächst konträr zum äußeren Leben steht, wird in Form einer öffentlichen Einrichtung in dieses äußere Leben hineingestellt, und zwar prinzipiell ohne den Ballast, den man bei früheren esoterischen Schulen antrifft. Jeder, der das will und der im Prinzip zwei Jahre lang Mitglied der Anthroposophischen Gesellschaft gewesen ist, kann sich der Hochschule anschließen. In diesem Zusammenhang will es viel besagen, dass jemand wie Willem Zeylmans van Emmichoven die Weihnachtstagung von 1923 – er selbst war auch dabei – als eine »halböffentliche« Zusammenkunft ansah, womit er betonen wollte, dass die Gründung der Freien Hochschule für Geisteswissenschaft nicht nur eine Angelegenheit für die Anthroposophen, sondern auch für die Öffentlichkeit war.

In sehr bewusst gewählten, inhaltstiefen Worten hob Rudolf Steiner die Bedeutung dieser Gründung hervor. Er meinte, bei dieser Gründung ginge es eigentlich um »die Erneuerung der alten Mysterien«. Er betrachtete die Hochschule als eine moderne Mysterienstätte, einen jener Orte, wie sie im Altertum in allen großen Kulturen zu finden waren; in der indischen, der persischen, der ägyptischen, der mexikanischen, der aztekischen, der keltischen, der griechischen, der römischen. Die Mysterien waren lange verschwunden gewesen oder hatten im Verborgenen gewirkt, wie die Gralsmysterien im Mittelalter oder die der Rosenkreuzer zu Beginn der Neuzeit. Mit der Gründung der Freien Hochschule für Geisteswissenschaft war eine Mysterienstätte entstanden, die unmittelbar an die moderne Zeit anschloss, und zwar sowohl in Bezug auf das öffentliche Leben als auch auf die inneren Bedürfnisse des modernen Menschen.

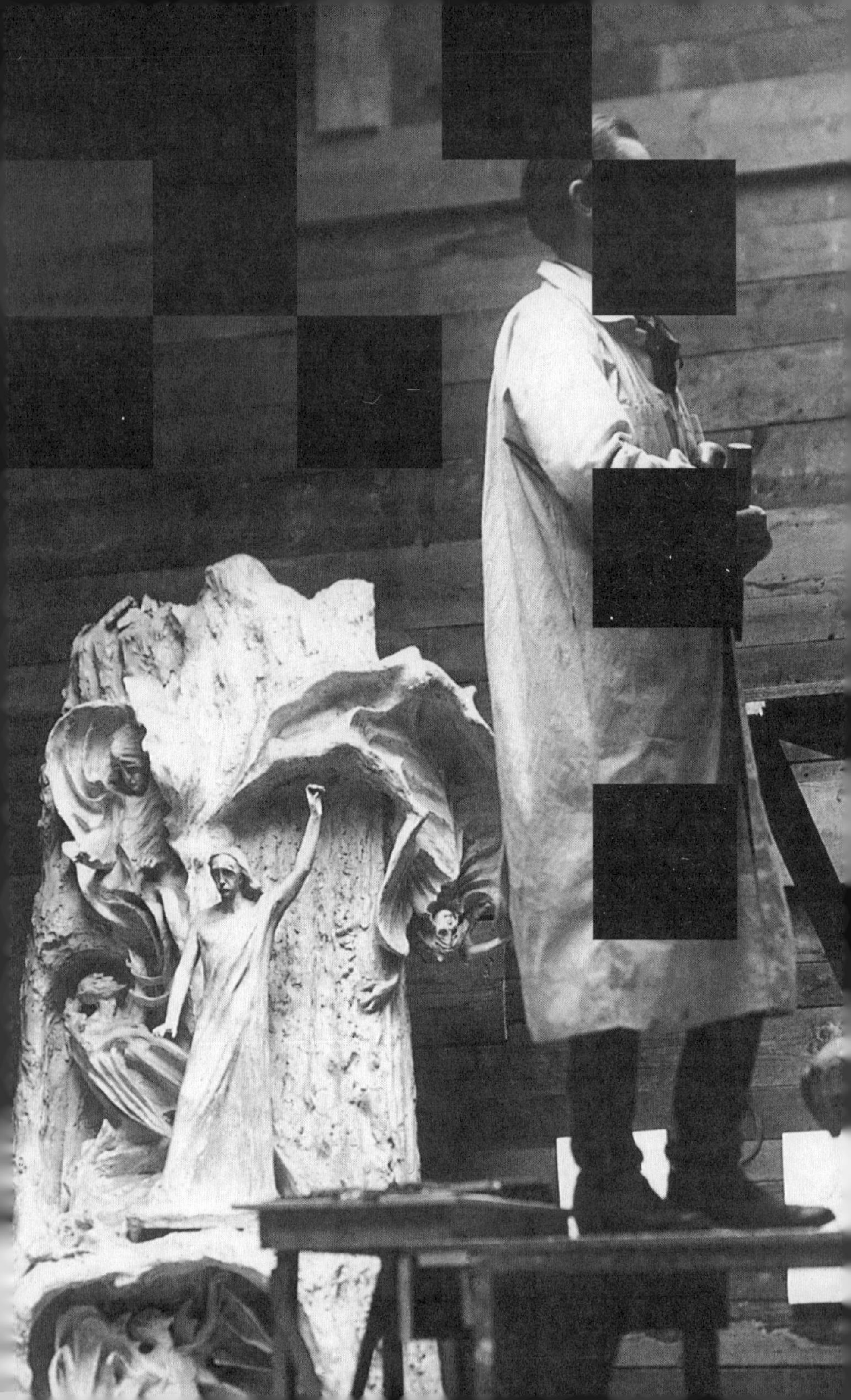

ACHTZEHNTES KAPITEL

Die Anthroposophie und der Manichäismus

Einer, der nicht (mehr) an dem Steiner-Komplex litt, war Bernard Lievegoed. Darin glich er Bellow, Beuys und Barfield; er ging seinen eigenen Weg. Am Ende seines Lebens konnte er dies in eindrucksvoller Weise demonstrieren. Im Frühsommer 1992 rief er mich an und fragte, ob ich bei ihm vorbeikommen könne. Ich wusste, dass er schwerkrank war und sich kurz zuvor einer großen Operation unterzogen hatte. Er sagte mir, er brauche Hilfe bei einer »Aufgabe«, die er noch zu verrichten hätte, und wenn ich käme, würde er mir sagen, worum es sich handelte.

Ich hatte ihn inzwischen näher kennengelernt. 1990 hatte ich drei Tage lang in seinem Ferienhäuschen in Friesland mit ihm gesprochen, und daraus war außer einer Vertiefung unserer Freundschaft auch das Buch *Durch das Nadelöhr*, hervorgegangen, das 1991[1] erschien, worin er aus seinem Leben erzählt und seine Ansichten zur weiteren Entwicklung der Anthroposophie darlegt. In diesem Buch erscheint er als ein Mann, der voll in Handel und Wandel der anthroposophischen Bewegung einbezogen war, niemals aber im Tunnel des Sektierertums verschwand und die anthroposophische Bewegung auch weiterhin im Licht der gesellschaftlichen Ereignisse und Entwicklungen sah. Er blickte gleichsam von der »großen« gesellschaftlichen Welt aus auf die »kleine« Welt der anthroposophischen Bewegung.

Schon in diesem Buch wurde deutlich, dass auch er der Ansicht war, die anthroposophische Bewegung befände sich in einer Krise. In Gesprächen, die wir später führten, legte ich ihm dar, dass die Ursache dafür meiner Meinung nach in der Unsicherheit bezüglich der persönlichen geistigen Erfahrungen läge. Er konnte diesen Standpunkt zwar teilen, meinte aber doch, dass andere Ursachen, wie der Mangel an Toleranz und wirklicher Zusammenarbeit, entscheidender seien.

An dieser Stelle, es muss einmal gesagt werden, habe ich

Lievegoed immer als paradox erlebt. In seinem Denken war er ein unbedingt toleranter Mensch, und er hatte eine sehr große Fähigkeit, sich in die Gefühlswelt eines anderen hineinzuversetzen. Zugleich aber konnte er in seinem Handeln, vor allem, wenn etwas Neues getan werden sollte, recht eigenwillig sein und oft auf Grund nicht immer klarer Argumente beschließen, mit dem oder jenem *nicht* zusammenzuarbeiten. Es gibt in der anthroposophischen Bewegung eine ganze Reihe von Menschen, die in dem Gefühl leben, sie hätten in einem bestimmten Augenblick zu einem bestimmten Plan etwas beitragen können, seien aber von Bernard Lievegoed aus für sie unersichtlichen Gründen abgewiesen worden.

Ich will damit nur sagen: Toleranz war wirklich ein Thema für Bernard Lievegoed. Die Bedeutung von Zusammenarbeit, gerade auch in spiritueller Hinsicht, konnte er wahrhaft inspirierend formulieren, wie er es beispielsweise auch in seinem Buch *Alte Mysterien und soziale Evolution* getan hat. In diesem Buch brachte er, ebenso wie Rudolf Steiner in seinen letzten Lebensjahren, das Problem des Miteinander-Arbeitens in der Anthroposophischen Gesellschaft in Beziehung zu dem Verarbeiten unserer früheren Mysterien-Erfahrungen im jetzigen Leben. Er macht deutlich, dass es naiv sei, zu denken, ein ehemaliger Wikinger und ein ehemaliger Grieche könnten, auch wenn sie im heutigen Leben beide Anthroposophen seien, einander problemlos verstehen. Die Erfahrungen, die sie in einem früheren Leben gemacht haben und die noch immer, oft unbewusst, im heutigen Leben weiterwirken, seien so unterschiedlich, dass eine Zusammenarbeit nur möglich ist, wenn Toleranz groß geschrieben wird.

In den letzten Jahren seines Lebens beschäftigte Lievegoed sich intensiv mit den Problemen der anthroposophischen Bewegung und stellte für sich selber fest, dass auch er seine – selbstgesetzten – Ziele nicht erreicht hatte. Nicht etwa, dass er sich deswegen quälte, das war nicht seine Art, und außerdem behielt er einen objektiven Blick für die vielen guten Dinge, die er getan hatte. Aber Bedauern war oft in seinen Worten zu hören, so wie in den folgenden, die dem Buch *Durch das Nadelöhr* entnommen sind: »In meinem Alter [er war damals 85 Jahre alt] kann man Folgendes erleben. Sobald man kurz loslässt und auf dasjenige achtet, was aus dem Unterbewussten aufsteigt, sieht man sich mit Bildern aus dem eigenen Leben konfrontiert, die man längst vergessen hatte. Häufig sind dies Bilder von Situationen, in denen bestimmte Dinge *nicht* gelungen sind, weil man in diesem Augenblick irgendwie versagt hat. Man erinnert sich zum Beispiel an ein Gespräch vor fünfzig Jahren, in welchem man *nicht* auf etwas eingegangen ist, was jemand sagte oder fragte, wo man den betreffenden Menschen mit leeren Händen gehen ließ, weil man müde oder zu stark mit irgend etwas anderem beschäftigt war, oder weil einen etwas Ärgerliches beschäftigte und so weiter. Es sind die ›Unterlassungssünden‹, über die Rudolf Steiner sprach und die im Leben zwischen Mensch und Mensch das allerschwerste Gewicht haben.«[2]

Bewusst in solchen Stimmungen zu leben, die oft die Folge schmerzlicher Selbsterkenntnis sind, weckt neue esoterische Erkenntnisse. In dem Gespräch, das ich nach jenem Telefonanruf im Frühsommer 1992 mit Lievegoed hatte, erzählte er, dass sich ihm nach seiner schweren Operation »ein Vorhang geöffnet habe«. Es war ihm aufgegangen, dass die spirituelle Zusammenarbeit so mühsam verlief, weil keine Erkenntnisse über die »drei Geistesströmungen« bestanden, die einander im heutigen Zeitraum bräuchten. Von der Existenz der ersten beiden hatte Lievegoed schon immer gewusst, er charakterisierte sie als die Geistesströmung der Anthroposophie und die des Rosenkreuzertums. Während die erste sich mehr darauf richtete, »kosmische Erkenntnisse« auf die Erde zu bringen und dabei vom Erzengel Michael geleitet wurde, beschäftigte sich die zweite mehr »mit der Umwandlung der Erde und der Schaffung von Kultur«.

Die dritte Strömung, die er den Manichäismus nannte, war mehr auf die menschliche Seele gerichtet. Lievegoed zufolge ist die Anthroposophie nur im Lichte der Aufgabe des Manichäismus zu verstehen, und das bedeutet: Das Böse mit den Kräften der Liebe umzuwandeln. Beim Manichäismus handelt es sich nicht um das Verbreiten einer wissenschaftlichen oder weltanschaulichen Lehre, sondern um das Praktizieren einer sozialen Haltung, die er beispielsweise in der Tätigkeit der »Ärzte ohne Grenzen« widergespiegelt sah, oder in *Amnesty international,* in der Hilfe für Behinderte oder in der Aktivität von Nachbarn, die gemeinsam

Abhilfe schaffen wollen angesichts der Nöte und Probleme in ihrem Wohnviertel.

In den letzten Wochen vor seinem Tod – er starb am 12. Dezember 1992 – half ich ihm, seine Erkenntnisse zu Papier zu bringen, und im März des darauffolgenden Jahres erschien das Buch *Über die Rettung der Seele*,[3] das eine ausführliche Beschreibung der drei Geistesströmungen gibt. Unmittelbar nach der Publikation brach in der anthroposophischen Bewegung eine heftige Debatte über Lievegoeds Ansichten aus, die auf der einen Seite durch Anerkennung und sogar Euphorie, auf der anderen durch scharfe Ablehnung, ja sogar Zynismus gekennzeichnet war. Dadurch, dass ich an der Entstehung des Buches beteiligt war, bekam ich die Reaktionen unmittelbar zu spüren. In dem Buch *De oproep van Bernard Lievegoed* (Der Aufruf Bernard Lievegoeds), das ich gemeinsam mit Jaap van de Weg und John van Schaik herausbrachte, ist eine Darstellung der Reaktionen zu finden.

Zwei Punkte haben mich nicht mehr losgelassen. Der erste war die Behauptung Bernard Lievegoeds, dass Mani (Manes), der Begründer des Manichäismus, eine Inkarnation des Manu war, der in der esoterischen Literatur als der größte Eingeweihte der alten Atlantis und außerdem der Begründer der nachatlantischen Kulturen gilt. Ich werde in einer demnächst erscheinenden Publikation noch ausführlicher meine Suche nach einem Zusammenhang dieser beiden Individualitäten darstellen. Dabei wird sich zeigen, dass Bernard Lievegoed meiner Meinung nach die Beziehung zwischen Mani und Manu zu wörtlich aufgefasst hat. Dass jedoch überhaupt eine intensive Beziehung bestand, war eine außerordentlich wertvolle Intuition Lievegoeds. Aber wir haben es hier, anders als er meinte, nicht mit derselben Individualität zu tun. In dem erwähnten Buch wird deutlich werden, dass die Erkenntnis des spirituellen Zusammenhangs dieser beiden großen Eingeweihten von großer Bedeutung für das Verständnis der Aufgabe der Anthroposophie ist.

Der zweite Punkt hängt damit zusammen, dass Lievegoed die Anthroposophie in einen größeren Zusammenhang stellte, nämlich in den der Rosenkreuzerbewegung und den des Manichäismus. Er meinte, dass die Anthroposophie eine Teilaufgabe in einem größeren Ganzen habe und somit müsse auch Rudolf Steiner als ein Eingeweihter mit einer speziellen Aufgabe verstanden werden, dessen Werk nicht für jeden gedacht sei. Ich glaube, dass es diese implizite Behauptung ist, die in der anthroposophischen Bewegung die heftigsten Reaktionen ausgelöst hat. Es ist nicht zu leugnen: für viele Anthroposophen gibt es nur einen einzigen Orientierungspunkt, nämlich Rudolf Steiner. Erschütternd war die Bemerkung, die eine Frau einmal mit Tränen in den Augen machte: »Wenn ich es richtig verstehe«, sagte sie, »meinte Bernard Lievegoed, es sei möglich, dass außerhalb der Anthroposophischen Gesellschaft Menschen seien, die aus einem Impuls des Mani heraus tätig sind?« Als jemand äußerte, das sei mehr als wahrscheinlich, wandte sie sich ab.

Der gesellschaftlichen Isolierung der anthroposophischen Bewegung liegt letztlich ein *esoterisches* Problem zugrunde. Dies besteht im Prinzip darin, dass sich Rudolf Steiner – aus welchen Gründen auch immer – nicht in aller Freiheit darüber äußern konnte, in welchem großen spirituellen Zusammenhang er arbeitete. In vielen anthroposophischen Kreisen war es schon länger bekannt, dass Rudolf Steiner nach eigener Aussage seinen Auftrag von einem anderen Eingeweihten erhalten hatte, nämlich von Christian Rosenkreuz. Über diese Tatsache wurde öffentlich jedoch nur äußerst zurückhaltend gesprochen oder geschrieben, was angesichts ihres intimen Charakters auch gut zu verstehen ist. Derartige Erkenntnisse sind jedoch äußerst wichtig, weil dadurch deutlich wird, dass Rudolf Steiner nicht irgendein Einzelgänger war, der sich im Alleingang an die Arbeit gemacht hatte, sondern in eine spirituelle Strömung eingebettet war.

Im nächsten Kapitel und insbesondere in dem angekündigten Buch wird hierauf ausführlicher eingegangen werden. Mit seinem Buch *Über die Rettung der Seele* versuchte Bernard Lievegoed, dieses Problem zu thematisieren. Dies tat er, indem er von folgenden Fragen ausging: Welche Bedeutung hat die Anthroposophie im Lichte des esoterischen Christentums? Und in welchem Verhältnis steht Rudolf Steiner zu anderen wichtigen Vertretern dieses esoterischen Christentums, wie Johannes dem Täufer und Johannes dem Evangelisten, Mani, Titurel, Parzival und Christian Rosenkreuz? Er war der Meinung, dass jetzt die Zeit gekommen sei, die Anthroposophie in einen spirituellen Kontext zu Vertretern anderer spiritueller Strömungen zu stellen.

Typisch an der Debatte, die der Veröffentlichung des Buches *Über die Rettung der Seele* folgte, war, dass sie kaum *öffentlich* geführt wurde. Vor allem die anthroposophischen »Funktionäre« schwiegen in allen Sprachen, als wenn das Buch nie erschienen wäre. Einige »Experten« wiesen auf eine Reihe von »Fehlern« hin, die das Buch in der Tat verunzieren. Aber wie gesagt, es entstand keine Diskussion über die Aufgabe der Anthroposophie im Lichte des esoterischen Christentums. Eine Ausnahme bildete ein interessanter Artikel von Harrie Salman in der Zeitschrift *Info 3*; darin wurde einerseits kritisch auf den Beitrag Lievegoeds eingegangen und andererseits die Bedeutung des Manichäismus für die Anthroposophie betont.

Aber inzwischen waren viele Menschen, Mitglieder und Nichtmitglieder der Anthroposophischen Gesellschaft, tief berührt worden von dem Aufruf Lievegoeds. Auf vielen Zusammenkünften, Tagungen und Seminaren wurde (auch kritisch) über das Buch gesprochen. Es traten Wissenschaftler auf, die sich mit dem Manichäismus beschäftigten und die Bernard Lievegoeds Ansicht in großen Zügen zustimmen konnten. Auch äußerten viele Menschen, dass ihnen die eigene Unzufriedenheit mit der anthroposophischen Bewegung unter dem von Lievegoed aufgezeigten Gesichtspunkt verständlich geworden sei. Das wichtigste jedoch war, dass dieses Buch viele Menschen bis in ihr persönliches Leben hinein berührt hatte und ihnen neue Impulse gab.

Innerhalb der anthroposophischen Bewegung blieb das Buch jedoch vielen suspekt. Einen absoluten Tiefpunkt bildet ein Artikel über Satanismus und Anthroposophie von Stefan Leber, der als Sonderbeilage der Wochenschrift *Das Goetheanum*[4] erschien. In einer Anmerkung schreibt Leber, eine der Wurzeln des Satanismus läge im Manichäismus, und er bezeichnet *Über die Rettung der Seele* als ein Buch, das dafür »dementsprechend häufig als Beleg beigezogen« werde. Absurder geht es kaum: Ein Anthroposoph, der genau wie Augustinus den Manichäismus mit dem Satanismus in Verbindung bringt.

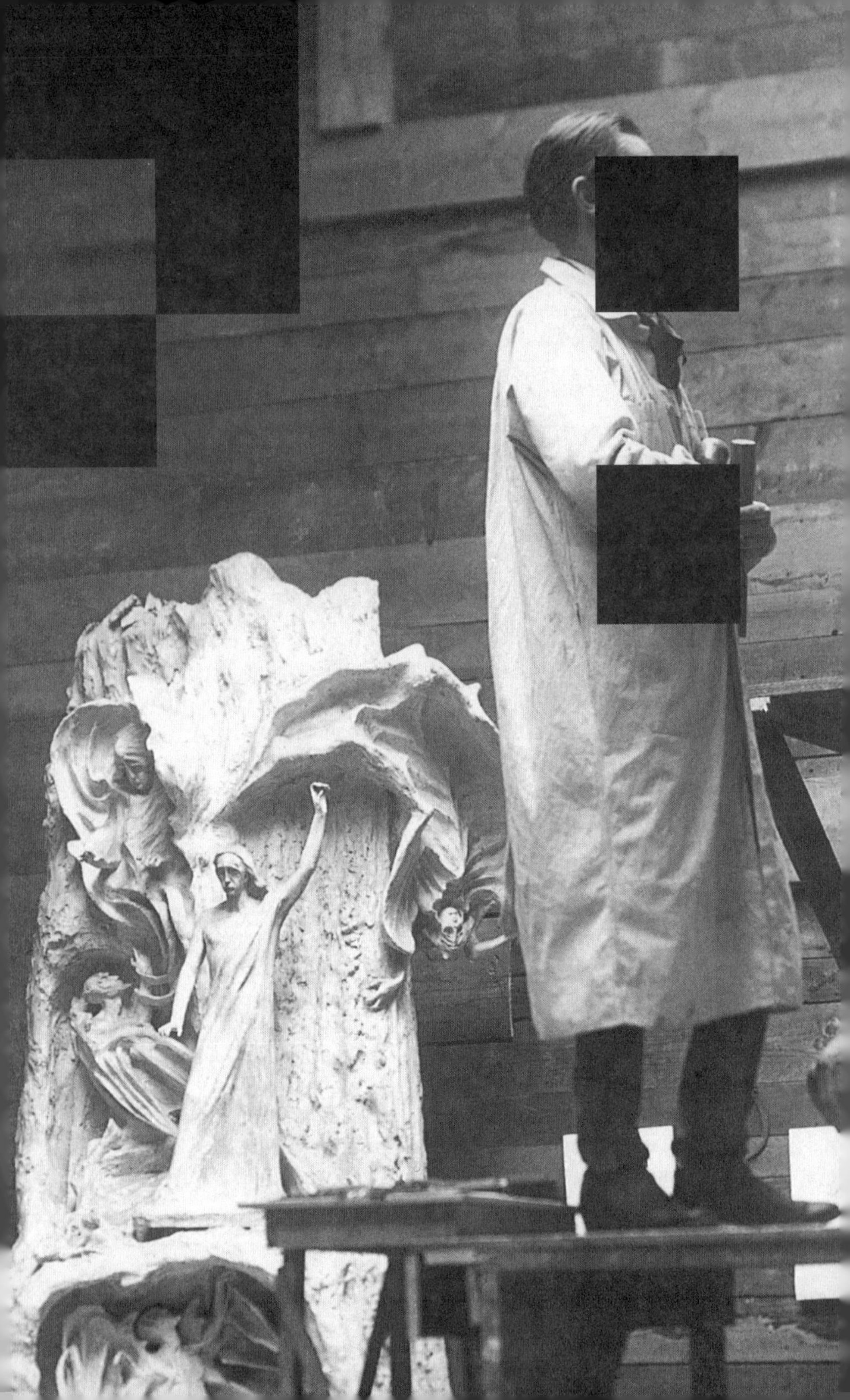

NEUNZEHNTES KAPITEL

Rudolf Steiner und der heilige Gral

Saul Bellow nannte Rudolf Steiner einen »Eingeweihten«, und das bedeutet aus seiner Sicht: Ein Mensch, der aus eigener Kraft in die geistige Welt schauen konnte. Doch in welcher Beziehung steht die Aufgabe Rudolf Steiners als Eingeweihter zu der anderer Eingeweihter wie Mani (Manes) und Christian Rosenkreuz?

Über diese Frage hat Rudolf Steiner selbst sich verständlicherweise sehr vorsichtig geäußert. Wer aber genau hinhört, kann in einer ganzen Reihe von Vorträgen sehr vieles zwischen den Zeilen hören. Doch wir wollen uns nicht in Spekulationen verlieren und beschränken uns daher hauptsächlich auf das, was Rudolf Steiner hierzu geschrieben und gesagt hat.

Zunächst einmal wurde schon darauf hingewiesen, dass er den Inhalt seines Buches *Die Geheimwissenschaft im Umriss* als eine »Wissenschaft vom Gral« betrachtete. Damit kann Rudolf Steiner nur gemeint haben, dass die Anthroposophie den spirituellen Impuls, der sich hinter dem Gral verbirgt, dem modernen Denken zugänglich macht. Vom esoterischen Standpunkt aus kann man auch sagen: Die anthroposophische Geisteswissenschaft hat demnach die Aufgabe, die Bedeutung der neuen, mit der Gralströmung verbundenen Sonnenmysterien herauszuarbeiten, die im neunten Jahrhundert nach Christus begründet worden waren und die die nachchristliche Metamorphose der alten, atlantischen Sonnenmysterien sind, die von jenem »Ureingeweihten« und Urlehrer der Menscheit, dem großen Manu (vgl. hierzu das achtzehnte Kapitel) verwaltet wurden. Hinter der Gralsströmung steht ebenfalls ein hoher Eingeweihter, Titurel, der dann seine Aufgabe an Parzival übergibt. Parzival wiederum ist, nach Rudolf Steiner, jene Individualität, die als Mani den Manichäismus begründete. Dadurch besteht ein enger Zusammenhang zwischen diesem und der Gralströmung. Ich werde, wie gesagt, in einer gesonderten Publikation detailliert auf diesen Zusammenhang eingehen.

In der *Geheimwissenschaft im Umriss* weist Rudolf Steiner jedoch nicht nur auf den Gral, sondern ausdrücklich auch auf Christian Rosenkreuz hin. So wie er den Inhalt des Buches eine »Wissenschaft vom Gral nennt«, bezeichnet er die wissenschaftliche Methode, die zu diesem Inhalt führt, als den »Rosenkreuzerweg«. Mit dieser Methode ist der Weg gemeint, der schon früher beschrieben wurde und der ausdrücklich an das normale tägliche Bewusstsein anknüpft, das an die physischen Sinneswerkzeuge gebunden und in den irdischen Verhältnissen heimisch ist. In der Arbeitsweise, wie Rudolf Steiner sie beschreibt, wird dieses »normale« Bewusstsein nicht ausgeschaltet, sondern »umgewandelt«, wobei das Wesentliche, nämlich die bewusste Wachheit, erhalten bleibt. Auch hier gilt also, dass Rudolf Steiners Aufgabe mit einer Tatsache zusammenhängt, die bis dahin verborgen geblieben war, nämlich mit der Wirkungsweise des Christian Rosenkreuz.

Aus allem, was in der esoterischen Literatur über Christian Rosenkreuz berichtet wird, ergibt sich, dass dieser im wahrsten Sinne des Wortes »am Rande des Abgrunds« steht. Überall, wo Menschen in ihrem Leben an einem Abgrund stehen, auf welche Art dies auch sein mag, betreten sie seine Einflusssphäre. Das zeigt sich beispielsweise an der Art, wie Christian Rosenkreuz sich den Menschen zuwendet, die sich in einer entscheidenden Wendesituation ihres Lebens befinden, eine Lebenskrise durchmachen und buchstäblich oder im übertragenen Sinne an einem Abgrund stehen. »Es geschieht dann«, so berichtet Rudolf Steiner einmal, »dass der Betreffende vielleicht wenige Schritte vor dem Abgrund eine Stimme hört: Halt ein! – so dass er halten muss, ohne zu wissen warum. Tausend ähnliche Fälle kann es geben.«[1] Wer einen solchen Ruf oder eine Berufung – oft mit dem Rufen des eigenen Namens verbunden – erlebt, empfängt in gewissem Sinne ein neues Leben.

In der *Chymischen Hochzeit des Christian Rosenkreuz* wird beschrieben, wie Christian Rosenkreuz zum »Ritter des Goldenen Steins« ernannt wird. Er hat die Fähigkeit, das Irdische zu vergeistigen; der dunkle Stein Erde wird in einen goldenen Stein verwandelt werden. Und ohne Umschweife heißt es im Text:
Als Ritter des goldenen Steins wird er über »Unverstand, Armut und Krankheit« eingesetzt.[2]

Was ist mit diesen drei Begriffen gemeint? Und wie hängen sie mit dem Abgrund und der »Unterwelt« zusammen? Wenn man arm ist, so ist man gleichsam von den physischen Früchten, welche die Erde bietet, ausgeschlossen. Man hat nicht genug Mittel, um seine Bedürfnisse zu befriedigen: man hat nicht genug zu essen, man hat zu wenig Geld, um in einem ordentlichen Haus zu wohnen, sich so zu kleiden, dass man vor Kälte geschützt ist und so weiter. Man ist im Prinzip in eine Situation geraten, in der man den vernichtenden Kräften der Erde gegenüber wehrlos ist, und man ist von der Hilfe anderer Menschen abhängig geworden.

Dasselbe gilt für den Kranken. Hier geht es jedoch nicht darum, dass der Weg zu den physischen »Früchten« versperrt ist, sondern der zu den gesundenden Lebenskräften, die in der ätherischen Welt zu finden sind. Im esoterischen Sinne bedeutet Krankheit, dass man unzureichenden Zugang zu den schöpferischen ätherischen Kräften in der Natur und im Kosmos hat; und dadurch ist man den vernichtenden Kräften, die dort herrschen, ausgeliefert. Auch Krankheit macht uns vom guten Willen anderer abhängig.

»Unverstand« schließlich kann als eine Folge der Tatsache angesehen werden, dass die Seele, deren »Vehikel« der Astralleib ist, von jener göttlich-geistigen Welt abgeschlossen ist, in der wir die klaren Erkenntnisse finden, welche die Seele braucht, um ein selbstbewusstes und freies Verhältnis zur Wirklichkeit aufbauen zu können.

Im Grunde deuten »Armut, Krankheit und Unverstand« auf Befindlichkeiten hin, die ihren Platz nicht mehr auf der Erde, sondern, imaginativ gesprochen, *darunter* haben. Das Gleichgewicht von Himmel und Erde ist gestört, und damit haben die dunklen Kräfte die Oberhand erlangt.

Auf den ersten Blick scheinen wir es mit drei willkürlichen Begriffen zu tun zu haben, die ohne weiteres durch andere ersetzt werden könnten. Schaut man die Welt aber durch diese Begriffe wie durch ein Okular an, merkt man, wie umfassend sie sind: Sie geben sehr genau wieder, in welchen Bereichen sich der Mensch durch äußere oder innere Umstände als »gefangen« erleben kann. Überall dort, wo Menschen durchs Netz fallen – das mögen Einzelne sein, die ihre Arbeit verlieren oder die Bevölkerung ganzer Weltteile wie z.B. Afrika –, geraten sie in Armut, Krankheit oder »Unverstand«.

Der Abgrund ist überall. Er ist dort, wo die moderne Technik Menschen zu abstrakten Erscheinungen macht, zu Wesen, die ihren eigenen Gefühlen und dem Sinn des Lebens entfremdet sind. Er ist dort, wo sich der Künstler immer wieder neue Konzepte ausdenkt, die zwar ausführbar sind, aber im übrigen nichts mit dem zu tun haben, was er selbst erlebt. Er ist dort, wo der alte Mensch in seinem Sessel im Altersheim sitzt und davon überzeugt ist, dass sein Leben zu nichts mehr nütze ist. Er ist dort, wo wirtschaftliche Überlegungen dazu führen, dass junge Menschen in den Krieg geschickt werden, ohne dass sie das Warum wirklich verstehen. Er ist dort, wo in einer Familie unsägliche Trauer herrscht, weil die jüngste Tochter ihrem Leben ein Ende machte. Er ist dort, wo westliche Konsumenten nur den allerniedrigsten Preis für Soja bezahlen wollen, was dazu führt, das Tausende von südamerikanischen Bauern in ihrer Existenz bedroht sind. Er ist da, wo die individuellen Interessen der Bürger von politischen Systemen plattgewalzt werden. Er ist da, wo Manager vor lauter Stress vergessen, dass auch sie ein menschliches Leben zu führen haben.

Was in der *Chymischen Hochzeit des Christian Rosenkreutz* noch so beschrieben wird, dass nur solche Leser es begreifen können, die über das entsprechende esoterische Wissen verfügen, wird von Rudolf Steiner auf eine solche Art formuliert, dass es jeder begreifen kann. Mir ist nur ein Text von Rudolf Steiner bekannt, worin er seine Beziehung zu Christian Rosenkreuz in diesem Zusammenhang ausdrücklich beschreibt, und zwar im sogenannten *»Dokument von Barr«*[3]. Wegen des bedeutungsvollen Inhalts dieses Dokuments möchte ich ausführlicher darauf eingehen.

Im September 1907 hielt sich Rudolf Steiner in Barr im Elsass auf, um seinen Freund, den Theosophen und Schriftsteller Edouard Schuré zu besuchen, der einen Artikel über ihn schreiben wollte. Schuré, Autor des bekannten Buches *Die großen Eingeweihten* und tief vertraut mit der östlichen und westlichen Esoterik, fragte Rudolf Steiner nach seiner eigentlichen spirituellen Aufgabe. Daraufhin schrieb Rudolf Steiner während seines Aufenthaltes im Hause Schurés einen kurzen Text, in dem er darstellt, in welchem Zusammenhang sein Werk mit der Aufgabe des Christian Rosenkreuz steht. Er wollte aber nicht, dass Schuré dieses Dokument direkt in seinem Artikel verwendete; er sollte den Inhalt als Hintergrundinformation betrachten.

Dieses Dokument ist nicht in allen Teilen gleich gut verständlich. Der durchgehende Gedanke jedoch ist der, dass Rudolf Steiner einen Unterschied zwischen seiner inneren (okkulten) und seiner äußeren Entwicklung machte. Zur »äußeren Entwicklung« gehört das Studium bedeutender Philosophen wie zum Beispiel Kant, mit dessen Werk er sich schon als Sechzehnjähriger beschäftigt hatte. Später vertiefte Rudolf Steiner sich in die Werke anderer Philosophen wie Fichte und Schelling, Hegel, Nietzsche und Haeckel. Ferner gehörte sein naturwissenschaftliches Studium zu seiner äußeren Entwicklung; er beschäftigte sich mit Mathematik, Chemie, Physik, Botanik, Mineralogie und Geologie. Als letztes kam das Studium des goetheschen Werkes, sowohl der literarischen als auch der naturwissenschaftlichen Schriften. Durch die Beschäftigung mit Goethe entwickelte er auch ein generelles Interesse für Literatur und war daraufhin viele Jahre lang Redakteur literarischer Zeitschriften.

Seine innere Entwicklung, so betonte er, verlief mehr oder weniger getrennt von der äußeren. Er spricht von Erkenntnissen, die »ganz aus dem okkulten Leben her dirigiert waren«[4]. Dazu gehörte die Erkenntnis, dass es zwei Zeitströmungen gab, die eine, allgemein bekannte, die von der Vergangenheit in die Zukunft führt, und eine entgegengesetzte, die »okkult-astrale«, die von der Zukunft her in die Vergangenheit verläuft. »Diese Erkenntnis«, schreibt er, »ist die Bedingung für das geistige Schauen.«[5]

Mit etwa zwanzig Jahren begegnet Rudolf Steiner einem Menschen, den er als den »Agenten« eines »Meisters«[6] beschreibt. Von ihm berichtet er auch in *Mein Lebensgang*[7] und nennt ihn einen »einfachen Manne aus dem Volke«, einen Kräutersammler, der ihm tiefe Einblicke in das Geistige der Natur vermittelt. Dieser Mann war kein im üblichen Sinne besonders gebildeter Mensch, wie aus folgenden Worten Steiners hervorgeht: »Ich habe manchen Menschen lächeln gesehen, der zuweilen als Dritter sich angeschlossen hatte, wenn ich mit diesem ›Eingeweihten‹ durch die Wiener Alleegasse ging. Das war kein Wunder. Denn dessen Ausdrucksweise war nicht von vornherein verständlich. Man musste gewissermaßen erst seinen ›geistigen Dialekt‹ lernen.«[8] Es ist das Verdienst Emil Bocks, dass wir wissen, um wen es sich hier handelte[9]. Steiner selbst hat die Identität des Mannes nie preisgegeben. Der Kräutersammler hieß Felix Koguzki, und Bock hat in dessen Tagebuch Eintragungen zu den Besuchen von Herrn »Steiner jun., Studiosus, in Inzersdorf wohnhaft ...« gefunden.

Rudolf Steiner beschreibt im *Dokument von Barr*, dass es nicht möglich gewesen sei, öffentlich über »okkulte Ideen« zu schreiben. Er bekommt von »den hinter mir stehenden okkulten Mächten« dann den Rat, diese Ideen in »das Kleid der idealistischen Philosophie« zu hüllen, womit zum Beispiel Fichte, Schelling und Goethe gemeint waren. Aus dem gesamten Kontext des *Dokuments* ist ferner eindeutig ersichtlich, welche okkulten Mächte hier gemeint sind: Christian Rosenkreuz und seine Scharen.

Wozu nun wird Rudolf Steiner von Christian Rosenkreuz angespornt, ja sogar aufgefordert? Er soll esoterische Erkenntnisse in die Öffentlichkeit bringen, soll dies aber auf eine solche Art tun, dass diese Erkenntnisse an das anknüpfen, was damals in der Kultur lebte. Daraufhin schreibt Steiner seine beiden philosophischen Hauptwerke, die er als die philosophische Fundierung der Anthroposophie betrachtete: *Wahrheit und Wissenschaft* (1892) und *Die Philosophie der Freiheit* (1894).

Mit diesen beiden Büchern beginnt sein eigentliches Werk, was darin bestand, »den Drachen des Materialismus« öffentlich zu bekämpfen. Anfänglich geschieht dies noch im Gewand der idealistischen Philosophie, aber ganz allmählich lässt er dieses Gewand von seinen Schultern herabgleiten und spricht unmittelbarer und ausdrücklicher von esoterischen Wahrheiten. Einen wichtigen Schritt in dieser Richtung setzte er, als er kurz nach der Publikation der beiden genannten Bücher den Aufsatz *Goethes geheime Offenbarung* (1899) veröffentlichte, in dem er deutlich macht, dass Goethe aus esoterischen Quellen schöpfte.

Der große Schritt, so wird es im *Dokument von Barr* dargestellt, erfolgt jedoch erst um die Jahrhundertwende, als Rudolf Steiner über sich »im Einklange mit den okkulten Kräften« sagen konnte: »Niemand wird sagen können: dieser Okkultist spricht von der geistigen Welt, weil er die philosophischen und naturwissenschaftlichen Errungenschaften der Zeit nicht kennt.«[10] Zwischen 1900 und 1909 arbeitet Steiner an seinen grundlegenden Werken, hält Vorträge in privatem Kreis und im öffentlichen Rahmen und fungiert als Vorsitzender der deutschen Sektion der Theosophischen Gesellschaft.

Zum Verständnis der Aufgabe Rudolf Steiners ist folgende Formulierung aus dem *Dokument von Barr* wichtig: »Christian Rosenkreutz ging in der ersten Hälfte des fünfzehnten Jahrhunderts nach dem Orient, um den Ausgleich zu finden zwischen der Initiation des Ostens und jener des Westens. Eine Folge davon war *die definitive* (Hervorhebung von Steiner) Gründung der Rosenkreuzerrichtung im Westen nach seiner Rückkehr. In dieser Form sollte das Rosenkreuzertum die streng geheim gehaltene Schule sein zur Vorbereitung dessen, was der Esoterik öffentlich als Aufgabe zufallen müsse um die Wende des 19. und 20. Jahrhunderts [...]«[11]

Drei Schritte haben wir bisher gemacht. Zuerst sahen wir, dass der *Inhalt* der Anthroposophie eine »Wissenschaft« vom Gral genannt wurde. Damit knüpft das Werk Rudolf Steiners also an die Aufgabe der großen Eingeweihten des Manichäismus und der esoterischen Gralströmung (Manu/Titurel und Mani/Parzival) an. Er wirkt gleichsam auf deren Spuren. Danach sahen wir, dass die *Methode* der Anthroposophie den Charakter des Rosenkreuzertums hat, das im vierzehnten Jahrhundert ausdrücklich zur Vorbereitung auf den öffentlichen Impuls im zwanzigsten Jahrhundert begründet wurde. Und schließlich haben wir das *Ziel* der Anthroposophie gefunden: Sie soll die Wissenschaft vom Gral und die Methode, die zu dieser Wissenschaft führt, in die volle Öffentlichkeit bringen.

Was war, Rudolf Steiner zufolge, die Bedeutung des heiligen Gral? Um uns dieser Frage zu nähern, müssen wir einige Tatsachen betrachten, die einen »esoterischen« Charakter haben. Ich bin mir dessen bewusst, dass sie dem mit der Anthroposophie wenig vertrauten Leser zunächst nicht ohne weiteres nachvollziehbar sein werden. Dennoch möchte ich den folgenden Exkurs wagen.

In unendlich vielen Vorträgen – insgesamt etwa 6000 – hat Rudolf Steiner über unendlich viele Themen gesprochen. Fast immer ging er dabei folgendermaßen vor: Er berichtete von den *Resultaten* seiner geisteswissenschaftlichen Forschung und zeigte nur selten, auf welchem *Wege* er zu diesen Resultaten gekommen war. Wenn er danach gefragt wurde, verwies er auf die Methoden, wie er sie in seinen grundlegenden Büchern beschrieben hatte.

Am 1. und 2. Januar 1914 in Leipzig macht er eine bemerkenswerte Ausnahme.[12] Für ein richtiges Verständnis sollte man sich klarmachen, dass gerade in jener Zeit die ersten großen Probleme innerhalb der Anthroposophischen Gesellschaft sichtbar wurden, die unter anderem dadurch entstanden waren, dass Rudolf Steiner und die Anthroposophie in der öffentlichen Meinung plötzlich heftig umstritten waren. Die Mitglieder der Anthroposophischen Gesellschaft waren wie gelähmt vor Schreck. In seinem Buch *Rudolf Steiner. Eine Chronik* schreibt Christoph Lindenberg, dass die Anthroposophische Gesellschaft zusehends in eine »langjährige weitgehende Untätigkeit«[13] versank.

Diesen beiden Leipziger Vorträgen waren vier andere vorausgegangen, die zusammen mit den genannten den Titel »Christus und die geistige Welt« trugen. In diesen vier Vorträgen stellt Rudolf Steiner dar, wie das irdische Auftreten des Christus lange Zeit hindurch vom menschlichen Denken nicht verstanden worden war und wie seine Wirksamkeit sich im Unbewussten des Menschen abspielte. Auch über die alten Mysterien spricht er ausführlich und berichtet darüber, wie dort vorausschauend hingearbeitet wurde auf das Geschehen von Golgatha. Ein wichtiges durchgehendes Thema in diesen Vorträgen ist das Auftreten der sogenannten Sibyllen, jener Frauen, die noch eine Verbindung zur geistigen Welt hatten und in oft verwirrenden Orakelsprüchen davon Zeugnis ablegten. Als Beispiel führt er Konstantin den Großen an, der eines Nachts einen Traum hat, den er den Römischen Sibyllen vorlegt. Sie deuten ihm diesen Traum, was dazu führt, dass Konstantin, der Rom gegen Maxentius verteidigen muss, seinen Feind schlägt und die Stadt vor der Unterdrückung rettet. In dem Traum und in der Schau der Sibyllen, so führt Rudolf Steiner aus, ist – den Menschen unbewusst – die Wirkung des Christus zu finden.

Plötzlich und unvermittelt spricht Rudolf Steiner dann vom Gral. Er leitet dies mit folgenden Worten ein: »Meine lieben Freunde, lassen Sie mich hier an dieser Stelle das Geständnis machen, dass mir in meiner geisteswissenschaftlichen Forschung gerade beim Verfolgen dieser Strömung [gemeint ist die den Menschen unbewusste Wirkung des Christus – JvdM] oftmals sozusagen sich die Spur verloren hat; denn ich musste suchen, wo sie wieder erschien. Voraussetzen konnte ich, dass der Strom des Christus-Impulses nur langsam erscheint, dass er auch in unserer Zeit noch nicht vollständig erschienen ist, sondern sich nur zeigen kann. Aber wo erscheint er? Das war die Frage. Wie kommt er wieder herauf? Wo ergreift er zuerst die Seelen so, dass sie beginnen, etwas davon in ihr Bewusstsein heraufzuheben? Wenn Sie, meine lieben Freunde, meine verschiedenen Auseinandersetzungen in Büchern und Zyklen verfolgen, und es geht Ihnen so wie mir mit diesen Auseinandersetzungen, dann werden Sie finden, dass namentlich in den älteren Teilen dieser Auseinandersetzungen zu dem Unbefriedigendsten das gehört, was ich im Zusammenhange mit dem Namen des heiligen Gral gesagt habe.«[14]

Dann schildert Rudolf Steiner, welche Probleme er bei seiner Suche nach der Bedeutung des Gral hatte. Es beginnt damit, dass ihm immer, wenn er sich mit dem Gral beschäftigte, eine Mahnung vor die Seele trat: »Du musst erst den Namen des Parzival an seiner rechten Stelle lesen.« Er macht deutlich, dass er lange Zeit hat suchen und warten müssen, wobei er darauf hinweist, dass wir »ganz stufenweise und sachte« – von unserem Karma geführt werden. »Man weiß oft nicht einmal, dass sich irgend etwas, was man bekommt aus den Tiefen der okkulten Welt heraus, auf irgendein Problem bezieht, das man jahrelang verfolgt.« Er schildert dann, dass er einmal im Petersdom in Rom war, wo ihn die *Pietà* des Michelangelo tief beeindruckt hatte, die »so jung noch aussehende Mutter mit dem bereits toten Jesus im Schoße.« Durch diesen Anblick kam ihm wie eine Imagination das Bild der Sigune mit dem toten Schionatulander. Dies ist, wie im dritten Kapitel dieses Buches erwähnt, die Szene, der sich Parzival unmittelbar nach seinem ersten Aufenthalt auf der Gralsburg gegenüber sieht.

Rudolf Steiner wusste, dass beide Bilder in einem Zusammenhang mit dem Gral standen, wusste aber nicht, wo dieser Zusammenhang genau lag. Auch wusste er, dass eine Beziehung zu einem anderen Bild bestand, nämlich zu dem der Herzeloyde, der Mutter des Parzival, die vor Schmerz stirbt (»Ihr bricht das Herz«), als ihr Sohn in die Welt zieht und ein Ritter werden will. Und schließlich enthüllt sich ihm, wie er sagt, dass diese Imaginationen einen Zusammenhang mit dem Augenblick haben, da Christus am Kreuz hängt und zu Johannes spricht: »Siehe, dies ist deine Mutter!«; und zu Maria: »Siehe, dies ist dein Sohn!« Rudolf Steiner lässt dann den weisen Trevrizent die folgenden Worte gegenüber Parzival aussprechen: »Du hast deine Mutter Herzeleide verlassen. Sie ging um deinetwillen aus der Welt!«

Nun schildert Steiner, wie schwierig es ihm wurde, die rechte Spur zu finden, die ihm schließlich enthüllte, wo der Gral zu finden war. Dabei kam es darauf an, die »Sternenschrift« zu finden und imaginativ lesen zu lernen: »Wo also ist der Gral, der heute so gefunden werden muss, dass darauf steht der Name des Parzival, wo ist er zu finden? Nun, Sie sehen, im Verlaufe meiner Forschung hat sich mir ergeben, dass er in der Sternenschrift gesucht werden muss [das bedeutet in der Sprache, die die Sterne und die Planeten am Himmel sprechen – JvdM] – zunächst der Name. Und dann ergab sich mir eines Tages, den ich als einen für mich besonders bedeutsamen ansehen muss, wo die goldglänzende Schüssel in ihrer Realität zu finden ist; zunächst so, dass wir durch sie – da, wo sie sich durch ihr Sternenschriftsymbolum ausdrückt – geführt werden auf das Geheimnis des Gral. Und da sah ich denn in der Sternenschrift dasjenige, was jeder sehen kann – nur findet er zunächst nicht das Geheimnis der Sache. Denn eines Tages erglänzte mir, als ich mit innerem Schauen verfolgte die goldglänzende Mondsichel, wenn sie am Himmel so erscheint, dass der dunkle Mond darin wie eine große Scheibe schwach sichtbar ist, so dass man schaut äußerlich-physisch den goldglänzenden Mond [...] und darin die große Hostie, die dunkle Scheibe, das, was man nicht sieht vom Monde, wenn man nur oberflächlich hinschaut, was man sieht, wenn man genauer hinschaut. Denn dann sieht man die dunkle Scheibe, und in wunderbaren Lettern der okkulten Schrift auf der Mondsichel – den Namen Parzival!«

Und dann, im nächsten Vortrag, stellt er die Frage: Jetzt, wo wir die Stelle gefunden haben, wo der Name des Parzival imaginativ geschrieben steht, wie können wir nun von dieser Stelle aus den Gral *selber* finden? Er erinnert daran, dass ja in den Legenden vom Gral eine Verbindung zwischen dem Osterfest und dem Gral hergestellt wird: Jedes Jahr zu Ostern, dem Fest der Auferstehung, komme eine Hostie vom Himmel herunter und werde in die Gralsschale versenkt. Diese Hostie erneuere jedes Jahr die Verjüngungskräfte des Gral, von denen auch der uralte Titurel lebt. Steiner weist dann darauf hin, dass einer alten Tradition zufolge das Osterfest auf den ersten Sonntag nach dem Frühlingsvollmond gelegt wurde. Der volle Mond beginnt also, zur Sichel zu werden; im einen Jahr hat sie sich schon weiter entwickelt, in einem anderen Jahr weniger. In den Worten Rudolf Steiners: »Es kann also jeder das Bild des heiligen Gral am Osterfest schauen«.

Um den Fortgang des Vortrags zu verstehen, muss eine Zwischenbemerkung gemacht werden. Im kosmischen Bilde des Grals wirken drei Himmelskörper zusammen: die Sonne, der Mond und die Erde. Das Licht der physischen Sonne wird von der Mondsichel zurückgeworfen; die geistige Kraft der Sonne wird wie eine Hostie vom dunklen Teil des Mondes aufgenommen, von seiner »Innenseite«. Von der Erde aus gesehen – manchmal wird das Licht von der Erde durch den dunklen Teil des Mondes zurückgeworfen, so dass die »Hostie« auch physisch sichtbar wird – ist dies ein imaginativ zu lesendes Zeichen in der Sternensprache, das spricht: Die Sonne und der Mond sind eine Verbindung eingegangen, ein spirituelles Zusammenwirken, um die Erde und die Menschheit in der Zukunft zu erlösen.

Und dann, nach einer grandiosen Verdichtung der bisher genannten Motive, formuliert Rudolf Steiner in wenigen Sätzen die Aufgabe der Anthroposophie in diesem Zusammenhang. Er beschreibt jetzt, welches nach seinen Erkenntnissen die Bedeutung der Anthroposophie als Wissenschaft vom Gral ist: »Betrachten wir es als ein erneuertes Suchen nach dem Gral, was wir in unserer Anthroposophie pflegen dürfen, und versuchen wir, die Bedeutung dessen kennenzulernen, was dazumal wie aus unterbewussten Seelengründen heraufsprach, was nach und nach erst herauftrat in das Bewusstsein der Menschen. Versuchen wir, das allmählich in eine immer mehr bewusste Sprache umzuwandeln! Versuchen wir, eine Weisheit zu ergründen, die uns den

Zusammenhang des Irdischen und des Himmlischen wiederum enthüllen kann, enthüllen kann ohne alte Tradition, so, wie wir sie versuchen zu finden, wie sie in der Gegenwart geoffenbart werden kann.«

Rudolf Steiner war mit seiner Anthroposophie auf dem Wege zum Gral. Im Grunde durchzieht diese Suche nach dem heiligen Gral sein ganzes Werk, auch wenn es oft verborgen geblieben ist. Ebenso wie die Beschreibung seiner Beziehung zu Christian Rosenkreuz tritt auch hier immer wieder das Motiv der »Offenbarung« in den Vordergrund. Es war seine Aufgabe, geistige Tatsachen zu verstehen, in Worte zu fassen und öffentlich zu »kommunizieren«. Dass er diese Aufgabe nicht vollenden konnte, soll an einem einzigen Beispiel deutlich gemacht werden.

Nach der Erneuerung der Anthroposophischen Gesellschaft im Jahre 1923 macht Rudolf Steiner auch inhaltlich noch einmal einen Neuanfang. Dies kommt unter anderem darin zum Ausdruck, dass er jetzt konkret von Karma und Reinkarnation spricht. Er tut dies auf eine verblüffend direkte Art. Er spricht über das Karma bekannter Persönlichkeiten wie Schubert, Marx, Pestalozzi, Ibsen, Schiller, Heine, Goethe, Wilson, Garibaldi und vieler anderer. Dabei knüpft er an das an, was Walter Johannes Stein den »Weg des Parzival« nennt: das Lesenlernen des Karma. Mit dem Lesen des Karma ist der neue Einweihungsweg erst wirklich in die Öffentlichkeit getragen worden. Die Einweihung findet fortan im vollen menschlichen Leben statt und nicht mehr in einem Tempel oder in einer geheimen Bruderschaft.

Ganz ähnlich wie Parzival übernimmt Rudolf Steiner die Aufgabe des Titurel, indem er *seine Schicksalsaufgabe wirklich lebt*, indem er alles, was zuvor von den Göttern und den großen Urlehrern der Menschheit bewahrt wurde, in die Obhut der eigenen Verantwortung nimmt. Sein gesamtes Werk bis zum Jahre 1923 kann man als ein einziges Suchen nach diesem Weg ansehen, als eine Vorbereitung dazu, diesen letzten Schritt zu tun: die Sonnenmysterien, die Gralsgeheimnisse in die Öffentlichkeit zu tragen. Was dasselbe bedeutet wie: die Verantwortung der Götter übernehmen.

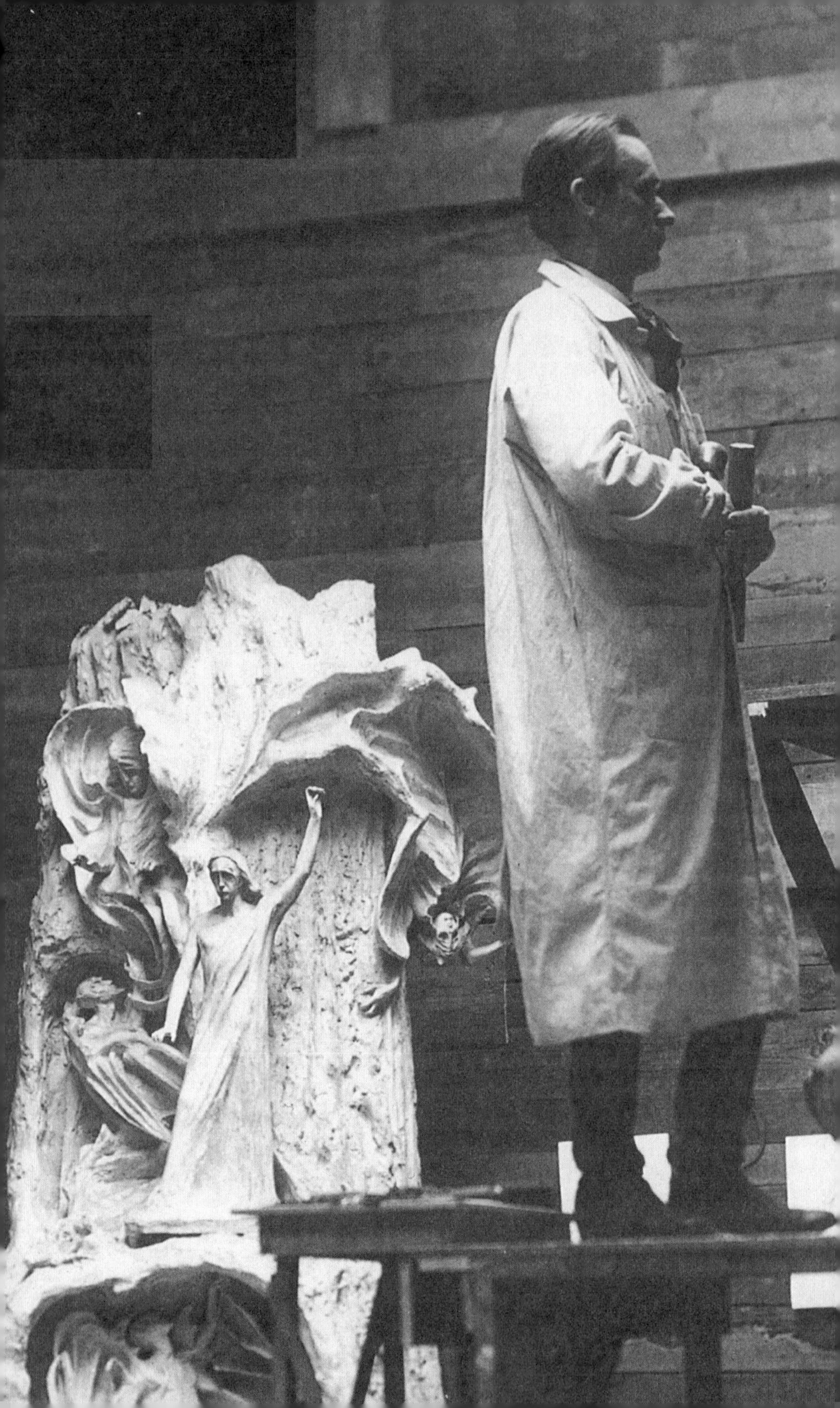

ZWANZIGSTES KAPITEL
Das Missverständnis des Ruhms

Wenn man auf diesem Hintergrund das Auftreten Rudolf Steiners betrachtet, entsteht ein faszinierendes, aber auch tragisches Bild. Das Faszinierende liegt darin, dass Rudolf Steiner selbst eine lange und schwierige Entwicklung hat durchmachen müssen, bevor er soweit war, dass er 1923 mit der Gründung der Freien Hochschule für Geisteswissenschaft wirklich dazu übergehen konnte, die Mysterien in der Öffentlichkeit darzustellen. Das ist an und für sich kein Wunder. Bereits seit Jahrhunderten, genauer gesagt seit dem neunten Jahrhundert, wurde im Verborgenen an der Einrichtung der neuen Mysterien gearbeitet, und es wäre naiv zu glauben, dieser letzte Schritt, sie jetzt in die Öffentlichkeit zu tragen, würde ohne Geburtswehen vor sich gehen. Insofern wiederholt Rudolf Steiner in seinem Leben den Prozess, den Parzival durchmachte: Er fängt ganz von vorn an und muss selber seinen Weg finden.

Das Tragische – aber zugleich auch Logische – liegt in der Tatsache begründet, dass die anthroposophische Bewegung selber gerade in dem Augenblick, da Rudolf Steiner mit den Mysterien in die Öffentlichkeit ging, in fast unüberwindliche Schwierigkeiten geraten war. Wie im siebzehnten Kapitel dieses Buches beschrieben, waren alle Probleme in der anthroposophischen Gesellschaft um 1920 herum hierauf zurückzuführen. Rudolf Steiner war in der Öffentlichkeit dermaßen zur Zielscheibe von Angriffen geworden und fühlte sich dabei so sehr von den Mitgliedern der Anthroposophischen Gesellschaft im Stich gelassen, dass er noch 1923 in Erwägung zog, »einen Orden« zu gründen. Die Gründung eines solchen Ordens hätte eine Kapitulation bedeutet, was rein menschlich gesprochen übrigens ganz begreiflich gewesen wäre.

In Anbetracht der Geschichte der esoterischen Bewegung im Westen, wo Geheimhaltung eigentlich immer die Hauptregel gewesen war, kann der Auftrag Rudolf Steiners nicht anders als ungewöhnlich genannt werden. Seit vielen Hunderten von Jahren geschieht es zum ersten Mal, dass ein Versuch unternommen wird, die Einsetzung von Mysterien zu einer öffentlichen Angelegenheit zu machen. Um das zu ermöglichen, musste Steiner damit anfangen, Worte, Begriffe und Bilder zu finden, mit denen der Inhalt des esoterischen Christentums in die Kulturwelt eingegliedert werden konnte. Mit dieser Aufgabe beschäftigt er sich eigentlich schon seit seiner Jugend, wobei lange Zeit hindurch eine Kluft zwischen dem, was er innerlich erlebt und dem, was er äußerlich tut, bestehen bleibt.

Als er die zentralen Begriffe und Bilder gefunden und sie in seinen grundlegenden Werken publiziert hat, zeichnet sich eine neue Phase ab. Er erweitert sein Arbeitsgebiet und wendet sich verschiedenen Bereichen des kulturellen, wissenschaftlichen und gesellschaftlichen Lebens zu. So schreibt er ab 1910 seine *Mysteriendramen*, spricht über die Tradition des Christentums und hält Vorträge über die spirituellen Hintergründe unter anderem der Evangelien, entwirft ein Gebäude, das in seinen Formen die Anthroposophie »sichtbar« machen soll, entwickelt die neue Bewegungskunst, die er Eurythmie nennt, vertieft sich in die Ursachen des Ersten Weltkrieges und so weiter. Damit verbindet er die allgemeine Anthroposophie mit sehr unterschiedlichen Lebensbereichen, um durch diese Bereiche den Menschen einen Zugang zur Anthroposophie zu bieten. Auf diese Weise wird der Inhalt der Anthroposophie weiterentwickelt, jetzt nicht nur als eine allgemeine Weltanschauung, sondern als eine *Arbeitsweise*, an die Wirklichkeit heranzugehen, die im Prinzip auf allen Gebieten des Lebens ihre Anwendung finden kann.

Nach dem Ersten Weltkrieg wird die Anthroposophie noch stärker ausgeweitet. Rudolf Steiner »übersetzt« die allgemeine Anthroposophie für viele praktische Lebensgebiete, wie Unterricht, Medizin, die Fürsorge für Behinderte (die Heilpädagogik), die Landwirtschaft, das religiöse Leben (die Christengemeinschaft), das soziale Leben, das Wirtschaftsleben, die Künste (Theater, Sprachkunst, Architektur) und so weiter. Der Schritt in die Öffentlichkeit bedeutet auch, dessen ist er sich bewusst, ein Hinweisen darauf, dass die Anthroposophie bis in das konkrete Leben hinein wirksam sein kann. Rudolf Steiner strebt also jetzt an, die verschiedensten konkreten Lebensgebiete zu befruchten, so wie es auch in den alten Mysterien geschehen war.

Der letzte Schritt wird 1923 gesetzt, als er den neuen Mysterien die Form einer *öffentlichen Institution* gibt. Selbstverständlich kann er beim Aufbau dieses Instituts nicht bei der üblichen Form wissenschaftlicher Institute seiner Zeit stehenbleiben. Dennoch gibt er diesem Institut einen auch in seiner Zeit geläufigen Namen, nämlich den einer »Hochschule« für Geisteswissenschaft; aber die Einrichtung dieser Hochschule geschieht nicht auf der Grundlage exoterischer, sondern esoterischer Erkenntnisse. Wenn Mysterien in die Öffentlichkeit gestellt werden, reicht es nicht aus, dass man darüber spricht, sondern es gehört auch dazu, dass man sie *tut*.

Nun komme ich zu dem möglicherweise eigentlichen Anlass, dieses Buch zu schreiben. In seinem Buch über den Bildhauer Rodin schreibt Rainer Maria Rilke, dass »Ruhm« immer der Inbegriff aller Missverständnisse sei, die sich um einen großen Namen sammeln. Und Saul Bellow sagte zu mir: »Nichts ist so schwierig wie der Umgang mit Ruhm. Man bekommt den Nobelpreis nicht deshalb, weil man ihn verdient, sondern weil man es lernen muss, sich mit ihm auseinanderzusetzen.«

Um Rudolf Steiner als Person, aber auch als »Eingeweihten«, sind tragische Missverständnisse entstanden. Diese Missverständnisse leiten sich im Kern von einem überholten Bild her, das man sich von einem Eingeweihten machte. In einer großen Zahl von Biographien und biographischen Skizzen wird Rudolf Steiner als ein »Alleswisser« beschrieben, der nur einen Blick in die geistige Welt zu werfen brauchte, um zu wissen, was wahr und weise sei. Der Gedanke, dass Rudolf Steiner sich *entwickelt* hat und gerade *durch die Art, in der er dies tat*, eine neue Einweihung aufzeigte, ist wenig populär. Nach der gängigen Meinung verrichtete Rudolf Steiner sein Werk nicht – trivial ausgedrückt – durch Hinfallen und wieder Aufstehen, sondern als ein immer harmonischer Rechthaber, der schon im Jahre 1904 wusste, wie die Dinge sich im Jahre 1923 entwickeln würden.

Wie ist es zu verstehen, dass ein Eingeweihter, der in der geistigen Tradition eines Manes und Christian Rosenkreuz steht und sich im Einklang mit ihnen weiß, noch 1923 erwägt, sich aus der Öffentlichkeit zurückzuziehen, wo diese Öffentlichkeit doch gerade sein Aufgabenbereich ist? Von einem Eingeweihten erwarten wir doch, dass er standfest ist und dass er – durch die Erkenntnisse, die er besitzt – auf die Hilfe der guten Mächte vertraut?

Um diese Fragen zu beantworten, müssen wir einen Blick auf die Arbeitsweise Rudolf Steiners werfen; er nannte sie die Rosenkreuzermethode.

In der (theosophischen) Esoterischen Schule von 1904 bis 1914 entwickelte er eine meditative Methode, die an das übliche *Denken* anschloss. Wie schon beschrieben, betont er, dass jeder Mensch aus eigener Kraft und aufbauend auf das wache Bewusstsein Zugang zur geistigen Welt bekommen kann. In seinen grundlegenden Werken schafft er die Basis für diese Methode, und zwar so, dass jeder Mensch dazu in der Lage ist, sie zu verstehen.

Im Jahre 1913 nimmt Rudolf Steiner Abschied von der Theosophischen Gesellschaft, und ein Jahr später bricht der Erste Weltkrieg aus. Er nimmt diesen Kriegsausbruch als Tatsache sehr ernst: Er macht nicht einfach in der gewohnten Art weiter, indem er Vorträge über die bekannten esoterischen Themen hält, sondern wendet sich den Ereignissen in der Welt zu. Für ihn ist also das Prinzip gültig, dass das Leben zeigen wird, was jetzt jeweils zu tun ist. Damit praktiziert er, was Walter Johannes Stein die »Einweihung durch das Karma« nennt. Rudolf Steiner entwickelt seine Erkenntnisse in Wechselwirkung mit den tatsächlichen Ereignissen.

Diese Charakteristik ist entscheidend für ein Verständnis Rudolf Steiners. Er spricht beispielsweise 1904 nicht deshalb über *Gurus*, weil ihm die geistige Welt dies gesagt hat, sondern weil er in theosophischen Kreisen, also in der Wirklichkeit des Lebens, auf eine Reihe von Problemen trifft, die mit dem Auftreten von Gurus zusammenhängen. Diese karmische Tatsache ist die Ursache dafür, dass in dem Buch *Wie erlangt man Erkenntnisse der höheren Welten?* soviel über spirituelle Lehrer zu finden ist.

Doch Rudolf Steiner hat nicht von Anfang an auf diese Weise gewirkt. Gerade in dieser Hinsicht ist eine verborgene Entwicklung in seinem Werk zu erkennen, die deutlich herauskommt, wenn man sich ansieht, wie das Buch *Die Geheimwissenschaft im*

Umriss entstanden ist. Ich habe das Buch an anderer Stelle ein »Offenbarungsbuch« genannt, das, ähnlich wie das *Dokument von Barr*, in seinem Inneren, losgelöst von der äußeren Wirklichkeit, entstanden ist. Seiner Natur nach – das belegen auch die wenigen konkreten Erzählungen aus seiner Kindheit und Jugend – war Rudolf Steiner auf die geistige Welt hin orientiert. In seiner Autobiographie *Mein Lebensgang* beschreibt er, dass er recht große Probleme damit hatte, die äußere Wirklichkeit zu erleben. Bis in sein vierzigstes Lebensjahr etwa hat Rudolf Steiner sich gleichsam einen Weg in die äußere Welt, in der die Gesetze des Karma herrschen und in der Menschen aus Fleisch und Blut herumlaufen, erst bahnen müssen.

Saul Bellow sagte es sehr treffend: Rudolf Steiner hatte von Natur aus kein Verhältnis zum »modernen Lebensgefühl«, zu jenem Gefühl nämlich, das Walter Johannes Stein als »Weg« in seinem Buch *Weltgeschichte des Heiligen Gral* beschreibt. Hiermit ist nichts Nachteiliges über Rudolf Steiner gesagt, im Gegenteil: es zeigt vielmehr die Kraft auf, mit der er sich einen Weg ins äußere Leben gebahnt hat. Dieser Weg besteht darin, dass man »lesen« lernt, was uns das Leben bringt. Man kann es auch so formulieren: Die Größe Rudolf Steiners liegt gerade in der Tatsache, dass er, der ursprünglich ganz auf die kosmische Weisheit hin orientiert war (was sich darin ausdrückt, dass er von Natur aus in der Welt der *Begriffe* heimisch war), diese Fähigkeit umgewandelt und in den Dienst der Aufgabe des Christian Rosenkreuz gestellt hat, und die hieß: Im Dunkel der Erde spirituelle Erfahrungen erwerben.

Ich glaube, dass hiermit ein wesentlicher Teil der Entwicklung beschrieben ist, die Rudolf Steiner durchgemacht hat. Er ist als ein Mensch anzusehen, der – anders als Christian Rosenkreuz – imaginativ gesprochen aus der kosmischen Höhe der Weisheit herunterstieg und diese Weisheit Schritt vor Schritt in irdischen Termini zu formulieren wusste. Um die kosmische Weisheit jedoch mit der irdischen Wirklichkeit verbinden zu können, musste er diese erst noch erobern. Und das tat er auf einem ganz bestimmten Weg, nämlich durch die Welt der Begriffe.

Begriffe stehen im Vergleich zu Wahrnehmungen der geistigen Welt näher. Ein Kind, das wir einen Träumer nennen, fühlt sich heimischer in der Welt der Begriffe als in der Welt der physischen Sinne. Im Lebenslauf aller großen Träumer, ob sie nun William Blake, Samuel Taylor Coleridge, Paul Cézanne, Virginia Woolf oder Rainer Maria Rilke heißen, sehen wir denselben schmerzhaften Prozess: aus dem Traum heraus im Begriff erwachen, und dann aus diesem wach erlebten Begriff heraus lernen, in die Welt zu *sehen*. Erst im Sehen – niemand hat das so wunderbar beschrieben wie Rilke – wird ein Mensch wirklich Erdenbürger.

Für Wolfram von Eschenbach war in erster Linie das Sehen entscheidend, ebenso für Leonardo da Vinci oder für Rembrandt. Nicht aber für Rudolf Steiner, jedenfalls nicht von Natur aus; er hat das Sehen bewusst gelernt, unter anderem dadurch, dass er sich intensiv mit der modernen Technik beschäftigte. Als Rudolf Steiner am Ende seines Lebens über Karma spricht, wird sichtbar, wie sehr er das Sehen inzwischen gelernt hat. Die Beobachtungen, die er im Leben macht und in den Vorträgen behandelt, sind außergewöhnlich konkret und physisch sichtbar, während er in früheren Vorträgen darin viel abstrakter bleibt. In dieser Hinsicht gleicht er mehr einem Abel-Menschen, der lange in der geistigen Welt geblieben ist und nun seinen Bruder Kain sucht, um ihm bei seiner großen Aufgabe zu helfen, die da hieß: die dunkle Erde spiritualisieren.

Rudolf Steiner wird manchmal als naiv bezeichnet. So reagierten Mitglieder der Anthroposophischen Gesellschaft mit einem Kopfschütteln, als er sich von 1918 an mit gesellschaftlichen Problemen beschäftigte und als Antwort darauf die »soziale Dreigliederung« formulierte. Einer großen Anzahl von Mitgliedern war es klar, dass die Politiker doch nicht darauf hören würden, und sie wunderten sich über die Unbefangenheit, mit der ihr großer Lehrer sich in die öffentliche Debatte warf. In gewisser Hinsicht haben sie recht gehabt, wie auch Marie Steiner recht hatte, wenn sie Rudolf Steiner davor warnte, sich mit bestimmten Menschen einzulassen.

Hinter dieser »Naivität« lebt jedoch ein großes Vertrauen in die Wirkung der Wahrheit. Wenn Rudolf Steiner etwas *nicht* war, dann der erfahrene Politiker, der innerhalb der irdischen Verhältnisse strategisch zu operieren weiß. Vermutlich wollte er das auch gar nicht sein, sonst hätte er sich bestimmt darum bemüht, es zu lernen.

Sein Arbeitsbereich war die Erkenntnis. Wenn sich erwies, dass diese Erkenntnis nicht ausreichend gewesen war und Dinge geschahen, die er nicht erwartet hatte oder die er bedauerte, richtete er seinen Blick auf die entstandene Situation, um neue Erkenntnis daraus zu gewinnen. Ein beeindruckendes Beispiel ist die Vernichtung des ersten Goetheanums durch Brandstiftung in der Sylvesternacht 1922. Es gibt eine Fülle von Berichten, die beschreiben, dass Rudolf Steiner während der Nacht des Brandes über das Gelände des Goetheanum wandert und schaut und schaut ... Er ist beim Anblick der Flammen bis ins tiefste Wesen erschüttert, und seine Seele ist von tiefem Schmerz erfüllt. Später zeigt sich, dass er beim Anschauen der Flammen wichtige neue Erkenntnisse gefunden hat, die er in den darauf folgenden Tagen und Wochen in Vorträgen ausformuliert, und die für die weitere Entwicklung der Anthroposophie bestimmend gewesen sind.

Zweimal hat Rudolf Steiner eine esoterische Schule gegründet, die erste 1904 und die zweite 1923. In *Wie erlangt man Erkenntnisse der höheren Welten?* beschreibt er Ausgangspunkte und Arbeitsweise der ersten Schule, die 1914 geschlossen wurde.

Im allgemeinen wird angenommen, dass die zweite esoterische Schule als eine Fortsetzung der ersten angesehen werden muss und dass der Inhalt des genannten Buches auch für diese zweite gilt. In gewisser Hinsicht kann man es auch durchaus so sehen, jedoch nicht ohne ein paar wichtige Einschränkungen. Die Annahme jedenfalls, dass die zweite Schule eine *selbstverständliche* Fortsetzung der ersten sei, ist in jedem Falle unrichtig und führt zu großen Verwirrungen. In der anthroposophischen Bewegung sind viele Verwirrungen dieser Art anzutreffen.

Unmittelbar nach Einrichtung der zweiten esoterischen Schule, die er die »Michaelschule« nennt und als das Herz sowohl der erneuerten Anthroposophischen Gesellschaft als auch der Freien Hochschule für Geisteswissenschaft betrachtet, beginnt Steiner eine Vortragsreihe, der er den Namen gibt *Anthroposophie. Eine Einführung in die anthroposophische Weltanschauung*. Diese Vorträge werden jedoch vor einem Publikum »erfahrener« Anthroposophen gehalten, die eigentlich keine »Einführung« nötig haben.

In diesen Vorträgen schlägt Rudolf Steiner einen ganz anderen Ton an. Die Notwendigkeit dazu formuliert er folgendermaßen: »Wir dürfen einfach nicht, indem wir uns als die Träger der anthroposophischen Bewegung in der Anthroposophischen Gesellschaft fühlen, die Hypothese voraussetzen, jeden Tag beginne die anthroposophische Bewegung. Sie ist eben mehr als zwei Jahrzehnte da, und die Welt hat Stellung zu ihr genommen. Daher muss bei jeder Art, sich im anthroposophischen Sinne zur Welt zu verhalten, dies Gefühl stehen, dass man es zu tun hat mit etwas, wozu die Welt Stellung genommen hat; es muss im Hintergrunde stehen, dieses Gefühl. Hat man dieses Gefühl nicht und denkt, man vertritt einfach da im absoluten Sinne, wie man es auch vor zwei Jahrzehnten hätte machen können, Anthroposophie, dann wird man immer weiter und weiter darin fortfahren, diese Anthroposophie in ein schiefes Licht für die Welt zu bringen. Und das ist ja gerade genug geschehen.«[1]

Ein knappes Jahr vorher, am 22. April 1923, hatte sich Rudolf Steiner noch krasser ausgedrückt. Dadurch, dass die anthroposophische Bewegung in die Öffentlichkeit getreten war, hatte sie seiner Ansicht nach »das Urteil der Welt herausgefordert«.[2] Mit dem Ausdruck »die Welt« ist hier etwas ganz Konkretes gemeint. Wie wir bereits sahen, hatten aus drei Richtungen heftige Angriffe auf die Anthroposophie stattgefunden: von Seiten der Kirchen, der Wissenschaft und linker wie rechter extremistischer Kräfte. Nach Rudolf Steiners Auffassung kann man sich nicht mehr damit begnügen, über Anthroposophie nur zu sprechen: »In dieser Beziehung muss in die Zukunft hinein nicht nur in Worten, sondern im Tun die vollste Wahrheit herrschen.«[3]

Hiermit will Rudolf Steiner nicht ausdrücken, »die böse Außenwelt« zwinge ihn, jetzt anders zu arbeiten. In Wirklichkeit legt er vielmehr dar, dass in der Entwicklung der anthroposophischen Bewegung – man könnte auch sagen: in ihrem Karma – eine neue Situation entstanden ist, wodurch die Vorstellung, die Anthroposophie bestehe aus einer Ansammlung statischer und ewiger Wahrheiten von jetzt an nur Schaden anrichten würde. Er bemüht sich darum, diese Vorstellung, die – vor allem hinsichtlich spiritueller Erkenntnisse – tief im heutigen Denken verwurzelt ist, in den betreffenden Vorträgen zu durchbrechen.

In seinen früheren Vorträgen nannte Rudolf Steiner die

Anthroposophie eine »Weltanschauung«. Er stellte die Anthroposophie damit in die kulturelle und wissenschaftliche Tradition seiner Zeit, was man auch daran erkennen kann, dass er in all seinen früheren Werken an Denkweisen anknüpft, die in seiner Zeit im Schwange waren. So geht er in seiner genauen Beschreibung des Wahrnehmens und Denkens von Goethe aus: *Grundlinien einer Erkenntnistheorie der Goetheschen Weltanschauung*, und es kann die *Philosophie der Freiheit* als ein Dialog mit der Philosophie seiner Zeit angesehen werden. Seine *Theosophie* basiert auf Fichte und dessen Hinweis auf »ein ganz neues inneres Sinneswerkzeug, durch welches eine neue Welt gegeben wird, die für den gewöhnlichen Menschen gar nicht vorhanden ist.«[4] Das Buch *Wie erlangt man Erkenntnisse der höheren Welten?* beginnt mit der Bemerkung: »Der Mystiker, der Gnostiker, der Theosoph sprachen stets von einer Seelen- und einer Geisterwelt, die für sie ebenso vorhanden sind wie diejenige, die man mit physischen Augen sehen, mit physischen Händen betasten kann.«[5] Und über Steiners Buch *Die Geheimwissenschaft im Umriss* schreibt Christoph Lindenberg sehr erhellend: »Insgesamt hat Steiner mit der *Geheimwissenschaft im Umriss* eine Epoche abgeschlossen. Die Leistung dieser Epoche besteht darin, dass Steiner die vielfach konfusen Inhalte des damals vorliegenden Okkultismus, in denen Wissenschaft und Irrtum innig vermengt waren, gereinigt, erweitert und in eine gedanklich gefasste Form gebracht hat«.[6]

Kurz, Rudolf Steiner beschrieb die Anthroposophie als eine Weltanschauung, die auf der Tradition seiner Zeit basierte. In den Vorträgen unmittelbar nach der Weihnachtstagung von 1923 betont er jedoch ausdrücklich: »Wir werden nun beginnen, die Konstitution des Menschen in etwas anderer Weise zu schildern, als es in meiner ›Theosophie‹ geschehen ist, aufbauend eben eine anthroposophische Wissenschaft, eine anthroposophische Erkenntnis aus den Fundamenten heraus.«[7] Man sieht, für ihn gibt es ein noch tieferes Fundament als das der Tradition, und jetzt ist der Moment gekommen, dieses tiefere Fundament zu suchen.

Auch hier sehen wir, dass Rudolf Steiner neue Erkenntnisse in einer neuen Situation sucht. Er »liest« das Karma der Welt und das Karma der Anthroposophie, stellt sich selbst mitten in das Drama des Lebens und fügt seine »kosmischen Erkenntnisse« in deren Wirklichkeit ein wie Hefe in den Teig. Dabei handelt es sich nicht um unveränderbare Erkenntnisse, sondern um solche, die sich Mal um Mal *erneuern*, die in der Realität des Lebens entstehen.

Das neue Fundament, von dem Rudolf Steiner spricht, liegt nicht in der Tradition oder in der menschlichen Gesellschaft, sondern *im menschlichen Herzen:* »Wer über Anthroposophie etwas sprechen will, muss voraussetzen, dass zunächst dasjenige, was er sprechen will, eigentlich nichts anderes ist, als im letzten Grunde dasjenige, was das Herz seines Zuhörers durch sich selber sagt. In aller Welt ist niemals durch irgendeine Initiations- oder Einweihungswissenschaft irgendetwas anderes beabsichtigt gewesen, als dasjenige auszusprechen, was im Grunde genommen die Herzen derjenigen durch sich selbst sprechen, die das Betreffende hören wollen.«[8] Und etwas später: »Anthroposophie hat durch die Stimme des menschlichen Herzens selber ihre gewaltige Aufgabe.«[9]

Im gleichen Vortrag spricht Rudolf Steiner von zwei Fragen, die in den Herzen der Menschen leben. Dabei wendet er sich nicht an eine Gruppe Auserwählter, sondern an alle »wirklich denkenden Menschen der Gegenwart«.[10] Die erste Frage hängt mit den vernichtenden Todeskräften in der Natur zusammen. »Ich sehe hin zu dem wunderbar geformten Kristall, ich sehe hin zu den Gestalten der Pflanzen, ich sehe hin zu den Gestalten der Tiere, ich sehe hin, wie die Flüsse über die Erde rollen, ich sehe die Berge, ich sehe alles das, was aus den Wolken spricht, was von den Sternen herunterspricht. Ich sehe alles das ... (so sagt sich der Mensch): Von alledem kann nicht die menschliche Gestalt kommen, denn alles das hat nur Vernichtungskräfte, Zerstäubekräfte für die menschliche Gestalt an sich. – Und da entsteht die ganze bange Frage vor dem menschlichen Gemüte, vor dem menschlichen Herzen: Wo also ist die Welt, aus der die menschliche Gestalt kommt? Wo ist sie, diese Welt? Und aus dem Anblick des Todes geht die bange Frage hervor: Wo ist die Welt, diese andere Welt, aus der die menschliche Gestalt kommt?«[11]

Die zweite Frage hängt mit der Seele zusammen. »Ich [sagt die Seele zu sich selbst] gehe mit meinen Vorstellungen durch die Welt. Ich hebe überall die Oberfläche von den Dingen ab. Aber dasjenige, was die Dinge sind, bleibt draußen. Ich trage meine Seele durch diese Welt, die mich umgibt. Aber diese Welt bleibt draußen.«[12] Und wieder entsteht die Frage: Wenn die Natur nur in der Form von Scheingestalten in meiner Seele sein kann – wo ist dann die Welt, in der die Seele zu Hause ist?

Rudolf Steiner stellt diese Fragen hier nicht zum ersten Mal. Wer *Die Philosophie der Freiheit* kennt, weiß, dass sie auch dort eine große Rolle spielen. Da werden sie als *philosophische Fragen gestellt,* als Fragen, die aus der Tradition der Philosophie hervorgehen und, will man sie ernstnehmen, auch ein wissenschaftliches Fundament brauchen. Dort behandelt Rudolf Steiner diese beiden Fragen nicht als Fragen des Herzens, sondern des Kopfes.

In Wahrheit sind beide Fragen – der Kreis schließt sich – auf dasselbe zurückzuführen, was ich im vorigen Kapitel über das Erleben der Sterblichkeit gesagt habe. Es sind die Fragen, die Eva sich beim Betrachten von Adams Leichnam stellt, die Maria in ihrem Herzen fühlt, als sie den Leichnam ihres Sohnes in ihrem Schoß hält, an der Sigune leidet, während sie um den Tod ihres Geliebten Schionatulander trauert. Es sind die tiefsten Fragen des menschlichen Daseins, die großes und unbewusstes Leiden in die Welt bringen und den Menschen in seinem tiefsten Innern am eigenen Wesen zweifeln lassen.

Indem er diese Fragen formuliert, damit sie ins Bewusstsein der Menschen aufgenommen werden können, stellt sich Rudolf Steiner als Geisteswissenschaftler unmittelbar in den Dienst der Aufgabe der großen Repräsentanten der Sonnenmysterien und der Gralströmung, Manu/Titurel und Mani/Parzival. Und ab 1923 geschieht dies nicht mehr als *Philosoph* oder als *Geisteswissenschaftler*, auch wenn er selbstverständlich weiterhin mit den entsprechenden Fähigkeiten arbeitet, sondern als *Mensch*. Er sucht nachdrücklich über die Grenzen des Begriffes »Weltanschauung« hinweg nach den Fundamenten des Allgemeinmenschlichen, nach dem, was Willem Zeylmans van Emmichoven »die Fähigkeit, autonom zu denken« nannte, »die Fähigkeit zu lieben und die Fähigkeit, aus Mitleid zu handeln«, nach den Fähigkeiten, die über das Weltanschauliche hinausreichen. Denn, so Zeylmans, jeder Mensch trägt die Möglichkeit in sich, »die Menschheit von innen her zu verstehen, sie zu umfassen und sie in Liebe zu tragen.«

In dem Kapitel über Zeylmans haben wir gesehen, dass auch er auf dem Weg nach diesem Allgemeinmenschlichen war, das wir mit dem in Zusammenhang brachten, was wir das »Kind in Zeylmans« nannten, das von seiner Umgebung nicht akzeptiert wurde. In seinem autobiographischen Fragment *Mijn Kinderjaren* (Meine Kinderjahre), das leider auf drei Kapitel beschränkt geblieben ist, kann man nachlesen, wie er die allgemeinmenschlichen Fähigkeiten in der Unbefangenheit und der Intensität, mit denen ein Kind lebt, widergespiegelt sieht.

Aus einer Notiz kann man sich ein Bild davon machen, wie er seine Autobiographie hatte fertigstellen wollen.[13] Im vierten Kapitel, das den Titel »Die Metamorphosen der Liebe« erhalten sollte, hatte Zeylmans über Tristan und Isolde schreiben wollen und darüber, »dass eine solche Liebe auf der Erde nicht bestehen kann«, sowie über Maria Magdalena. Das fünfte Kapitel sollte von Kain und vom Tannhäuser, der berühmten Wagneroper, handeln. Zum sechsten Kapitel gibt es eine Bemerkung: »*Amfortas* – über das Verwundetsein durch zu tief wirkende Sinneseindrücke«, und beim siebten: »*Mea Victoria in Rosa Cruce*«.

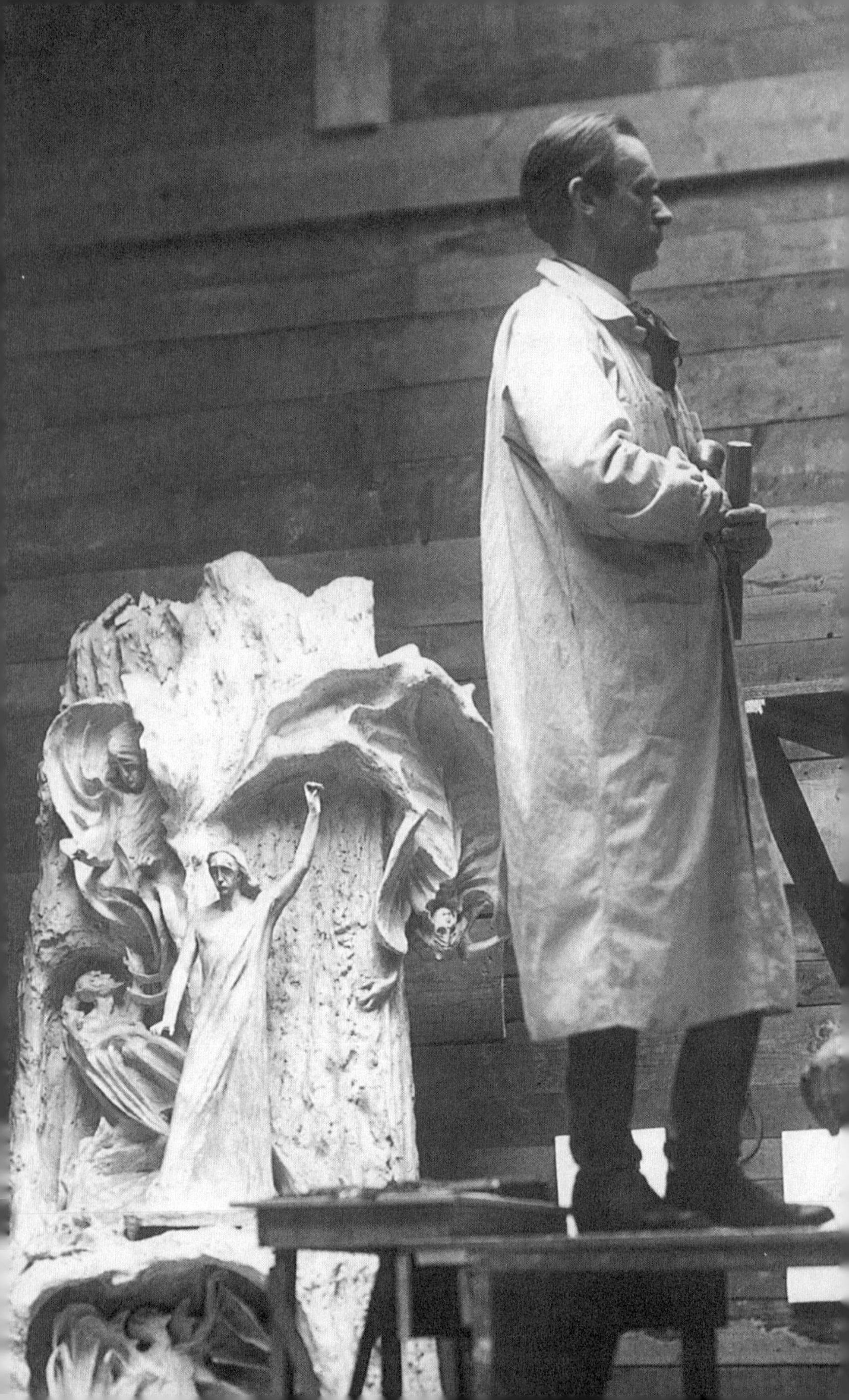

EINUNDZWANZIGSTES KAPITEL
Beim Bösen in sich selbst anfangen

Wie Rudolf Steiner auf der Suche nach dem Gral war, so war er auch auf der Suche nach dem Allgemeinmenschlichen. In dieser Hinsicht hat er eine Entwicklung durchgemacht, die, wenn man es recht betrachtet, ans Unglaubliche grenzt, und zwar sowohl vom Inhaltlich-Geisteswissenschaftlichen als auch vom Menschlichen her gesehen. In sehr vielen Memoiren, die von ihm nahestehenden Menschen geschrieben worden sind, kann man nachlesen, wie er in immer stärkerem Maße auf *freundschaftlicher* Basis arbeitete. Immer wieder bemühte er sich darum, den Menschen, mit denen er zusammenarbeitete, sein Herz zu öffnen, aber oft konnten sie sich nicht zusammenreimen, wie das zu dem Bild passte, zu dem Bild, das sie sich von dem großen Eingeweihten gemacht hatten, der keine Zweifel kannte und eine direkte Verbindung zur ewigen Wahrheit hatte.

Ich will nur ein Beispiel aus einer nicht veröffentlichten autobiographischen Skizze von Ehrenfried Pfeiffer, einem Mitarbeiter Rudolf Steiners, anführen. Ich bekam die Kopie des Manuskripts von Bernard Lievegoed. Als junger Mann erhielt er die Aufgabe, die Theaterbeleuchtung des Goetheanums zu installieren. Bevor ich Pfeiffer den Augenblick beschreiben lasse, in dem Rudolf Steiner ihm sein Herz öffnete, lasse ich ihn erzählen, wie er selbst dazu kam, sich mit Steiner zu verbinden.

Ehrenfried Pfeiffer über den Sommer 1919: »Es war ein warmer Tag, und Rudolf Steiner [der gerade einen Vortrag vor Gewerkschaftsmitgliedern hielt – JvdM] hatte große Mühe damit, die Gedanken der Anwesenden zu erreichen. Er stand heftig schwitzend auf dem Podium. Die Arbeiter saßen an Tischen, und jeder hatte ein Glas Bier vor sich. Die Anthroposophen – es waren nur wenige – saßen als stille Beobachter auf dem Balkon; denn es war ja eine Zusammenkunft für Arbeiter. Ich fühlte Mitleid mit dem Mann auf dem Podium und bat den Ober, ihm eine Flasche

Überkrüger und ein Glas zu bringen. Rudolf Steiner unterbrach seine Rede und leerte das Glas in einem Zug. In dem Augenblick wusste ich, dass es die Aufgabe des unbekannten kleinen Studenten [d.h. Pfeiffer selbst] war, fortan diesem Mann, wann immer es möglich war, dabei zu helfen, seine Aufgabe zu verwirklichen. Dieser Entschluß führte zu einem ganzen Leben im Dienste der Anthroposophie ...«

Gut zwei Jahre später, in der Sylvesternacht 1922/1923, steht das Goetheanum in Flammen. »Zehn Jahre aus dem Leben Rudolf Steiners, mit all seinen hoffnungsvollen Erwartungen, Zielen, Schöpfungen wurden in wenigen Stunden weggefegt. Der gewaltige Feuerschein – das Gebäude war ganz aus Holz – stieg zum Himmel und lockte Neugierige von nah und fern an. Er konnte noch in dreißig Meilen Entfernung gesehen werden, und noch weiter, bis in die Vogesen und den Schwarzwald, und auch den Schweizer Jura. [...] Die Tausende Menschen, die rund ums Feuer und um die Ruine zugange waren, machten den Eindruck eines aufgescheuchten Ameisenhaufens. Rudolf Steiner wurde alleingelassen, nur Miss Maryon stand in seiner Nähe. Für die große Menge war Rudolf Steiner der große Lehrer spiritueller Weisheit, der Schöpfer neuer Künste, der esoterische Lehrer oder Eingeweihte, der Hellsehende, der die Geheimnisse aus der geistigen Welt herunterholen konnte. Niemand schien sich darüber im Klaren zu sein, dass da auch ein *menschliches Wesen* [Hervorhebung von Pfeiffer – JvdM] war, das leiden konnte, Gefühl hatte, ein Herz, das Trost brauchte in diesem Augenblick des großen Kummers, dessen Herz in dieser Nacht brach. In dieser Nacht sah und erlebte ich den Menschen Rudolf Steiner, und ich trat zu der kleinen Gruppe von Rudolf Steiner und Miss Maryon. Die wenigen Worte, die Rudolf Steiner äußerte, zeugten von großem Leiden und Schmerz, und von dem jungen Mann wurden tröstende Worte gesprochen. Die geistige Einsamkeit des Großen war erkannt worden ...«

Über solchen Begegnungen strahlt der Stern des Parzival. Man findet noch mehr von ihnen im Leben Rudolf Steiners, vor allem in seinen letzten Lebensjahren. Sie zeigen, dass er in der Zusammenarbeit auf die direkte Verbindung von Herz zu Herz, von Seele zu Seele angewiesen war.

Wie so vieles im Werk Rudolf Steiners ist auch die Freie Hochschule für Geisteswissenschaft unvollendet geblieben. Es ist tragisch, dass nur von einer kleinen Gruppe Anthroposophen, zumeist »Insidern« über diese Freie Hochschule gesprochen und nachgedacht wurde, während sie doch für die Öffentlichkeit gedacht war. Auch für viele Mitglieder der Anthroposophischen Gesellschaft hängt ein geheimnisvoller Schleier um diese Freie Hochschule.

Wie schon früher dargestellt, besteht diese Hochschule aus verschiedenen Abteilungen: einer pädagogischen, einer naturwissenschaftlichen, einer medizinischen, einer künstlerischen, einer sozialen und so weiter. Es gibt jedoch auch noch eine »allgemeine« Sektion, die im Grunde die »Sonnenfunktion« repräsentiert. Diese allgemeine Sektion sollte nach Ansicht Rudolf Steiners aus drei »Klassen« bestehen, von denen nur die erste realisiert ist. In dieser ersten Klasse werden Zusammenkünfte mit teilweise inhaltlichem, teilweise kultischem Charakter durchgeführt. Das Ziel dieser Zusammenkünfte ist es, die Mitglieder in die Lage zu versetzen, einen konkreten und bewussten Umgang mit geistigen Realitäten zu praktizieren. Jeder, der zwei Jahre Mitglied der Anthroposophischen Gesellschaft ist, kann im Prinzip Mitglied der ersten Klasse sowie einer für ihn passenden Abteilung (Sektion) werden.

Vor noch nicht allzu langer Zeit – im Jahre 1992 – wurden die Texte und Mantren, die Rudolf Steiner 1924, beginnend unmittelbar nach der Weihnachtstagung für die damaligen neuen Mitglieder der Hochschule sprach, publiziert.[1] Über diese Publikation hat es innerhalb der anthroposophischen Bewegung viel Aufregung gegeben, weil Rudolf Steiner sich eindeutig dahingehend geäußert hatte, dass er diese Texte ausschließlich für die Mitglieder der Hochschule gesprochen hatte. Wer diese Texte kennt, weiß, dass dies nicht im Widerspruch zum Prinzip der Öffentlichkeit steht, weil inhaltlich betrachtet kaum etwas darin zu finden ist, dass nicht schon an anderer Stelle publiziert worden wäre. Es hing mit der starken esoterischen Wirkung dieser Mantren zusammen, dass Rudolf Steiner dennoch der Meinung war, dass die Texte nur im geschlossenen Rahmen der ersten Klasse verwendet werden sollten. Entscheidend war es für ihn, dass die Mitgliedschaft zur Hochschule jedem frei zugänglich sein sollte; damit war auch der Zugang zum Inhalt und zu den Mantren im Prinzip öffentlich.

Dennoch waren die Verpflichtungen, denen ein Mitglied genügen musste, sehr streng. So wurde erwartet, dass der Betreffende ein würdiger Vertreter der Anthroposophie sein sollte; und das bedeutet unter anderem, dass nur wahrhaftige Worte gesprochen wurden. Die Leitung der Hochschule – damals Rudolf Steiner und seine Mitarbeiterin Ita Wegman – behielten sich das Recht vor, Menschen, welche diese Bedingungen nicht erfüllten, aus der Hochschule auszuschließen, was auch einige Male geschehen ist.

Der Inhalt der Texte zeigt, dass die Arbeitsweise in der Hochschule von der in der »ersten« Esoterischen Schule abwich. Während der Akzent in der ersten Schule noch darauf lag, hellsichtige Erlebnisse zu bekommen, geht es in der Hochschule darum zu erkennen, dass diese hellsichtigen Erlebnisse in Wirklichkeit schon vorhanden sind. Das Leben selbst ist die Mysterienstätte geworden, und sobald das Bewusstsein diese Tatsache erkennt, beginnt die innere Schulung.

Genau wie in seiner »Einführung in die anthroposophische Weltanschauung« Anfang 1924 knüpft Rudolf Steiner an die Erfahrungen der Menschen an, die er vor sich hat. Es mag trivial klingen, doch ist es so, als würde er die Menschen einladen, auf einen schon lange fahrenden Zug aufzuspringen. Das Leben zeigt ein Mysterium nach dem andern, das eine Geheimnis nach dem andern, und das Einzige, was wir zu tun haben, ist, unsere Angst zu überwinden und uns der Richtung hinzugeben, die das Leben nehmen will. Wachheit für die Ereignisse, die sich in unserem Leben und in unserer Seele vollziehen, und Mut, uns dem hinzugeben – auf unbefangene und somit unorthodoxe Weise. Wie Parzival.

Diese Ermutigung wollte Rudolf Steiner immer wieder geben: Vertraue deinen eigenen geistigen Erlebnissen. Denke nicht, dass sich geistige Erlebnisse nur in den Seelen der »Großen«, wie Rudolf Steiner oder Willem Zeylmans van Emmichoven, ereignen. Jeder Mensch hat geistige Erlebnisse, und es geht darum, sie als solche zu erkennen, sie wirklich zu verstehen und es dann zu wagen, aus ihnen heraus zu handeln.

Aber seine Botschaft lautete auch: Meint nicht, es reiche aus, einen Vortrag zu konsumieren. Auch wenn es wahr ist, dass jeder Mensch geistige Erlebnisse hat, ist es ebenso wahr, dass wir dazu bereit sein müssen, Ängste auszuhalten, Illusionen zu überwinden und Schmerzvolles durchzumachen. Und vor allem auch: dem Bösen in uns selbst ins Auge zu blicken.

Und genau an dieser Stelle beginnt Rudolf Steiner in den Texten für die erste Klasse der Hochschule. In dem ersten »Vortrag«, den er in diesem Zusammenhang hielt, schildert er, wie das Böse auf dreifache Art in uns wirksam ist, wenn wir vor dem Abgrund stehen. Wie Dante in seiner *Divina Comedia* als erstes die drei Tiere auf seinem Weg findet, die ihn von seiner Wanderung in die Unterwelt zurückhalten wollen, beschreibt Rudolf Steiner, wie vor unserem Geistesauge imaginativ drei »Tiere« erscheinen, sobald wir selber innerlich esoterisch an uns arbeiten. Das erste Tier verkörpert unseren Willen, der eine tiefe Angst vor der geistigen Welt hat. Das zweite Tier ist unser Gefühl, das durch unseren Hass auf spirituelle Offenbarungen geschwächt ist. Und das dritte Tier ist unser Denken, das am Licht des Geistes zweifelt.

Auch in dem Buch *Wie erlangt man Erkenntnisse der höheren Welten?* ist von der Wirkung die Rede, die im Unbewussten von diesen Tieren ausgeht und nur dadurch überwunden werden kann, dass sie ins Bewusstsein gehoben wird. Sie werden in dem Buch – übrigens auch in den Texten der späteren Hochschule – mit dem sogenannten »Hüter der Schwelle« in Beziehung gebracht, dem wir begegnen, sobald wir die Grenze von der physischen in die geistige Welt überschreiten. In gewisser Weise ist dieser Hüter, den wir im täglichen Leben u.a. immer dann fühlen, wenn wir uns wirklich schämen, die Verkörperung all unserer Eigenschaften, die uns ungeeignet für ein bewusstes Überschreiten der Schwelle machen. Um die Schwelle zu überschreiten, müssen wir *fühlen*, woran wir in uns selbst arbeiten müssen, um beim Überschreiten dieser Schwelle nicht unser Bewusstsein zu verlieren, wie es geschieht, wenn wir einschlafen. Im Grunde deutet der Hüter der Schwelle auf dieselbe Erscheinung wie der unangenehme Geruch der weißen Lilie, den Parzival wahrnahm.

Im Buch *Wie erlangt man Erkenntnisse der höheren Welten?*

tritt der Hüter der Schwelle erst am Ende des Buches auf; die neue Hochschule geht so vor, dass der Schüler schon vom allerersten Anfang an mit ihm konfrontiert wird. Damit ist der Unterschied zwischen beiden Schulen angegeben: Wo in der Esoterischen Schule noch vorsichtig auf einen Umgang mit dem Bösen in uns selbst hingearbeitet wird, wird der Schüler der Hochschule vom ersten Anfang an kräftig in die Wirklichkeit seines eigenen Lebens gestellt.

Damit wird die Anthroposophie »ein Erkenntnisweg, der das Geistige im Menschenwesen zum Geistigen im Weltall führen möchte«, wie es Rudolf Steiner 1924 in den sogenannten *Leitsätzen* beschrieb.[2]

Hiermit ist nicht gesagt, dass ein Buch wie *Wie erlangt man Erkenntnisse der höheren Welten?* unbrauchbar geworden sei. Es ist eine wichtige Beschreibung des modernen Einweihungsweges. Was in dem Buch steht, muss aber nachdrücklicher als es Rudolf Steiner 1904 beschreiben konnte, in die tägliche Wirklichkeit gestellt werden. Wenn er von der »Feuerprobe«, der »Wasserprobe« und der »Luftprobe« spricht – um nur ein Beispiel zu nennen –, sind dies nicht mehr Ereignisse, die sich vollziehen, wenn man lange genug meditiert hat, sondern Prüfungen, die sich spontan im Lebenslauf ergeben.

Die Zukunft der anthroposophischen Bewegung verlangt von uns, Zweierlei zu akzeptieren. Das eine ist die Tatsache, dass Rudolf Steiners Werk unvollendet geblieben ist und dass durchaus wesentliche Gesichtspunkte *nicht* von ihm aufgezeigt worden sind. Das zweite, dass es auch außerhalb der anthroposophischen Bewegung Menschengruppen gibt, die Wesentliches zu dem beitragen, was Bernard Lievegoed eine »michaelische Kultur« nennt. Erst dann, wenn warmherzige und mutige Koalitionen mit anderen spirituellen und gesellschaftlichen Gruppierungen auf der Basis wirklicher Zusammenarbeit entstehen, kann das, was die Anthroposophie zu bieten hat – nämlich *Erkenntnis* – eine tatsächlich wirksame Bedeutung erhalten. Ich behaupte hier nicht, dass es solche Koalitionen nicht bereits gäbe. Ein gutes Beispiel ist die internationale Arbeitsgruppe *Ifgene*, die sich in kritischem Sinne mit der Genmanipulation befasst und aus Anthroposophen und

Nicht-Anthroposophen besteht.[3] In dieser Arbeitsgruppe ist es gleichgültig, welchen Hintergrund man hat; wichtiger ist der »Vordergrund«: das, was man erreichen will.

Man könnte noch mehr Beispiele nennen; doch es bleibt die Tatsache bestehen, dass die gesellschaftliche und kulturelle Isolierung der anthroposophischen Bewegung, vor allem in Deutschland ein gewaltiges Problem darstellt. Es besteht ein direkter Zusammenhang zwischen dem unvollendet gebliebenen anthroposophischen Impuls und der Isolierung, in welche die anthroposophische Bewegung geraten ist. Ich habe dies bereits in mehreren Kapiteln zur Sprache gebracht.

Ich will dieses Buch mit einer kurzen Betrachtung in Anknüpfung an den letzten Vortrag abschließen, den Rudolf Steiner halten konnte, der sogenannten »Letzten Ansprache« vom 28. September 1924. Was für sein Werk als Ganzes gilt, gilt auch für diese Ansprache: Er konnte sie nicht zu Ende bringen. Er musste vor Erschöpfung aufhören, als er halb fertig war, was unter den Zuhörern große Verwirrung hervorrief.

Dem Arzt Ludwig Noll zufolge[4] hatte Rudolf Steiner sich von seinem Krankenbett aufgerafft, weil es etwas gab, worüber er unbedingt noch sprechen wollte. Dieses habe mit dem zusammengehangen, was Rudolf Steiner in den davorliegenden Jahren die »spirituelle Michaelsströmung« genannt hatte. Dabei ging es um Menschengruppen, die sich während ihres vorgeburtlichen Aufenthalts in der geistigen Welt hinter jene Intentionen Michaels, des Sonnenerzengels, gestellt hatten, dem wir unter anderem in den erwähnten Gesprächen mit Bernard Lievegoed begegnet sind. Es war die Aufgabe dieser michaelischen Strömung, die geistige Weisheit (auch »kosmische Intelligenz« genannt), die von Michael verwaltet wurde, auf die Erde zu bringen und sie als Grundlage einer neuen Kultur zu verbreiten.

Ludwig Noll zufolge hatte Rudolf Steiner in seiner letzten Ansprache über »die andere Michaelsströmung« sprechen wollen, die auf eine ganz andere Art wirksam war und auch in ganz anderen Bereichen tätig war als die erste. Genau wie Noll wusste auch Ita Wegman – die beiden versorgten Rudolf Steiner auf seinem Krankenbett – von der Bedeutung dieser »anderen« Michaelsströmung. In einer Einleitung zu dem Buch *Aus Michaels Wirken*[5] beschreibt Ita Wegman die Wirkungsweise dieser zweiten Strömung. Sie weist auf das bekannte Bild des Erzengels Michael hin, der mit dem Drachen kämpft. Und dann schreibt sie: »Alle diese Bilder haben das gemeinsam, dass ein *Unteres* von einem *Oberen* überwunden wird. In dem Oberen wirkt Michael, in dem Unteren aber hat man es nicht bloß mit dem Drachen zu tun, sondern neben dem Drachen auch mit einer freiwillig sich hinopfernden Wesenheit, die den Weg des Bösen mitmacht, ohne selbst böse zu sein. Dieses den unteren Weg aus Opfer wählende Wesen ist der ›*Wegbereiter*‹ Christi bei seinem stufenweisen Abstieg in das Erdenleben. Es ist der Engel, den Christus vor sich hersendet, der später den Namen Elias trägt. Der diesen Engel überschattende Erzengel ist Michael. Was im Erdenwirken durch menschliche Persönlichkeiten, von Elias inspiriert, sich auswirkt, darinnen waltet auch Michaelskraft. So gibt es zwei Michaelsströmungen: die eine, die an Michael, den Sonnengeist selbst anknüpft, und die zweite, von Elias geleitete. Wie eine Sonnen- und eine Mondenströmung, die doch beide Michaelsströmungen sind, verhalten sie sich zueinander.«

Die zweite Michaelsströmung arbeitet nicht mit Erkenntnis, sondern mit (Herzens-)Wärme. Es geht um Menschen, die im Abgrund stehen und den Weg des Bösen *wirklich* mitmachen wie Christian Rosenkreuz, der Kainsmensch, der sich in den Dienst Michaels gestellt hat. Dieses darf auf keinen Fall abstrakt verstanden werden: es handelt sich um Menschen, die bis in ihren konkreten Lebenslauf hinein mit der Wirkung und den Folgen des Bösen zu tun haben.

In einem schwierigen, aber wichtigen Artikel rekonstruiert Gerhard von Beckerath[6] den Zusammenhang zwischen Elias und Christian Rosenkreuz. Er legt dar, dass Rudolf Steiner in seiner letzten Ansprache über diesen Zusammenhang hatte sprechen wollen und dass er gerade in dem Augenblick, als er dazu ansetzen wollte, nicht mehr weiter konnte.

Ein Blick in die heutige Kultur zeigt, dass unzählige Menschen den Abgrund in ihrem Leben kennengelernt haben, zum Beispiel durch tragische Ereignisse in ihrer Kindheit und Jugend, durch jahrelangen Aufenthalt in der Welt der Drogen, durch Erfahrungen am Rande der Gesellschaft. Soweit es ihnen gelungen ist, bis zu einem gewissen Grade aus dem Dunkel herauszukommen – vielen gelingt es nicht –, verbreiten sie Wärme und allgemeinmenschliches Verständnis. Es sind Menschen, die eine ganz andere Art Erkenntnis haben als die Menschen aus der ersten Michaelsströmung; ihre Erkenntnis ist, stark vereinfachend ausgedrückt, nicht »wissenschaftlich« fundiert, sie wird in einfachen Worten ausgesprochen, in Wärme gebettet.

Um eine Zusammenarbeit mit dieser Strömung zu finden, mit Menschen also, die vielleicht bewusst, meist aber unbewusst durch den »Engel Elias« inspiriert werden, ist eine unorthodoxe und unbefangene Haltung nötig. Sehr oft sind es verletzliche Menschen, die wie aus einer schmerzenden Wunde heraus tätig sind, die nie ganz heilen wird. Oft glauben sie nicht mehr an öffentliche Institutionen, haben ihr Vertrauen in gesellschaftliche und politische Einrichtungen verloren und arbeiten auf der Basis des direkten menschlichen Kontaktes.

Oft hat man das Gefühl, dass die Anthroposophie »kalt« ist und von oben herabkommt. Wir haben inzwischen geschildert, dass letzteres leider oft wahr ist. Aber wir haben auch festgestellt, wo die Wärme zu finden ist: im Menschlichen, das dort entsteht, wo Menschen aus dem Abgrund heraustreten. Was kann entstehen, wenn die Menschen beider Strömungen sich die Hand reichen? Ich kann mir keine inspirierendere Frage vorstellen.

Die Größe Rudolf Steiners liegt in der Tatsache, dass er auf der Suche war. Er war ein »neuer Typ« des Eingeweihten, der in karmischer Wechselwirkung mit Geschehnissen seiner unmittelbaren Nähe und der Welt zur Erkenntnis kam. Dazu ist er einen langen Weg gegangen, wie er selbst in *Mein Lebensgang* beschreibt. So sehr er in der kosmischen Welt der Begriffe heimisch war, so schwierig war es für ihn, die Welt der irdischen Realität und die der Unterwelt zu betreten. Immer aber, wenn ein Aspekt dieser Wirklichkeit sichtbar wurde, ging er darauf zu und sprach über seine Erkenntnisse.

Rudolf Steiner entwickelte sich zum Eingeweihten der Begegnung.

Nachwort

Seit Jahren hatte ich den geheimen Wunsch, dieses Buch zu schreiben. Jedoch wurde nichts daraus, weil ich mich mit anderen Dingen beschäftigen musste. Michaela Hordijk ergriff schließlich die Initiative, und ermöglichte es mir, dies Buch zu schreiben. Gemeinsam mit Lydia Smit, Willemijn Otte und Sonja Copijn erbat sie von vielen Freunden eine finanzielle Schenkung, so dass ich mich einige Monate lang meinem Buch widmen konnte. Ich möchte ihr und den etwa hundert Freunden herzlich danken. Ohne ihre Hilfe wäre dieses Buch nicht zustandegekommen.

Auch möchte ich dem Designer Henk Maas für die aussagekräftige grafische Gestaltung dieses Buches danken.

Ich habe während des Schreibens mehrfach meine Pläne ändern müssen. Anfänglich stand mir ein Buch vor Augen, in dem zwei Motive miteinander verflochten werden sollten: mein Interesse an der Literatur einerseits und dem gesellschaftlich-sozialen Leben andererseits. Immer wieder aber erforderte das erste Motiv meine volle Aufmerksamkeit, somit wurde das zweite in den Hintergrund gedrängt.

Offenbar sollte es so sein, dass mich mein Weg zuerst durch die Kunst führte. Die Folge davon ist jedoch, dass das zweite Motiv – auch in meiner Beschreibung des Manichäismus (in dem die Gemeinschaftsbildung eine so große Rolle spielt) – nicht klar herausgearbeitet wurde. Jetzt, nach Fertigstellung dieses Buches, hoffe ich, dass der Weg für eine folgende Publikation freigemacht ist, in welcher dieses zweite Motiv im Mittelpunkt stehen soll.

Es war meine Absicht, außer meinen Begegnungen mit Bernard Lievegoed, Saul Bellow, Owen Barfield und Joseph Beuys auch die Bedeutung, die Dieter Brüll für mich gehabt hat, ausführlich darzustellen. Auch er gehört zu den Menschen, die in meiner Suche nach der Bedeutung der Anthroposophie eine große Rolle gespielt haben.

Im Dezember 1995 bat ich ihn brieflich um ein Gespräch über die Anthroposophie und die Dreigliederung, über den Nationalsozialismus und das Verhältnis des »innerlich-meditativen« Tätigseins und des »äußeren« Handelns in der menschlichen Gesellschaft. In einem Telefongespräch sagte er, er sei gern dazu bereit.

Kurz darauf erkrankte Brüll jedoch schwer und starb am 23. März 1996. Das Gespräch konnte nicht mehr stattfinden, was ich zutiefst bedaure.

Außer denjenigen, die im Text genannt werden, haben folgende Personen für mich eine kleinere oder größere Rolle dabei gespielt, den Inhalt dieses Buches zu »finden«: Lydia Smit, Willemijn Otte, Paul Mackay, Emanuel Zeylmans van Emmichoven, Harrie Huijs, Michaela Hordijk, Martien Ockeloen, Liz Bijnsdorp, Hannelore Ingwersen, Barbara Möri, Sophie Pannitschka, Jaap van de Weg, Joop van Dam, Jean Christoph Boele van Hensbroek, Sonja Copijn, Jac Hielema, Katharina Mauser. Wolfgang und Sigrid Garvelmann, Cornelia Härtelt, Michael-Heinz Anders, Manfred Jacob, Brigitte Rauth, Jaap van der Haar, Joosje Hietink, Wijnand Mees, Pim Blomaard und Henk Maas. Ferner sei all denen herzlich gedankt, die durch finanzielle Unterstützung der Übersetzung die deutsche Ausgabe ermöglicht haben.

Amsterdam, Juli 1997

Anmerkungen

1 Die Entdeckung der Unterwelt

1 Für diese Ballade und andere in diesem Buch zitierten Passagen aus Coleridges Werk benutzte ich folgende Ausgabe: Samuel Taylor Coleridge, *Selected poetry and prose,* San Francisco 1971

2 Ja, schleimige Wesen krochen mit Beinen über die schleimige See. Ebd., S. 52

3 Ebd., S. 53

4 Seither kehrt jene Qual zu ungewisser Stunde wieder, und solang' ich meine entsetzliche Geschichte nicht berichtet habe, wird mein Herz in mir brennen. Ebd., S. 67

5 Was darfst du, Mensch, dein Eigen nennen? Was ist in dir, Mensch, das bekannt sein kann? Dunkles Fließen, durch alles Denken nicht zu bannen, als Trugbild geschaffen, ungewiss von Vergangenheit und Zukunft, des Wurmes eitle Schwester; Leben, Tod, Seele, Erdenkloß – vergiss dich selbst, und strebe deinen Gott zu kennen. Ebd., S. 163

2 Wie erlangt man Erkenntnisse der höheren Welten?

1 Rudolf Steiner, *Wie erlangt man Erkenntnisse der höheren Welten?,* S. 16 Dieses Buch gehört zu den sogenannten Grundwerken von Rudolf Steiner und fasst eine Reihe von Artikeln zusammen, die er in den Jahren 1904 und 1905 für eine Zeitschrift schrieb, die er selbst redigierte. Er verkehrte damals in theosophischen Kreisen in Berlin, hielt dort Vorträge über spirituelle Themen und war – auf Aufforderung der internationalen Leitung der Theosophischen Vereinigung hin – dabei, eine »Esoterische Schule« aufzubauen. In dieser Schule bemühte man sich um die Entwicklung von Fähigkeiten der »höheren Wahrnehmung«; mit Hilfe von Meditationstexten und -techniken konnte der Schüler den Bereich seiner Wahrnehmung über das rein Physische hinaus erweitern. In den Bänden *Wahrspruchworte* (Gesamtausgabe, im Folgenden »GA«, Nr. 40) und *Seelenübungen* (GA 267) ist eine große Zahl dieser Texte veröffent-

licht worden. Die Esoterische Schule existierte bis 1914; beim Ausbruch des Ersten Weltkrieges sah Steiner sich genötigt, diese Tätigkeit einzustellen. (Weiteres hierzu im dritten Teil dieses Buches.)

Was also ist mit »höherem Wahrnehmungsvermögen« gemeint? In Steiners Werk spielen die polaren Begriffe »esoterisch« und »exoterisch« eine große Rolle. Das letztere meint ein Gerichtetsein auf die Wirklichkeit, die wir alle kennen, die der physischen Sinne und des daran anknüpfenden rationalen Denkens. Man könnte es mit »Orientierung auf die äußere Welt« übersetzen. Nach Steiner ist zum Beispiel die gängige Wissenschaft exoterisch, da in ihr ausschließlich mit physischen und quantifizierbaren Realitäten gearbeitet wird.

Unter »esoterisch« wird ein »Gerichtetsein auf die innere Welt« verstanden, wobei »innen« sich nicht nur auf die menschliche Seele bezieht, sondern auch auf die geistige »Innenseite« der Natur. Man könnte es auch mit »Orientierung auf das für die physischen Sinne Verborgene« übersetzen. In *Wie erlangt man Erkenntnisse der höheren Welten?* verwendet Steiner noch ein anderes Wort dafür, das im Laufe dieses Jahrhunderts allerdings einen negativen Beigeschmack bekommen hat, nämlich »okkult«. Auf diesem Hintergrund ist die Anthroposophie vorläufig als eine okkulte, esoterische Wissenschaft, von Steiner auch *Geisteswissenschaft* genannt, zu bezeichnen.

In den theosophischen Kreisen im Berlin um 1900 ging man davon aus, dass man mehr oder weniger auserwählt sein müsse, um esoterische Einsichten zu »empfangen«. Es waren höhere Meister (Eingeweihte), die – wenn auch nicht physisch auf der Erde anwesend – mit Hilfe von Medien ihre Lehren bekannt machten. Sie selbst traten nicht oder kaum im öffentlichen Leben auf. Helena Petrowna Blavatsky ist wohl das berühmteste dieser Medien, deren sich diese Meister bedienten; ihr Lebenslauf liefert ein wunderbares Bild von der Art, wie bestimmte Meister arbeiteten. Ihre Bücher, wie zum Beispiel *Die entschleierte Isis* oder *Die Geheimlehre*, sind teilweise als das Ergebnis medialer Übertragung zu sehen. Bis heute bilden sie eine reiche Quelle für Menschen, die auf der Suche nach spirituellen Perspektiven sind.

Die Vorgehensweise von Rudolf Steiner war jedoch anders. Aus seinen Vorträgen leitete die theosophische Zuhörerschaft ab, dass er sich nicht für Botschaften von Meistern öffnete, sondern aufgrund eigener Kraft geistige Untersuchungen anstellte. Er berichtete ausschließlich von Erfahrungen, die er selbst gehabt hatte und für die er persönlich einstehen konnte. Außerdem – und auch das war völlig neu – appellierte er an das Urteilsvermögen der Zuhörer. Er wies darauf hin, dass er nicht auf den »Glauben« der Zuhörer aus sei, sondern dass seine Wahrnehmungen grundsätzlich geprüft werden könnten. Kurzum, er ging davon aus, dass jeder Mensch imstande sei, selbst geistige Wahrnehmungen zu haben. Es erfordert daher wenig Phantasie, sich Rudolf Steiner nach einem seiner Vorträge von erstaunten Theosophen umringt vorzustellen, die ihn fragen: Wie erlangt man denn Erkenntnisse der höheren Welten? Unter genau diesem Titel schreibt er dann eine Artikelreihe in dem Blatt der Theosophen in Deutschland.

Das Spannende dieser Betrachtungen ist, dass Steiner keine Theorie über »höheres Bewusstsein« oder »geistige Welten« entfaltet, sondern einfach und Schritt für Schritt beschreibt, was vor sich geht, wenn man gemäß dem von ihm entwickelten inneren Schulungsweg vorgeht. Zu Beginn gibt er eine Reihe von praktischen Anweisungen, denen grundsätzlich jeder Mensch folgen kann. Das Ziel dieser Anweisungen ist die Schaffung »innerer Ruhe«, das Sich-Lösen von den Einflüssen der den Menschen umgebenden Welt und das Versinken in das eigene Innere. Danach beschreibt Steiner die Erfahrungen, die man machen kann, wenn man sich aus dieser inneren Ruhe heraus zum Beispiel auf die Wachstumskräfte der Natur ausrichtet. Er sieht dabei die inneren Stimmungen und die Gefühle, die auf diese Weise im Inneren entstehen, als »Wahrnehmungen« von geistigen, das heißt: nicht-physischen Realitäten.

Faktisch geht Steiner davon aus, dass der Mensch viel mehr wahrnimmt, als er wahrzunehmen meint: Nicht nur unsere Augen und Ohren sind Wahrnehmungsorgane, auch in unserer Innenwelt – wir würden sagen unserem Denken, Fühlen und Wollen – befinden sich Wahrnehmungsorgane, in esoterischen Schriften auch »Lotusblumen« genannt, mit denen wir jedoch nicht umzugehen gelernt haben. In unserer Kultur haben wir gelernt, dass eine innere Stimmung eine subjektive Angelegenheit sei, etwas, dem man keine objektive Wahrheit entnehmen könne.

In Bezug auf unsere Gefühle trifft diese Sicht in der Praxis tatsächlich oft zu. Da wir nicht gelernt haben, adäquat damit zu leben und zu arbeiten, wissen wir erstens nicht, auf welche geistigen Wirklichkeiten sie sich tatsächlich beziehen, und können zweitens nicht zwischen unseren »subjektiven« Gefühlen und den eher objektiven unterscheiden. Durch die Schulung dieser Fähigkeiten jedoch kann jeder Mensch ein konsistentes Verhältnis zur geistigen Welt bekommen. Es ist allerdings ein langer Weg: Steiner betont mit allem Nachdruck, man könne es nicht als eine Art interessanter Nebensache im Leben betrachten. Die Übung der bewussten inneren Schulung verlange große Ausdauer und starke moralische Kraft.

2 Ebd., S. 45f
3 Rudolf Steiner, *Die Stufen der höheren Erkenntnis*, S. 17
4 Ebd., S. 18
5 Ebd., S. 19
6 Ebd., S. 20
7 Ebd., S. 22
8 Bob Dylan, *The Bootleg Series*, Volume 3, »Angelina«. cdx 01-468086-10, 1991, Sony Music (»Da rollt ein schwarzer Mercedes in die Gefechtszone«)

3 Der Gral: irdisch und himmlisch zugleich

1 Zur Lehre Jan van Rijckenborghs siehe u. a.: Jan van Rijckenborgh, *Die Geheimnisse der Bruderschaft des Rosenkreuzes* sowie *Die elementare Philosophie des modernen Rosenkreuzes*
2 Siehe vollständiges Interview mit Peter Handke: »De langzame terugkeer naar de werkelijkheid«, in: *Jonas* 15, März 1985
3 Wolfram von Eschenbach, *Parzival*, Band 1, S. 413
4 Ebd., S. 425
5 Ebd., S. 435
6 Rudolf Steiner, *Die Geheimwissenschaft im Umriss*, S. 407

4 Die Anthroposophie als Weltanschauung

1 Was das konkret bedeutete, las ich in der *Geheimwissenschaft im Umriss*, worin eine Vision der Entstehung der Erde entwickelt wird, die genau das Gegenteil der gängigen materialistischen zu sein scheint. Nicht die Materie (und der Urknall) hätten am Anfang gestanden, sondern der Geist. Die Atome zum Beispiel sind aus Steiners Sicht nicht Ausgangs-, sondern Endpunkt, nicht Ursache, sondern Folge.
Steiner beschreibt in diesem Buch, wie in einer uralten Vergangenheit die Erde eine rein geistige Gestalt gehabt habe; unsere heutigen Augen hätten sie nicht wahrnehmen können. In Übereinstimmung mit der esoterischen Tradition nannte er die erste Phase der Erde »den alten Saturn«, nicht zu verwechseln mit dem Planeten, der jetzt am Himmel steht. Die geistige »Substanz« dieser frühen Erde sei als Vorläufer dessen anzusehen, was wir jetzt als Wärme kennen.
Schritt für Schritt und unter dem Einfluss geistiger Wesen sei die Erde zu dem, was sie jetzt ist, verdichtet worden: ein Reich von toten Sub-

stanzen, lebenden Wesen (Pflanzen), fühlenden Wesen (Tieren) und denkenden Wesen (Menschen), die nur den physischen Körper miteinander gemein hätten. Der Ursprung der Erde, die kosmische Wärme, sei von hohen geistigen Wesen ausgegangen und habe wie eine Gebärmutter die Umhüllung dessen gebildet, was weiterhin entwickelt worden sei. Das menschliche Bewusstsein sei anfänglich noch ganz und gar in die Kräfte, die die Erde erschaffen hätten, eingebettet gewesen; von einer eigenen »Denkfähigkeit« sei noch keine Rede gewesen, und die Menschen hätten nur das denken können, was die göttlichen Wesen »gedacht« hätten. Doch in dem Maße, wie die Erde immer mehr den heutigen Zustand, den physischen nämlich, angenommen habe, sei im Menschen eine erste Form »eigenen Denkens« entstanden. Anfänglich habe dieses noch nicht die Fähigkeit zur Abstraktion und Analyse gehabt, die unser heutiges Denken kennzeichne; es sei um ein träumerisches Denken in Bildern gegangen, deren letzte Überbleibsel die mythologischen Erzählungen seien.

Beim Zustandekommen dieser Bilder hätten die göttlichen Wesen noch mitgewirkt. Ziemlich spät, beim Übergang des Mittelalters zur Renaissance, sei auch das Denken in Bildern ganz und gar verschwunden, und das heutige, stark auf die physische Welt orientierte naturwissenschaftliche Denken sei entstanden. Steiner charakterisiert dieses Denken als »menschlich«: An ihm arbeiteten keine göttlichen Wesen mehr mit, und der Mensch müsse es vollständig aus eigener Kraft bewerkstelligen.

Im neunzehnten Jahrhundert, dem Zeitalter des philosophischen Materialismus, habe sich das neue Denken voll entwickelt. Einerseits habe der Mensch dadurch seine Freiheit erhalten: Er habe nun genau das denken können, was er selbst wollte, losgelöst vom Einfluss göttlicher Wesen; andererseits jedoch sei er dadurch von der geistigen Welt getrennt worden. Ein letztes Echo des Einflusses dieser geistigen Welt wirke wie eine Karikatur noch in der kirchlichen Moral und in den bürgerlichen Verhaltensnormen weiter. Doch auch diese würden auf lange Sicht verschwinden, und der Mensch wäre dann ganz auf sich selbst zurückgeworfen. (Zu Beginn dieses Jahrhunderts sagte Steiner voraus, das Zerbrechen der äußeren Normen und Werte vor allem in Europa würde ein Hauptmerkmal der kulturellen Entwicklung über das Jahr 2000 hinaus sein.)

Das vollständige Zurückgeworfensein auf sich selbst nannte Steiner die Phase der »Bewusstseinsseele«: Das persönliche Bewusstsein werde dann seine volle Entfaltung erreicht haben. Die Entwicklung der Bewusstseinsseele habe um das Jahr 1400 begonnen und werde sich bis weit in das kommende Jahrtausend hinein fortsetzen. Dann werde die Aufgabe des Menschen darin bestehen, aus eigener Kraft die Verbin-

dung zur geistigen Welt wiederherzustellen. Er werde sich dazu aus dem Tal der physischen Wirklichkeit erheben und eine Vorstellungskraft entwickeln müssen, die mit dem bildlichen Denken früherer Zeiten vergleichbar sei, jetzt aber auf dem inzwischen erworbenen Selbstbewusstsein basiere. Im Werk vieler Philosophen, Künstler und Wissenschaftler sah Steiner einen Beginn dieses neuen bildhaften Denkens. Goethes *Faust* zum Beispiel enthalte Bilder, die gewissermaßen über das naturwissenschaftliche Denken »hinausgegangen« seien und eine erste »Beschreibung« geistiger Wirklichkeiten böten. Zweifellos hätte Steiner dieses Charakteristikum auch bei wissenschaftlichen Autoren aus der Zeit nach ihm wiedererkannt, so zum Beispiel bei Fritjof Capra, Peter Sloterdijk und Rupert Sheldrake.
Auch den Spiritismus, die Theosophie und das Aufkommen östlicher Religionen im Westen sah er in diesem Zusammenhang. Die Kernfrage für ihn war jedoch, ob die »alten« philosophischen Systeme und die dazu gehörenden Meditationstechniken tatsächlich mit dem Bewusstsein des modernen Menschen vereinbar seien. Er meinte, ein neuer »Schulungsweg« müsse entwickelt werden, der auf dem unterdessen erworbenen Selbstbewusstsein basiere. Im zweiten Kapitel habe ich schon beschrieben, wie er in diesem Punkt von der theosophischen Vorgehensweise abwich: Er knüpfte nicht an »Meister« an, sondern unterstrich gerade das individuelle Urteilsvermögen.
Dieses neue Denken, das einerseits die Hilfe der Götter gewissermaßen wieder herbeiruft und andererseits das menschliche Urteilsvermögen keinesfalls in seiner Würde verletzt, nannte Steiner das »imaginative Denken«. Die Beschreibungen der Entwicklung von Erde und Menschheit beispielsweise aus *Geheimwissenschaft im Umriss* sind als Imaginationen aufzufassen. Das gilt übrigens nicht für meine Beschreibungen: Diese sind als deren begriffsmäßige Zusammenfassungen zu verstehen.

2 Rudolf Steiner, *Theosophie* (niederländische Ausgabe, Zeist 1994), S. 186

5 Meine Fragen zu Rudolf Steiner

1 *Die Geheimwissenschaft im Umriss*, S. 39
2 Rudolf Steiner, *Wie erlangt man Erkenntnisse der höheren Welten?*, S. 7f
3 Ebd., S. 8
4 Ebd., S. 9
5 Ebd., S. 11
6 Rudolf Steiner, *Mein Lebensgang*, S. 10
7 Ebd., S. 238

8 Ebd., S. 21f

9 Rudolf Steiner, Autobiographischer Vortrag über die Kindheits- und Jugendjahre bis zur Weimarer Zeit, Berlin 4.2.1913, in: *Beiträge zur Rudolf Steiner Gesamtausgabe*, Nr. 83/84, Ostern 1984, S. 5f

10 Rudolf Steiner, *Mein Lebensgang*, S. 7

11 Rudolf Steiner/Marie Steiner-von Sivers, *Briefwechsel und Dokumente 1901-1925*, S. 210

12 Rudolf Steiner, *Esoterische Betrachtungen karmischer Zusammenhänge*, Bd. IV, S. 70

6 Unterwegs zu Zeylmans van Emmichoven

1 In den Niederlanden bildeten sich seit etwa 1870 gesellschaftliche und politische Organisationen (Parteien, Vereine, Wirtschaftsverbände usw.) u. a. nach ihrer Religionszugehörigkeit. Diese sog. »Säulen« spielten bis etwa zur Mitte der sechziger Jahre dieses Jahrhunderts in der niederländischen Gesellschaft eine wichtige Rolle.
Anti-Revolutionaire Partij (ARP): Eine der drei bedeutendsten konfessionellen Parteien der Niederlande, inzwischen mit der »Katholieke Volkspartij« und der »Christelijk-Historische Unie« zur interkonfessionellen Volkspartei »Christen-Democratisch Appel« (C D A) zusammengeschlossen.
Christelijk Nationaal Vakverbond (CNV): Überwiegend protestantischer Gewerkschaftsbund.

2 PSP: Pacifistische Socialistische Partij

3 Willem Veltman, *Dantes Weltmission,* Stuttgart 1979

4 Emanuel Zeylmans, *Willem Zeylmans van Emmichoven. Ein Pionier der Anthroposophie,* Arlesheim 1979

5 Später unter dem Titel: Willem Zeylmans, *Mijn kinderjaren,* erschienen

6 Emanuel Zeylmans van Emmichoven, *Willem Zeylmans. Ein Pionier der Anthroposophie*, S. 61

7 Ebd., S. 14f

8 Ebd., S. 15f

9 Ebd., S. 16

10 Ebd., S. 18f

11 Ebd., S. 19

12 Ebd., S. 19

13 Ebd., S. 38

14 Ebd., S. 39

15 Ebd., S. 60

9 Der gesellschaftliche Auftrag der Anthroposophie

1 Rudolf Steiner, *Geisteswissenschaftliche Grundlagen zum Gedeihen der Landwirtschaft, Landwirtschaftlicher Kurs*

10 Der Kurs des Bernard Lievegoed

1 Bernard Lievegoed, *Dem 21. Jahrhundert entgegen*, Frankfurt [5]1991

2 Der vollständige Wortlaut des Interviews findet sich in: *Bernard Lievegoed, Eine Kultur des Herzens. Vorträge, Essays und Interviews,* S. 47f

11 Nochmals: die Anthroposophie als Weltanschauung

1 Rudolf Steiner, *Die Geschichte und die Bedingungen der anthroposophischen Bewegung im Verhältnis zur anthroposophischen Gesellschaft*, S. 138

2 Rudolf Steiner, *Theosophie. Einführung in übersinnliche Welterkenntnis und Menschenbestimmung*, S. 22

3 Rudolf Steiner, *Anthroposophische Leitsätze. Der Erkenntnisweg der Anthroposophie – Das Michael-Mysterium*, S. 14

12 Das moderne Lebensgefühl im Sinne Saul Bellows

1 Saul Bellow, *Der Dezember des Dekans*, Köln 1982

2 ebd. S. 165f.

3 ebd. S. 13

4 ebd.

5 ebd. S. 43

6 *Das Goetheanum, Wochenschrift für Anthroposophie*, 56. Jahrgang Nr. 4, 23. Januar 1977

7 Saul Bellow, *Humboldts Vermächtnis*, Köln 1982

8 *Das Goetheanum, Wochenschrift für Anthroposophie*, 56. Jahrgang Nr. 4, 23. Januar 1977

9 Saul Bellow, *Humboldts Vermächtnis,* a.a.O.

10 *Das Goetheanum, Wochenschrift für Anthroposophie*, 54. Jahrgang Nr. 45, 9. November 1975, S. 357

11 ebd., S. 359

12 ebd., S. 358

13 ebd., S. 358

14 ebd., S. 359

15 Saul Bellow, *Die Abenteuer des Augie March,* hier zitiert nach der Ausgabe Köln/Berlin 1956, S. 7

16 *Das Goetheanum, Wochenschrift für Anthroposophie*, 74. Jahrgang Nr. 7, 28. Mai 1995

17 ebd.

13 Die Imagination, wie Owen Barfield sie versteht

1 Owen Barfield, *History in English words*, S. 82

2 ebd. S. 209

3 Owen Barfield, *Poetic diction,* S. 181

4 ebd., S. 207

15 Der Steiner-Komplex

1 Rudolf Steiner, *Landwirtschaftlicher Kurs*, s. Kap. 9

2 Jelle van der Meulen und Saskia Kalff, *Gezonde voeding, gezonde aarde* (Gesunde Ernährung, gesunde Erde), Zeist 1992, S. 96

16 Sich von Steiner distanzieren?

1 Rudolf Steiner, *Die Mission einzelner Volksseelen im Zusammenhange mit der germanisch-nordischen Mythologie*, Vortrag vom 10. Juni 1910, S. 75

2 Rudolf Steiner, *Über Gesundheit und Krankheit*, S. 103

3 Rudolf Steiner, *Konferenzen mit den Lehrern der Freien Waldorfschule 1919 bis 1924*, Teil II, S. 282

17 Eine Gesellschaft und wie sie anthroposophisch wurde

1 Vgl. Christoph Lindenberg, *Rudolf Steiner. Eine Chronik* S. 486 ff.

2 Rudolf Steiner, *Mysteriengestaltungen*, Vortrag vom 9.12.1923; ders., *Die Weltgeschichte in anthroposophischer Beleuchtung und als Grundlage der Erkenntnis des Menschengeistes,* Vortrag vom 27.12.1923

3 Rudolf Steiner, *Die Weihnachtstagung,* S.48

4 ebd. S. 50

5 Rudolf Steiner, *Esoterische Unterweisungen für die erste Klasse der Freien Hochschule für Geisteswissenschaft am Goetheanum 1924*, I – IV

18 Die Anthroposophie und der Manichäismus

1 Bernard Lievegoed, *Durch das Nadelöhr*

2 ebd. S. 125f

3 Bernard Lievegoed, *Über die Rettung der Seele*

4 Stefan Leber, *Schwarzmagisches Sektierertum und geistige Verführung,* in: »Das Goetheanum«, Nr. 44, 2.2.1997

19 Rudolf Steiner und der heilige Gral

1 Rudolf Steiner, *Das esoterische Christentum und die geistige Führung der Menschheit,* Vortrag vom 28. September 1911, S. 70

2 J.V. Andreae, *Die Chymische Hochzeit des Christian Rosenkreuz*

3 Rudolf Steiner / Marie Steiner – von Sivers: *Briefwechsel und Dokumente 1901 – 1925,* S. 7ff

4 ebd.

5 ebd.

6 ebd.

7 Rudolf Steiner, *Mein Lebensgang*, S. 60

8 ebd.

9 Emil Bock, *Rudolf Steiner: Studien zu seinem Lebensgang und Lebenswerk,* Stuttgart 1990

10 Siehe Anm. 3

11 ebd.

12 Rudolf Steiner, *Christus und die geistige Welt. Von der Suche nach dem heiligen Gral*, S. 81f

13 Christoph Lindenberg, *Rudolf Steiner – Eine Chronik*, Stuttgart 1988, S. 344

14 Siehe Anm. 12, ebd., S. 82f

20 Das Missverständnis des Ruhms

1 zitiert nach: *Anthroposophie. Eine Zusammenfassung nach einundzwanzig Jahren,* Vortrag vom 19. 1. 1924, S. 11. Der ursprüngliche Untertitel dieser Vortragsreihe lautete »Eine Einführung«.
2 Rudolf Steiner, *Das Schicksalsjahr 1923 in der Geschichte der Anthroposophischen Gesellschaft,* S. 492
3 s. Anm. 1
4 Rudolf Steiner, *Theosophie*, Einleitung, S. 17
5 Rudolf Steiner, *Wie erlangt man Erkenntnisse der höheren Welten?* , Kap. 1, »Bedingungen«, S. 16
6 Christoph Lindenberg, a. a. O., S. 84
7 Rudolf Steiner, *Anthroposophie. Eine Zusammenfassung nach einundzwanzig Jahren*, Vortrag vom 27. 1. 1924, S. 58
8 ebd., Vortrag vom 19. 1. 1924, S. 12
9 ebd., S. 26
10 ebd., S. 12
11 ebd., S. 15
12 ebd., S. 19
12 Emanuel Zeylmans, a.a.O., S. 61

21 Beim Bösen in sich selbst anfangen

1 Rudolf Steiner, *Esoterische Unterweisungen für die Erste Klasse der Freien Hochschule*
2 Rudolf Steiner, *Anthroposophische Leitsätze. Der Erkenntnisweg der Anthroposophie.*
3 Diese Arbeitsgruppe publizierte einen Arbeitsbericht unter dem Titel *Genmanipulation an Pflanze, Tier und Mensch. Grundlagen zur Urteilsbildung,* Stuttgart 1994
4 Hans Peter van Manen, *Christussucher und Michaeldiener. Die karmischen Strömungen der anthroposophischen Bewegung,* S. 96f
5 Ita Wegman in: Nora Stein von Baditz, *Aus Michaels Wirken,* S. 13
6 Gerhard von Beckerath in: *Was in der Anthroposophischen Gesellschaft vorgeht,* 21. September 1991

Literaturhinweise

J.V. Andreae, *Die Chymische Hochzeit des Christian Rosenkreuz, In: Die Bruderschaft der Rosenkreuzer. Esoterische Texte.* Hrsg. von Gerhard Wehr, München [5]1995

Owen Barfield, *History in English words,* London 1964

- *Poetic diction*, London 1961

- *Romanticism comes of age*, London 1966

- *Saving the appearances,* London 1975

- *What Coleridge thought,* Middletown 1971

Oswald Georg Bauer e.a., *Der Gral. Artusromantik in der Kunst des 19. Jahrhunderts,* Köln 1995

Saul Bellow, *Die Abenteuer des Augie March*, Köln 1995

- *Dangling man,* New York 1974

- *Der Dezember des Dekans,* Köln 1982

- *Der Regenkönig,* Köln 1997

- *Herzog,* Köln 1997

- *Humboldts Vermächtnis*, Köln 1982

- *Mehr noch sterben an gebrochenem Herzen,* Köln 1989

- *Mr. Sammlers Planet*, Köln 1971

- *Das Opfer,* Köln 1966

Helena P. Blavatsky, *Die Geheimlehre,* Calw 1987

- *Isis entschleiert*, Adyar 1993

Emil Bock, *Rudolf Steiner: Studien zu seinem Lebensgang und Lebenswerk,* Stuttgart 1990

Gerhard von dem Borne, *Der Gral in Europa,* Stuttgart 1976

Robert de Boron, *Die Geschichte des Heiligen Gral,* Stuttgart [3]1979

Dieter Brüll, *Der anthroposophische Sozialimpuls*, Schaffhausen 1984

- *Bausteine für einen sozialen Sakramentalismus*, Dornach 1995

Samuel T. Coleridge, *Selected poetry and prose*, San Francisco 1971

Dante Alighieri, *Die göttliche Komödie*, München (dtv) 1997

Ron Dunselman, *An Stelle des Ich. Rauschdrogen und ihre Wirkung,* Stuttgart 1996

Wolfram von Eschenbach, *Parzival*. (Band 1) Hrsg. von Karl Lachmann, Stuttgart 1996

Flensburger Hefte Nr.32, *Anthroposophen und Nazionalsozialismus*, Flensburg 1991
Flensburger Hefte Sonderheft 8, *Anthroposophen in der Zeit des deutschen Faschismus,* Flensburg 1991
Flensburger Hefte Nr.41, *Anthroposophie und Rassismus,* Flensburg 1993
Das Gilgamesch-Epos [Hrsg. A. Schott], Stuttgart 1992
Genmanipulation an Pflanze, Tier und Mensch. Grundlagen zur Urteilsbildung, Stuttgart 1994
Karl Heyer, *Rudolf Steiner über den Nationalismus*; Basel 1993
Ludwig Emil Iselin, *Der morgenländische Ursprung der Grallegende,* Halle 1909
Christoph Lindenberg, *Rudolf Steiner - Eine Chronik*, Stuttgart 1988
Bernard Lievegoed, *Durch das Nadelöhr,* Ein Leben mit der Anthroposophie. Stuttgart ³1994
Bernard Lievegoed, *Über die Rettung der Seele*, Stuttgart ⁴1995
Bernard Lievegoed, *Dem 21. Jahrhundert entgegen*, Frankfurt ⁵1991
Jaques Lusseyran, *Das wiedergefundene Licht,* Stuttgart 1994
Hans Peter van Manen, *Christussucher und Michaeldiener. Die karmischen Strömungen der anthroposophischen Bewegung,* Dornach 1980
Rudolf Meyer, *Albert Steffen. Künstler und Christ,* Stuttgart 1963
- *Zum Raum wird hier die Zeit. Die Gralsgeschichte*, Stuttgart ³1980
- *Elias*, Stuttgart 1964
Gustav Meyrink, *Das grüne Gesicht*, Freiburg 1963
Sergej O. Prokofieff, *Die okkulte Bedeutung des Verzeihens,* Stuttgart ³1995
Hugo Reimann, *Manichäismus. Das Christentum der Freiheit,* Dornach 1980
Jan van Rijckenborgh, *Die Geheimnisse der Bruderschaft des Rosenkreuzes. Esoterische Analyse des geistigen Testaments des Ordens vom Rosenkreuz,* Haarlem o.J.
- *Die elementare Philosophie des modernen Rosenkreuzes*, Haarlem ⁴1992
Eugen Roll, *Mani, der Gesandte des Lichts,* Stuttgart 1976
Arnold Sandhaus, *Anthroposophie denken wollen*, Rendsburg 1995
Albrecht von Scharfenberg, *Der jüngere Titurel,* in: *Deutsche Texte des Mittelalters*, Berlin 1955-1992
Jörgen Smit, *Geistesschulung und Lebenspraxis,* Dornach 1989
- *Meditation und Christuserfahrung*, Stuttgart 1990
Albert Steffen, *Mani. Sein Leben und seine Lehre*, Dornach 1930
- *Der Auszug aus Ägypten / Die Manichäer*, Dornach 1916
- *Das Todeserlebnis des Manes,* Dornach 1934
Walter Johannes Stein, *Weltgeschichte im Lichte des Heiligen Gral. Das neunte Jahrhundert*, Stuttgart 1966
Nora Stein - von Baditz, *Aus Michaels Wirken,* Stuttgart ³1988

Rudolf Steiner, *Anthroposophie. Eine Zusammenfassung nach einundzwanzig Jahren* (GA 234), Dornach [6]1994
Rudolf Steiner, *Anthroposophische Leitsätze. Der Erkenntnisweg der Anthroposophie – Das Michael-Mysterium*, (GA 26), Dornach [9]1989
Rudolf Steiner / Marie Steiner – von Sivers: *Briefwechsel und Dokumente 1901 – 1925*, (GA 262), Dornach 1967
Rudolf Steiner, *Christus und die geistige Welt. Von der Suche nach dem heiligen Gral* (GA 149), Dornach [6]1987
Rudolf Steiner, *Das esoterische Christentum und die geistige Führung der Menschheit*, (GA 130), Dornach [4]1995
Rudolf Steiner, *Das Schicksalsjahr 1923 in der Geschichte der Anthroposophischen Gesellschaft*, (GA 259), Dornach 1991
Rudolf Steiner, *Die Geheimwissenschaft im Umriss*, (GA 13), Dornach, [30]1989
Rudolf Steiner, *Die Geschichte und die Bedingungen der anthroposophischen Bewegung im Verhältnis zur anthroposophischen Gesellschaft*, (GA 258), Dornach [3]1981
Rudolf Steiner, *Die Mission einzelner Volksseelen im Zusammenhange mit der germanisch-nordischen Mythologie*, (GA 121), Dornach [5]1982
Rudolf Steiner, *Die Stufen der höheren Erkenntnis* (GA 12) Dornach [7]1993
Rudolf Steiner, *Die Philosophie der Freiheit*, (GA 4), Dornach [16]1995
Rudolf Steiner, *Die Weihnachtstagung zur Begründung der Allgemeinen Anthroposophischen Gesellschaft 1923/24*, (GA 260), Dornach [5]1994
Rudolf Steiner, *Die Weltgeschichte in anthroposophischer Beleuchtung und als Grundlage der Erkenntnis des Menschengeistes*, (GA 233), Dornach [5]1991
Rudolf Steiner, *Esoterische Betrachtungen karmischer Zusammenhänge*, Bd. IV (GA 238), Dornach [6]1991
Rudolf Steiner, *Esoterische Unterweisungen für die Erste Klasse der Freien Hochschule für Geisteswissenschaft am Goetheanum 1924, I-IV*, (GA 270), 4 Teile, Dornach 1992
Rudolf Steiner, *Geisteswissenschaftliche Grundlagen zum Gedeihen der Landwirtschaft, Landwirtschaftlicher Kurs*, (GA 327), Dornach [7]1984
Rudolf Steiner, *Konferenzen mit den Lehrern der Freien Waldorfschule 1919-1924*, Teil II, (GA 300b), Dornach 1975
Rudolf Steiner, *Mein Lebensgang*, (GA 28), Dornach [8]1982
Rudolf Steiner, *Mysteriengestaltungen*, (GA 232), Dornach [4]1987
Rudolf Steiner, *Theosophie. Einführung in übersinnliche Welterkenntnis und Menschenbestimmung*, (GA 9), Dornach, [31]1987
Rudolf Steiner, *Über Gesundheit und Krankheit. Grundlagen einer geisteswissenschaftlichen Sinneslehre*, (GA 348), Dornach [3]1983
Rudolf Steiner, *Wahrheit und Wissenschaft*, Vorspiel einer »Philosophie der Freiheit« (GA 3), Dornach [5]1980

Rudolf Steiner, *Wie erlangt man Erkenntnisse der höheren Welten?* , (GA 10), Dornach [24]1993

Chrestian de Troyes, *Perceval oder die Geschichte vom Gral,* Stuttgart [7]1991

– *Irrfahrt und Prüfung des Ritters Perceval,* Stuttgart [4]1990

– *Perceval der Gralskönig*, Stuttgart [3]1983

Willem Frederik Veltman, *Dantes Weltmission,* Stuttgart 1979

Emanuel Zeylmans, *Willem Zeylmans van Emmichoven. Ein Pionier der Anthroposophie,* Arlesheim 1979

Willem Zeylmans van Emmichoven, *Die menschliche Seele. Wesen, Tätigkeit und Entwicklung,* Neuausgabe Stuttgart 1995

– *Die Wirklichkeit, in der wir leben. Die Menschheitsentwicklung aus anthroposophischer Sicht,* Frankfurt/M. 1986

Cees Zwart, *Die Kraft der inneren Stimme. Hoffnung für die Zukunft*, Ostfildern 1996